Werner Heiland-Justi (Hg.)

Die Legende der heiligen Elisabeth
von Dietrich von Apolda

Die Legende der heiligen Elisabeth
von Dietrich von Apolda

Nach der Freiburger
Klarissen-Handschrift von 1481

Herausgegeben von
Werner Heiland-Justi

HERDER

FREIBURG · BASEL · WIEN

Originalausgabe

© Verlag Herder GmbH, Freiburg im Breisgau 2015
Alle Rechte vorbehalten
www.herder.de

Umschlaggestaltung, Satz, Layout und Repro:
post scriptum, Emmendingen / Hüfingen
Herstellung: Těšínská Tiskárna, a.s.
Printed in the Czech Republic

ISBN 978-3-451-34826-6

Inhalt

Vorwort

Dietrich von Apolda war ein Mönch im Dominikanerkloster zu Erfurt. Im Alter von 60 Jahren schrieb er im Jahr 1289 ein Buch über das Leben der heiligen Elisabeth. Die erhaltenen Texte – das Original ist verschwunden – sind alle in Latein geschrieben. Deren Titel ist »Vita S. Elyzabeth«. Der in vielen späteren deutschen Übertragungen gebräuchliche Titel »Das Leben und die Legende der Hl. Elisabeth« ist heute missverständlich. Die mittelalterlichen Bücher der Klöster wurden vorgelesen und »Legende« bedeutete sinngemäß »vorgelesen, so wie es geschrieben steht«. Das vorliegende Buch widmet sich einer Handschrift der Elisabeth-Vita aus dem Klarissenkloster zu Freiburg. Die Schreiberin war eine Elisabeth Vogt, die das Büchlein am 24. März 1481 fertig stellte. Außer der Elisabeth-Legende sind noch andere Texte in dem Buch zu finden; es handelt sich um eine Sammelhandschrift. Die Elisabeth-Vita wird begleitet von vierzehn auf Pergament gemalten Miniaturen der Sibilla von Bondorf, die ebenfalls Nonne im Klarissenkloster zu Freiburg war.

Bücher haben ihre Geschichte. »Unser« Büchlein aus dem Freiburger Klarissenkloster, die »Freiburger Elisabeth-Handschrift«, blieb von 1481 bis 1782 in Freiburg. Es überstand Kriege, Feuersbrünste und Hochwasser. Auch als das Kloster umziehen musste, sorgten die Nonnen für den Erhalt ihres Büchleins. Als Kaiser Josef 1782 die »kontemplativen« Klöster

schließen ließ, wurde es auf der Inventarliste als »Leben der heiligen Elisabeth in Hungern 1481 Mst: 8^v.« aufgeführt. Danach wurde es der k.u.k. Hofbibliothek in Wien angeboten, die es aber nicht annahm. Bis 1835, als es Karl Wilhelm Justi kaufte, war das Büchlein »verschwunden«. Justi veröffentlichte ein kleines Buch über seinen Fund. Obwohl in der Folgezeit sehr viel über Elisabeth publiziert wurde, blieb Justis Buch und damit die Freiburger Elisabeth-Handschrift weitgehend unbeachtet. Es blieb im Familienbesitz, zuletzt bewahrte es Karl Wilhelms Urenkel Ludwig Justi in Potsdam auf. Im Jahr 1957 starb Ludwig Justi und die Handschrift blieb in seiner Wohnung in Potsdam. Nach dem Tod von Ludwig Justis Witwe im Jahr 1975 verschwand die Handschrift erneut. 1997 tauchte sie in der Deutschen Bibliothek in Leipzig wieder auf, wo sie bereits 1976 inventarisiert worden war. Die Erbengemeinschaft nach Dr. Ludwig Justi ging nach langen Gesprächen mit der Deutschen Nationalbibliothek (DNB), die Deutsche Bibliothek in Leipzig war in der DNB aufgegangen, schließlich 2003 vor Gericht und bekam vom Landgericht Frankfurt das Eigentum an der Handschrift zugesprochen. Die DNB ging in die Revision vor das Oberlandesgericht Frankfurt. Dort gab es einen Vergleich dahingehend, dass die Handschrift wieder Eigentum der Familie wird. Diese sollte die Handschrift der DNB für 10 Jahre als Leihgabe überlassen.

Nach 10 Jahren, also 2013, schenkte die Familie die Handschrift der DNB, das heißt der Bundesrepublik Deutschland.

Die Familie hatte nie die Absicht, das Büchlein privat aufzubewahren, sie ist aber der Ansicht, dass die Handschrift wieder nach Freiburg zurückkehren sollte.

Einleitung

Elisabeth und ihre Zeit

Die hl. Elisabeth, Königstochter von Ungarn und Landgräfin von Thüringen, lebte von 1207 bis 1231. Um ihr Leben zu verstehen, ist ihr Stand oder Rang in der Gesellschaft anzuschauen. Sie war Tochter des Königs Andreas II. von Ungarn, das damals bedeutender war als das heutige Ungarn. Ihre Mutter Gertrud stammte aus dem Haus Andechs-Meranien, das mit allen bedeutenden Familien der Zeit versippt oder verschwägert war. Die Frauen dieser Familie wurden mit Königen und Fürsten verheiratet, die Männer waren Herzöge und Bischöfe. Die Andechs-Meranier waren nahe an dem Rang der Staufer, die in Elisabeths Zeit mit Friedrich II., dem »stupor mundi«, den großen Kaiser des Heiligen Römischen Reiches deutscher Nation stellten. Es war auch die Zeit der großen Ketzerbewegungen und der Bettelorden. Die sogenannten Katharer und Waldenser hatten ihre Blütezeit und litten unter grausamen Verfolgungen. Es war die Zeit der Kreuzzüge nach Palästina, aber auch gegen die Katharer im Languedoc. Es war die Zeit des Konfliktes zwischen den römischen Päpsten und den deutschen Königen und Kaisern. Eine aufsteigende Macht in Deutschland waren die Landgrafen von Thüringen. Deren Gebiet reichte vom Rhein bis zur Elbe, umfasste also in etwa das heutige Hessen, Thüringen und Sachsen.

Befreundet oder versippt waren die Thüringer mit den Staufern, dem Herzog von Schlesien, dem böhmischen König, den Babenbergern, den Wittelsbachern und anderen heute vergessenen hochadeligen Familien. In dieses »Netzwerk« wurde 1207 Elisabeth geboren. Sie wurde sehr bald verlobt und kam 1211 mit vier Jahren nach Thüringen, wo sie Hermann, den Sohn des Landgrafen von Thüringen, heiraten sollte. Der Thüringer Hof ist bis heute berühmt für den »Sängerkrieg«, das Treffen der Minnesänger dieser Zeit. Elisabeth wurde dort ihrem Stand entsprechend erzogen. Ihre zukünftige Schwiegermutter Sophie von Wittelsbach wachte darüber. Doch der für Elisabeth vorgesehene Ehemann, Hermann, starb noch ledig 1216. Im Jahr 1221 heiratete Elisabeth Hermanns Bruder Ludwig, der nach dem Tode seines Vaters (1217) Landgraf von Thüringen wurde. Sie war 14, er 21 Jahre alt. Die Ehe war glücklich, das Paar liebte sich, sehr ungewöhnlich seinerzeit. Elisabeth bekam drei Kinder, 1222 den Sohn Hermann, 1224 die Tochter Sophie, später Herzogin von Brabant, und die Tochter Gertrud, später Äbtissin des Klosters Altenburg bei Wetzlar. Ludwig starb 1227, vor der Geburt der Tochter Gertrud, in Otranto. Dort sammelte sich das Heer des Kaisers Friedrich II. für einen Kreuzzug nach Palästina. Elisabeth überwand nach dem Tod Ludwigs den Widerstand ihres Onkels Ekbert, Bischof von Bamberg, der sie wieder verheiraten wollte. Sie setzte sich durch gegen ihre Schwäger Heinrich Raspe und Konrad, die sie nicht auszahlen wollten. Sie überwand auch den Widerstand ihres Beichtvaters Konrad von Marburg und zog gegen seinen Willen nach Marburg.[1] In Marburg gründete Elisabeth ein Hospital, in dem sie selbst Krankenpflege betrieb. 1229 brachte sie ihre Tochter in das Prämonstratenserinnenkloster zu Altenberg bei Wetzlar. 1231 erkrankte Elisabeth und starb am 17. November im Alter von 24 Jahren. Ihr Tod löste einen Volksauflauf aus, der nicht enden wollte. Dies war sicherlich ein Motiv für ihre Heiligsprechung. Zur feierlichen Erhebung zu den Altären, am 1. Mai 1235, kam auch Kaiser Friedrich II. nach Marburg. Es war dies sein letzter Besuch Deutschlands. Soweit die äußerlichen Daten des Lebens der Elisabeth, Königstochter von Ungarn, Landgräfin von Thüringen und Heilige.[2]

Dietrich von Apolda schildert die Kindheit und das Leben der Elisabeth von ihrer Zeit auf der Kreuzburg, der Neuenburg und der Wartburg bis zu ihrem Lebensende in Marburg. Die wesentlichen Quellen sind der sogenannte Libellus: »libellus de dictis quator ancillarum eius confectus«[3] und die Biographie Ludwigs IV., Elisabeths Ehemann, verfasst von dessen Kaplan Berthold.[4] Der Libellus ist der Bericht einer von Papst Gregor IX beauftragten Kommission, die vier »Mitarbeiterinnen« der Elisabeth befragte, mit dem Ziel, die Heiligsprechung Elisabeths zu ermöglichen.

Die Freiburger Elisabeth-Handschrift

Die Aufgabe dieses Buches ist die Edition der Elisabeth-Handschrift[5] von 1481 aus dem Freiburger Klarissenkloster, die »Das Leben und die Legende der heiligen Elisabeth« von

Dietrich von Apolda wiedergibt. Dies geschieht in zwei Texten F und D. Der Text F ist die Transkription der mittelalterlichen Freiburger Handschrift der Elisabeth-Legende in die heute übliche Schrift. Der Text D ist die Übertragung des Textes F in heutiges Deutsch. F und D werden in nebeneinander liegenden Spalten wiedergegeben.

Der Text der Legende beginnt auf fol. 14r und endet mit fol. 204v.[6] Fol. 13r und fol. 13v sind Pergamentblätter mit den beiden ersten Abbildungen der Handschrift. Alle Bilder, insgesamt 14, sind auf sieben Pergamentblätter gemalt. Der Text ist auf Papier geschrieben. An den Stellen, an denen sich die Bilder befinden, »springen« die Blattnummern des Textes. Die eigentliche Geschichte der Elisabeth endet auf fol. 177v. Daran schließen sich die Wundergeschichten an ihrem Grabe und an anderen Orten an, die hier nicht bearbeitet werden. Diese Geschichten stimmen in allen sonst zu findenden Texten weitgehend überein. Sie sind für die geschichtliche Person Elisabeths als Königstochter von Ungarn, Landgräfin von Thüringen und Hospitalgründerin in Marburg nicht wichtig.

Die mittelalterlichen Kürzel und Umlaute (siehe Abbildung 1 im Bildteil) werden in der Transkription weitgehend beibehalten. Das ë in Lëben wäre im heutigen Alemannisch etwa wie »Läben« auszusprechen. Das ů wie in Bruder klingt auf Alemannisch eher wie »Brueder/Bruader«, oder »Muetter/Muatter«. Ein Querstrich auf den Vokalen bedeutete oft das Einfügen oder Anhängen eines n, wie ā in »Sanct« oder wie beim ō in »von« [Gottes Ordnung] und wird in der Transkription bereits ersetzt. Das besonderliche v̄d wird als »und« transkribiert, nicht als »vnd«. Das Zeichen ˜ (genannt »Tilde«) über dem u in Fůrst wird durch ú ersetzt und ist meistens wie ü oder auch i zu lesen. Einige typisch alemannische Wörter, wie *hüsli* (Häuschen), *liebi* (Liebe), *kilche* (mit rauem Anlaut gesprochen, Kirche), die im weiteren Text auftauchen, werden in den Text D übernommen.

Außerdem gelten folgende Transkriptionsregeln: Seitenwechsel werden mit Angabe der Foliierung in eckigen Klammern, z. B. [17v], wiedergegeben. Die Groß- und Kleinschreibung der Handschrift (im Folgenden: Hs.) wird nicht berücksichtigt. Groß geschrieben werden nur Satzanfänge, Nomina sacra sowie Eigen- und Personennamen. Die Interpunktion der Hs. wird nicht übernommen. Heute übliche Satzzeichen werden so sparsam wie möglich eingesetzt und nur dort, wo sie dem besseren Textverständnis dienen. Die direkte Rede wird mit Doppelpunkt und Anführungszeichen markiert. Die Satzgliederung im transkribierten Text richtet sich möglichst nach den syntaktischen Vorgaben der Hs., z. B. durch Rubrizierung oder Großschreibung. Die Worttrennung bei Seitenwechsel wird mit einem Bindestrich angezeigt. Gängige Abkürzungen (Suspensionen, Kontraktionen, Kürzungen der Nomina sacra und weitere Abbreviaturen) werden gemäß der Schreibsprache der Hs. stillschweigend aufgelöst. Reklamanten in der Hs. werden nicht vermerkt. Korrekturen in der Hs. werden in der Lesart übernommen, die die korrigierende Hand schlussendlich beabsichtigt hat. Die Art und Weise der Korrektur wird nicht dokumentiert. Am Rand nachgetragene Korrekturen und Ergänzungen werden in runde Klammern gesetzt. Die Rubrizierungen in der Hs. beziehen sich funktional sowohl auf textgliedernde Überschriften als auch auf Korrekturen. Rubrizierungen werden im transkribierten Text *kursiv* wiedergegeben. Das gilt jedoch nur für ganze Sätze und Wörter. Die Grapheme -u- und -v- werden entsprechend ihrem Lautwert transkribiert. Für diakritische Zeichen gilt: Das Trema über -e- wird mit -ë- wiedergegeben und das hochgestellte -°- über -u- mit -ŭ-. Die horizontalen, ansteigenden Doppelpunkte über -u- (bzw. -o-) werden mit -ü- (bzw. -ö-) dargestellt, die schrägen bzw. geschwungenen Striche über -u- mit -ú-. Insbesondere die beiden letzten diakritischen Zeichen sind in der Hs. oft kaum bzw. sehr schwer zu unterscheiden. Die Überschriften werden wie im Original rot geschrieben.

Zusätzlich werden die lateinischen Überschriften aus der von Monika Rener herausgegebenen lateinischen Handschrift der »Vita der heiligen Elisabeth des Dietrich von Apolda«[7] übernommen, die als »Standard-Handschrift« gelten kann. Dadurch ist zu erkennen, dass die Handschrift von 1481 dem lateinischen »Ursprungstext« ähnelt, aber nicht völlig entspricht. Fehlende Abschnitte sind notiert und Einschübe, die weder in der Standard-Handschrift noch in der *Summa vitae*, im *Libellus* oder in der Lebensbeschreibung Ludwigs, des Gemahls der hl. Elisabeth, von dessen Kaplan Berthold vorkommen, sind durch [E<] bis [>E] gekennzeichnet. Aus der »Standard-Handschrift« wird auch die Kennzeichnung [S. V.<] bis [>S. V.] für Abschnitte übernommen, die aus der Summa Vita des Conrad von Marburg übernommen sein können. Des Weiteren sind Abschnitte, die aus dem sog. *libellus* stammen könnten, durch [L<] bis [>L] gekennzeichnet. Die Zahl hinter dem L in [L<] oder [>L] ist die Zeilennummer des *libellus*. Die Zeichen < und > stehen für den Beginn beziehungsweise das Ende des jeweiligen Textabschnittes. Ebenso wird mit Abschnitten verfahren, die aus Bertholds Text übernommen sein könnten. Sie werden mit [B<] bis [>B] gekennzeichnet. Hier kommt allerdings eine weitere Zahl, die Seitenzahl, hinzu, weil dieser Text

die Zeilen nur je Seite zählt: also [B Seiten-
zahl, Zeilenzahl <]. Mit L und B sind weite
Teile des Textes, fast bis auf die Einschübe,
abgedeckt. B stimmt zum anderen in vielen
Fällen mit der *Cronica Reinhardsbrunnen-
sis*[8] überein. Die Abschnitte, die nicht durch
B, E oder L gekennzeichnet sind, können als
genuine Legenden verstanden werden. Dazu
gehören die »großen« Wunder der Elisabeth-
Legende, die weder aus dem *libellus* noch aus
der Ludwig-Biographie stammen. So sind u. a.
das »Kleiderwunder« [62v], das »Mantelwun-
der« [64v], das »Lichtwunder« [67v], das »Bett-
oder Kreuzwunder« [72v] sowie das »Korn-
wunder« [89v] auch Teile der lateinischen
oder anderer deutschen Texte. Die Frage, wel-
che Texte etwa der/die Verfasser/in der Frei-
burger Handschrift als Vorlage benützt hat,
wird im Anhang 2 erörtert. Eines ist sicher:
Die Freiburger Handschrift kann keine direkte
Übersetzung einer der lateinischen Fassungen

sein, denn in den lateinischen Varianten fehlt
das »Wunder« der *vögeli*, die auf dem Kirchen-
dach singen, welches hier [175v] ähnlich wie
im *libellus* beschrieben ist [L 2166f]. Neben
den lateinischen Texten gibt es eine Vielzahl
deutscher Texte,[9] die in verschiedener Weise
voneinander und von der Freiburger Hand-
schrift abweichen. Die Freiburger Handschrift
ist sicherlich eine sehr späte Fassung, denn auf
[75v] steht: »Das berichtete ein gelehrter und
frommer Benediktiner in einer Predigt am Tag
der hl. Elisabeth im Jahr 1478 …« Die Schrei-
berin der Handschrift, Elisabeth Vögtin, eine
Nonne des Freiburger Klarissenklosters, da-
tiert das Ende ihrer Arbeit auf den 24. März
1481 [277 v]: »Item in dem m cccc und lxxxj ior
wart geschriben und us bereit dis büchli vor
dem hochgezit annunciacie Marie von schwes-
ter Elysabeth schriberin oder vögtin. Der ge-
denckent durch Gott.« (Abbildung 16).

Die Legende
der heiligen Elisabeth

Die Legende der heiligen Elisabeth

von Dietrich von Apolda

Text F: Transkription der Freiburger Klarissen-Handschrift von 1481

[14r] In Nomine Patris et Filii et Spiritus Sancti amen.

Dis ist das lëben und die legend der seligen Sanct Elysabethen des edlen kúnges tochter von Ungern die do gemëhlet wart von Gottes ordnung und willen dem edlen fúrsten und lantgrofen Ludwig von Túringen. Und zů dem ersten die vor red dis búches.

Do ich Dietrich ein brůder prediger ordens und priester [14v] unwirdig von Túringen do ich me denn lx ior alt waz und in dem orden gewësen xl ior, do hůb ich an ze schriben dis búchli in dem ior noch Gottes gebúrt m cc und lxxxix ior und nach Sanct Elysabethen ziten lx ior. Und ich bekenn vor Gott und sinen engeln daz ich nút gesetzet hab in dis bůch won daz ich mocht haben us bewërter geschrift und als ich vernamm [15r] von worhaften lúten die dis mit dem eyd bevestnet hand. Und also hab ich es geschriben mit grossem flisz und erbeit ze lob und ze eren dem allmëhtigen Gott und ze dienst der heiligen Sanct Elysabethen.

Von dem edlen stammen ir vorderen und wie si verkúndet wart von dem stërnen sëher.

[15v] Zů den ziten do der herzog von Schwoben genant Phylippus der do waz keyser Heinriches brůder und hertzog Otto hertzo-

Text D: Übertragung des mittelalterlichen Textes in heutiges Deutsch

[14r] Im Namen des Vaters und des Sohnes und des Heiligen Geistes Amen.

Dieses ist das Leben und die Legende der seligen Elisabeth, Tochter des edlen Königs von Ungarn, die nach dem Plan und dem Willen Gottes mit dem edlen Fürsten und Landgrafen Ludwig von Thüringen vermählt wurde. Und zum ersten die Vorrede dieses Buches.

Als ich, Dietrich von Thüringen, ein Bruder des Predigerordens und Priester [14v], mehr als 60 Jahre alt war und 40 Jahre in dem Orden gewesen war, da fing ich an, dieses *büchli* zu schreiben. Das war im Jahr 1289 nach Gottes Geburt und 60 Jahre nach der Zeit der heiligen Elisabeth. Ich schwöre vor Gott und seinen Engeln, dass ich in dieses Buch nur aufgenommen habe, was ich in zuverlässigen Schriften fand oder als ich [15r] von glaubwürdigen Leuten vernahm, die ihr Wort beeidet haben. Und so habe ich es mit Fleiß und Mühe geschrieben zu Lob und Ehre des allmächtigen Gottes und als Dienst für die heilige Sankt Elisabeth.

Über den edlen Stamm ihrer Vorfahren und die Vorhersage ihrer Geburt von einem Sternseher.

De nobilitate parentum et de ortu eius celitus ostenso. (Liber I) c. I

[15v][B 6, 3<] Im Jahr 1198 wurden von den

*gen Heinrichs sun der do waz herr in Ober
peyger und Sachssen land, woren von den
kur fúrsten in einer zweytracht erwelt, und
wurdent [16r] schädlich und vigentlich mit
ein ander kriegen, welicher behalten möchte
des römschen keysertûms wirdikeit. Do waz
in Tútschen landen der edel fúrst lantgrof
Herman von Túringen ein strenger herre
und stritber wider sin vigend. Der selb herr
waz mit dem kúng von Behem der do waz
geheissen Otakarius von liplicher geburt
und geschlécht gar nohe gefrúndet. Der selb
herre durch fridens willen die vorgenan-
ten keyser reissete gegen ein ander zů strite.
[16v] Und zů den selben ziten waz in Un-
gern land ein edler und richer meister der
natúrlichen kúnst und in allen wéltlichen
kúnsten wöl gelert und an den zeichen der
stérnen wöl geübt, geheissen Clingesar. Der
selb meister wart gefúrt gen Túringen noch
dem willen und noch der begerung des fúrs-
ten von sach wegen. Nun geschah es do er
zů Eysenache in die statt also genant kum-
men waz ee denn er bi dem lantgrofen von
Túringen gewësen wer, daz er in einer nacht
in siner [17r] herberg sass und mit grossem
flisz daz gestirn des himmels an sah. Do fro-
getend in die do gegenwirtig worent und mit
bétt von im begerten ob er nút heimliches an
den stérnen verstanden hette. Do antwirt er
inen und sprach: »Ich sih einen stérnen der
lúchtet von Ungern biss zů Marckburg und
von Marckburg in alle dise wélt.« Do von
wissent daz in diser nacht dem kúng von
Ungern ist geborn ein tochter. »Die wirt ge-
heissen Elysabeth, und wirt heilig und wirt
gegeben dis fúrsten sun [17v] zů der ee. Und*

Kurfürsten zwei deutsche Könige gewählt.
Der eine war der Herzog Philipp von Schwa-
ben [1176/7–1208, ein Staufer und ein Bruder
Kaiser Heinrichs VI. 1165–1197]. Der andere
war Herzog Otto [ein Welfe, gest. 1218], Sohn
Heinrichs des Löwen, Herzog von Sachsen und
Bayern [1142–1180]. Die beiden führten Krieg
gegen einander, es ging um die römische Kai-
serwürde. [16r] Diese Feindschaft schadete
dem Reich. Damals lebte in deutschen Landen
der edle Fürst, Landgraf Hermann von Thü-
ringen [† 1217], er galt als strenger Herrscher
und als starker Gegner seiner Feinde. Einer
seiner Verwandten und Freunde war der König
Ottokar von Böhmen. Dieser stachelte die bei-
den deutschen Könige zum Kampf an, um da-
mit einen Frieden herbeizuführen. [B 6, 16>].
[B 10, 11<] [16v] In Ungarn lebte zur selben
Zeit [im Jahr 1207] ein reicher Edelmann, be-
rühmter Gelehrter und Astrologe [Sternseher]
mit Namen Klingsor. Diesen Meister Klingsor
hat nun Hermann von Thüringen wegen des
Streites [der Dichter und Sänger an seinem
Hof] eingeladen [mit der Absicht, er möge in
dem Konflikt der Dichter und Sänger einen
Schiedsspruch fällen] [B 10, 19>]. [B 10, 30<]
Meister Klingsor kam also, wie vom Landgra-
fen gewünscht und gewollt, nach Eisenach in
Thüringen. Er ging in seine [17r] Herberge
und [B 10, 31>] [B 11, 1<] beobachtete nachts
den Sternenhimmel, noch bevor er den Land-
grafen gesehen hatte. Die Anwesenden frag-
ten, baten und wollten wissen, was er denn
Geheimnisvolles in den Sternen gelesen hätte.
Er sagte: »Ich sehe einen Stern, der leuchtete
von Ungarn bis Marburg und von Marburg
in die ganze Welt.« Er wusste, dieser Nacht
war dem König von Ungarn eine Tochter ge-
boren, die Elisabeth genannt wurde. »Sie wird
heilig werden und den Sohn des Landgrafen
von Thüringen heiraten. [17r] Ihre Heiligkeit

von ir heilikeit wirt erfröwt und erhöcht dis
gantz lande. Won ir lob und heilikeit wirt
gon von Ungern biss zŭ Marckburg und von
Marckburg in alle dise wëlt.« Sich Gott der
vor langen ziten sin geburt in der mënscheit
hatt gekündet mit Balaam dem zöferer, der
hatt ŏch mit disem man geoffenbaret siner
erwelten dienerin geburt und nammen. Nun
sprichet der gross Albertus: »Wie schier [18r]
hŭb Christus an mit sinem heiligen kind do
es dennecht beschlossen waz in siner mŭter
lib do wart frid in dem selben land und ward
daz ertrich fruchtber von siner heilikeit, und
brocht sin geburt vil selikeit.«

wird das ganze Land erfreuen und erhöhen.
Ihr Ruhm und ihre Heiligkeit werden von
Ungarn bis Marburg und von Marburg in die
ganze Welt ausstrahlen.« Siehe Gott, der vor
langer Zeit seine Geburt als Mensch durch Ba-
laam, den Seher, verkündet hat, hat auch durch
Klingsor die Geburt und den Namen seiner
erwählten Dienerin offenbart. [B 11, 14>]
[4. Moses, 24,15. Es sagt Bileam, der Sohn Be-
ors …., 17: Es wird ein Stern aus Jakob auf-
gehen, und es wird ein Zepter aus Israel auf-
kommen, und wird zerschmettern die Fürsten
der Moabiter, und verstören alle Kinder des
Getümmels.]. [E<] Der große Meister Alber-
tus [Magnus, ca. 1200–1280][18r] spricht: »Als
Christus als heiliges Kind begann und noch
im Mutterleib eingeschlossen war, gab es Frie-
den in jenem Land und die Erde wurde frucht-
bar von seiner Heiligkeit, und seine Geburt
brachte viel Seligkeit.« [>E]

Von dem richtŭm und gewalt des kúnges von
Ungern und wie sin tochter Elysabeth gon Túrin-
gen wart gefürt mit kostlichen goben.
Zŭ den selben ziten regniert in dem land zŭ
Ungern kúng Andreas von rich- [18v] tŭm
und von gewalt clor und schinbar. Des eli-
che gemahel waz kúngin Gertrut des edlen
hertzogen von Kernten tochter. Noch dem
als Gott daz vor geoffenbaret hatt gebar ein
tochter alles irs geschlëchtes ein zierung, die
do mit dem nammen Elysabeth genant wart.
Noch Gottes geburt, tusend cc und vij ior.
(Am unteren Rand: Dise selige frucht inen
gegëben waz von besunderer gob Gottes und
durch die gnod und erwerbung der himmel
kúngin Maria, won si Gott und siner wirdi-
gen gebërerin ein gross gebëtt gelopten, daz
inen Gott ein frucht gëbe, won si nit kin-
des hattend und daz gebëtt ŏch volbroch-
tend mit andacht.) Gar schier dor noch wart

**Vom Reichtum und der Macht des Königs von
Ungarn und wie seine Tochter Elisabeth reich
ausgestattet nach Thüringen kam.**
[B 11, 15<] König Andreas von Ungarn [II.
1176–1235] regierte damals sein Land mit un-
bestrittener Macht und glänzendem Reichtum.
[18v] Seine Ehefrau, Gertrud [† 1213], war
eine Tochter des Herzogs von Kärnten [Bert-
hold III., 1152–1204]. Wie von Gott offenbart,
gebar sie im Jahr 1207 eine Tochter, Elisabeth
genannt, die eine Zierde ihres Geschlechtes
wurde. (Dieses fromme Kind wurde den Eltern
von Gott und der Himmelskönigin Maria aus
Gnade geschenkt, weil sie darum oft und an-
dächtig gebetet hatten, weil sie bis dahin noch
kein Kind hatten.) Kurz darauf wurde das hei-

die selb usserwelt und heilige frucht Elysa-
beth verheissen und verlobt dem tugentli-
chen iungen Ludwyg [19r] des lantgrofen
Hermans erst geborenen sun, ee denn si von
den brüsten entwennt wart als es Gott ge-
ordnet hatt. Nun hatt der lantgrof stëtes sin
frog noch diesem kind. Do fügte es sich ei-
ner zit daz ein barfüss zů im kam der sprach:
»Ich kamm zů dem kind und waz biss in daz
vierd ior blind gewësen und hatt öch ein
lammen hand. Do gab mir das kind einen
apffel dor in. Dor ab hatt es gebissen, und
mit dem öpffel bestreich ich min hand und
min ögen, zů hand ward ich ge- [19v] sund.«
Und das gantz ungersch land fröwet sich des
kindes, won es hatt friden und seld mit im
gebrocht. Do daz der lantgrof hort do wart
er fro. Dor noch ee denn si voll vier ierig
wart sant der lantgrofe Herman wirdig und
edle botten gegen Ungern herren und fröwen
daz si des kúnges tochter gegen Túringen fü-
ren sölten. Under den die ersten woren der
grofen Meinhart von Mulburg und der edel
man herre Walther von Varilla und fröw
Bërtha. Die selben [20r] zugen als es zimlich
waz mit fürstenlicher wirdikeit und mit vil
volckes und herlichem gezúge. Und von allen
fürsten und herren durch deren land si zu-
gen wurdent si hin und her wider ersamklich
enpfangen. Und koment zů dem kúng von
Ungern uff die veste die do Prëssburg ist ge-
nant. Und mit fröiden und eren noch kúng-
lichen sitten wordent si wirdeklich enpfan-
gen. Nun waz der kúng An- [20v] dreas ein
gütiger und fridsammer man mit siner kún-
ginen, die do tugentlich und zů gůten din-
gen starck waz won si in fröwlichem lib ein
mannlichen můt hat und verricht alle ge-
schëft des kúngriches. Und bereitet ir tochter
alle notdurft ze senden dem fürsten gegen
Túringen. Und die botten des lantgrofen be-

lige Kind Elisabeth dem tugendsamen Ludwig
[IV. von Thüringen, 1200–1227] versprochen
und verlobt, noch ehe sie von den Brüsten der
Mutter entwöhnt war [B S. 11>25]. [E<]

Ludwig war der erstgeborene Sohn [19r] des
Landgrafen Hermann von Thüringen [† 1217].
Der Landgraf fragte oft nach dem Kind Elisa-
beth und eines Tages erschien ein Barfüßer an
seinem Hof. Dieser erzählte: »Als ich das Kind
traf, war ich schon vier Jahre blind und meine
eine Hand war lahm. Das Kind gab mir ei-
nen angebissenen Apfel, mit dem bestrich ich
meine Hand und meine Augen und wurde ge-
sund.« [19v] Ganz Ungarn freute sich über das
Kind, das Frieden und Wohlstand brachte. Der
Landgraf war froh, dies zu hören [>E]. [B 13,
13<] Noch bevor Elisabeth vier Jahre alt war,
sandte der Landgraf Hermann würdige und
edle Boten nach Ungarn, die Elisabeth, die
Königstochter, nach Thüringen führen soll-
ten. Die Führer der Gesandtschaft waren Graf
Meinhart von Mühlburg, der Edelmann Herr
Walter von Varilla und Frau Bertha. Sie [20r]
zogen dahin mit fürstlicher Würde und gro-
ßem, prächtigen Gefolge. In den Ländern, die
sie durchquerten, wurden sie auf dem Hin-
weg und auf dem Rückweg jeweils mit Ehren
begrüßt. Sie kamen auf die Feste Preßburg
und wurden von dem König von Ungarn mit
Freuden empfangen und nach königlicher Sitte
würdig geehrt. [B 13, 26>]

De traductione eius in Thuringiam et appa-
ratu cum ea adducto. (I) c. II.

[B 13, 30<] König Andreas [20v] war ein güti-
ger und friedliebender Mann. [B 13, 31>] [B 14,
1<] Seine tugendsame Königin liebte Gutes zu
tun, in ihrem fraulichen Körper besaß sie ein
mannhaftes Herz. In der Tat führte sie die
Geschäfte des Königreiches und ging nun da-
ran, ihre Tochter für die Reise nach Thürin-
gen auszustatten. Die Boten des Landgrafen

gobet si herlich als daz zū kúnges hofe zim-
lich waz. Und dor noch als alle ding bereitet
worent [21r] an gold und an silber und an
sydenen tüchern, do antwirtet si sy in ei-
ner silberin waglen die selb tochter Elysa-
beth. Und der kúng sprach zū dem herren
von Varilla: »Ich bevilhe dir minen trost in
din trúwe und in din ritterliche ere.« Und die
kúngin bevalh im öch ir tochter mit weinen-
den ögen. Do sprach er: »Ich wil si gern in
miner trúwe haben.« Do sprach die kúngin:
»Ir söllent úweren herren sagen daz er ein
gūten mūt habe won gitt mir Gott [21v] daz
lében. Ich wil in mit grösserem richtūm bege-
ben.« Öch sante si dem selben lantgrofen an
guldinen und an silberinen gevésse, die do
worent gross und maniger ley und gar túre
und séltzen geschmide, und edler kleinoter
und kostliche kleyder und ein silberin bútte-
nen, do jungfröw Elysabeth inne baden solt
und bett gewand und tecke alles sidin, und
von purper und edlen tüchern und maniger
hand husz- [22r] rot der zū herschaft gehört
gar ein grossen schatz. Und dor úber an gélt
tusent marck und kurtzklich geseit. Si sant
also vil daz in Túringen land nie wart ge-
fürt noch me dor inne gesehen sölich schön
und túr edel schätz als die kúngin sant mit ir
tochter. Dor noch wart jungfröw Elysabeth
brocht gegen Túringen und do wurdent si mit
allen fröiden enpfangen. Und der lantgrof
wart siner suns fröwen gar fro und druckte
si an sin [22v] brust und dancket Gott daz
er im si zū gefügt hatt. Und daz edel kind
wart mit allem flisz erzogen als daz zimlich
waz. Und in dem dritten ior noch dem als
die selig Elysabeth zū Túringen kummen waz,
da wart di kúngin ir mūter iemerlich ertö-
tet von den lands herren und edlen lúten zū
Ungern, die do mit ein ander iren tod ange-
leitet hatten.

beschenkte sie großzügig, wie es einem Kö-
nigshof ansteht. Als alles [21r] an Gold, Silber
und seidenen Tüchern bereit war, übergab sie
ihre Tochter Elisabeth in einer *silberin wag-*
len [Bettkasten, Wiege]. [B 14, 10>] [E<] Der
König sagte zu dem Herrn von Varilla: »Mein
Trost sei deiner Treue und ritterlichen Ehre
anbefohlen.« Die Königin stimmte weinend
zu. Der Ritter sagte: »Ich werde sie treulich
bewahren.« [>E] [B 14, 22<] Da sagte die Kö-
nigin: »Sagt eurem Herrn, er soll frohgemut
sein. Wie Gott mir [010] das Leben gibt, so
werde ich ihn reich beschenken.« [B 14, 26>]
[B 14, 11<] Sie sandte dem Landgrafen man-
cherlei große goldene und silberne Gefäße,
teure und seltene Geschmeide, edle Kleinode,
kostbare Kleider und eine *silberin bütte,* da-
rin die Jungfrau Elisabeth baden sollte. Dazu
kamen das Bettgewand und Bettdecken, alles
Seide und Purpur, feine Tücher und mancher-
lei Hausrat [22r], der zu einem herrschaftli-
chen Haushalt gehört – in allem ein großer
Schatz. Dazu gab es noch Tausend Mark bares
Geld. Kurz gesagt, noch nie war nach Thürin-
gen ein solch schöner, teurer und edler Schatz
gekommen, wie ihn die Königin von Ungarn
ihrer Tochter mitgab. [B 14, 20>] [B 14, 27<]
So kam die Jungfrau Elisabeth nach Thürin-
gen und wurde mit Freuden empfangen [B 14,
28>]. Der Landgraf freute sich über das süße
Mädchen, drückte sie an seine [22v] Brust und
dankte Gott für diese Gabe. [B 14, 32<] Und
das edle Kind wurde mit allem Fleiß erzogen,
wie es sich geziemte. Nur drei Jahre nach der
Ankunft Elisabeths in Thüringen [B.14, 32>]
[B 15, 1<1] wurde ihre Mutter, die Königin, *ie-*
merlich [Leid erregend] getötet. Einige unga-
rische Herren und Adelige hatten sich gegen
sie verschworen [B: die waren ir gram umbe
des willen daz si alse gescheftig was] [B 15, 3>].

Von der wundersammen und unschuldigen kint-
heit Elysabeths

Wundersam in sinen heiligen und heilig in
[23r] allen sinen wercken ist Gott der Herre
und wonet in sinen erwelten und wúrcket in
inen wunder wërck. Won er sicht nit an daz
alter der zit oder die kranckheit des lëbens
sunder noch dem rot siner unerschöpffenli-
chen wiszheit volbringet er in den sinen die
werck siner erbarmhërtzikeit, dorumb mit
siner hilffe on die nieman starck noch hei-
lig ist. Die edel und selig Elysabeth under
iren kintlichen ioren ee denn si mocht er-
kennen tugent [23v] oder die vernunft ge-
bruchen, pflag an ir selbes zů bewisend ein
bild ir zůkúnftigen heilikeit und dick lag si
gestreckt vor den altern mit irem mund kús-
send die erden. Öch dick knúwet si mit uff
gereckten henden und mit erhabenen ögen in
den himmel. Und wenn si mit anderen kin-
den noch kintlicher wise löffen oder sprin-
gen solt, so lúff si zů der kapellen und wenn
si die beschlossen vand so kuste si demütek-
lich die schwellen oder die wand Gott ze eren.
Und mass sich [25r] öch dick mit den anderen
iungfröwlin knúwende daz si also ein sach
venien zů nemmen möchte vinden. Öch in
den spilen die die kinder pflëgen, die hoff-
nung des gewinnes kert si zů Gott won si
von irem gewinne armen kinden stëteklich
zëhenden gab und si do mit zwang ze bëtten
ein Pater noster und Ave Maria. Und öch als
bald als si enpfand in irem hërtzen lust von
dem gewin wenn si denn sah daz si daz spil
gewinnen solt, so sprach si: [25v] »Durch Got-
tes willen wil ich uff hören.« Hier an mercket
man wie in einem kleinen kind daz do kum
fúnf iërig waz die Gottheit gewúrcket hab,
und als dick andere kind gar schier in kleinen
ioren sich neigen zů boszheit. Also mit der
hilff des Heiligen Geistes Elysabeth an irem

**Von der wundersamen und unschuldigen
Kindheit Elisabeths.**

De ammirabili eius infancia et devocione. (I)
c. III

Wundersam ist Gott der Herr mit seinen Hei-
ligen und heilig sind [23r] alle seine Werke.
Er wohnt in seinen Auserwählten und wirkt
mit ihnen Wunder. Er sieht nicht das Alter,
nicht die Schwäche des Lebens, sondern er
vollbringt nach dem Rat seiner unerschöpfli-
chen Weisheit mit den Seinen die Werke sei-
ner Barmherzigkeit. Ohne seine Hilfe ist nie-
mand stark oder heilig. [L 260<] Die edle und
fromme Elisabeth zeigte schon in ihrer Kind-
heit ihre zukünftige Heiligkeit, noch bevor sie
Tugend erkennen, [23v] oder Vernunft gebrau-
chen konnte. Oft lag sie ausgestreckt vor dem
Altar und küsste den Boden. Sie kniete dort
auch oft, die Arme hochgereckt, und hob die
Augen gen Himmel. Wenn sie mit den anderen
Kindern lief und sprang, so lief sie oft zur Ka-
pelle. Wenn die abgeschlossen war, küsste sie
demütig die Schwelle oder die Wand, um Gott
zu ehren. [25r] Oft kniete sie mit den anderen
Jungfräulein, [maß sich derart mit ihnen], um
einen Grund für *venien* [lat.: veniae = liegend
beten] zu finden [L 297: um, wie sie sagte, he-
rauszufinden, wer größer ist]. Auch bei den
üblichen Gewinnspielen der Kinder dachte
sie an Gott und gab armen Kindern immer
ein Zehntel ihres Gewinns. Allerdings muss-
ten die Kinder dafür ein Pater Noster und ein
Ave Maria beten. [>L 308]. [L 336<] Wenn sie
spürte, dass sie gewinnen würde und im Her-
zen Lust am Gewinnen spürte, sagte sie [25v]:
»Um Gottes Gebot zu erfüllen, will ich aufhö-
ren.« [>L 339] [E<] Hier merkt man, wie Gott
in einem kaum fünfjährigen Kind wirkt, wäh-
rend andere Kinder schon früh sich der Bosheit
zuwenden. Elisabeth hingegen zeigte schon in
ihrem kleinen Körper in der frühen Blüte der

kleinen lychamen in dem ersten blůmen ir
kintheit bewiste ir zůkúnftige volkommen-
heit. Und daz andæchtig iungfröwli zoh öch
dick mit iren gespilen uff den kilch hoff und
[26r] sprach zů inen: »Wir söllent daz Gotz
hus alles umb gon und söllent die wil bët-
ten.« Daz tett si dorumb daz si dester lén-
ger bëttetend. Und sprach denn zů den kin-
den: »Ir söllent gedencken daz wir zů ëschen
müssent werden.« Und sprach: »Hie ligend
tod lút die lëptend als wir und sint nun tod,
also geschicht uns öch. Do von söllent wir
Gott lieb haben und sprëchent wir daz wort
noch, Herre durch din bitteren tod und durch
din liebe můter Maria erlös dise von ir pin.«
[26v] Daz tett si gar dick daz meister Alber-
tus sprichet: »Ich mein daz si nie dar këme si
erloste zů dem minsten ein sel mit irem ge-
bëtt.« Won die kindli sohent dick daz unser
Herre Jesus Christus zů ir kamm und grůsste
si und spilet süsseklich mit ir. So verbot si es
den kinden daz si es nit seitend, und under
wilen als die kind woltend bëtten so waz es
horwig und nass und beliben doch ire kleider
schön und trucken. Also gelichet unser Herre
Sanct Elysabethen im selben, won so [27r] er
siner lieben můter wasser heim trůg in si-
nem krüglin so ward er nit nass. Dor noch ee
denn Sanct Elysabeth ein gantz ior volbrocht
hatt in Túringen land, do starb lantgrof Her-
man irs gemahlen vatter. Und do begund si
tëglich wachssen und zů nemmen an gnoden
und an tugenden. Und in allen iren wëgen
Gott in iren gedencken haben und vor irs
hërtzen ögen und in meklich an rüffen und
süsseklich nemmen und ir sinne und wort
und werck zů Gott rich- [27v] ten. Und li-
plich zierung tëntz und ander wëltlich itel-

Kindheit mit Hilfe des Heiligen Geistes ihre
spätere Vollkommenheit. Das fromme Jung-
fräulein ging oft mit ihren Gespielen auf den
Kirchhof [26r] und sagte: »Wir sollten um das
Gotteshaus herum gehen und eine Weile be-
ten.« Das tat sie, um sie zu längerem Beten an-
zuhalten. Sie sagte auch zu den Kindern: »Ihr
sollt bedenken, dass wir alle zu Asche werden.
Hier liegen die Toten, die einmal lebten wie
wir, und sind nun tot, was auch uns gesche-
hen wird. Darum sollen wir Gott lieben und
das Wort nachsprechen: Herr, durch deinen
bitteren Tod und Mutter Maria durch deine
Liebe erlöse diese [Toten] von ihrer Pein.« [26v]
Das tat sie oft, dazu spricht Meister Albertus:
»Ich meine, dass sie jedes Mal dort mindestens
eine Seele mit ihrem Gebet erlöste.« Wenn die
kindli unseren Herrn Jesus Christus sahen,
wie er zu ihr kam, sie grüßte und freundlich
mit ihr spielte, so verbot sie den Kindern, et-
was davon zu erzählen. Manchmal, wenn die
Kinder beten wollten, war es schmutzig und
nass, trotzdem blieben ihre Kleider sauber und
trocken. So gleicht Elisabeth unserem Herrn,
der auch nicht nass wurde, als er für seine liebe
Mutter ein *krüglin* [27r] Wasser heim trug
[>E]. [B 15, 9<] Elisabeth war noch kein gan-
zes Jahr in Thüringen, als der Vater ihres Ver-
lobten, Landgraf Hermann, starb [B 15, 12>]

[Fehlt: B: 1215 am Tag nach St. Markus im
April; das ist so nicht richtig, Hermann starb
1217].

De innocenti et sancta eius puericia. (I) c. IV.
[L 358<] In dieser Zeit wuchs Elisabeth heran
und gewann an Gnade und Tugend. Auf allen
ihren Wegen dachte sie an Gott, sie sah ihn
mit den Augen ihres Herzens, rief ihn innig an,
nahm ihn fromm an und richtete ihre Sinne,
ihre Worte und ihr Tun auf Gott. [> L 363]
[27v] [L 352<] Leiblichen Schmuck, Tänze
und weltliche Eitelkeit floh und verschmähte

keit fliehen und verschmohen. Und teglich mit irem andechtigen gebett ein opffer Gott leisten. Wenn es aber geschah daz si die zal des tages nit volbrocht hatt und si gezwungen wart schloffen ze gon so lag si an irem bett und gedocht an Gott tag und nacht. Öch do si sah die lüt gemeinlich zwölff botten erwellen und denen ir sel enpfelhen, do begert und wunschte die lieb haberin der kuscheit daz [28r] si Sanct Johannes den ewangelisten ein behüter der reinikeit möchte zů einem gehilfen und zů irem xij botten erwellen. Und noch dem als si ir gebett geton hatt daz si Gottes willen dor zů gehaben möchte, do gieng si demüteklich mit den anderen zů der erwellung, und noch ir begerung zů drin molen kamm ir Sanct Johannes den si mit aller andacht lieplich enpfieng und mit allem flisz eret. Und waz si iemant in dem nammen Sanct Johannes batt an [28v] schuld ze verlossen oder an hilff ze tůnd, das leistet si mit einem frölichen antlit. Die virtag die viret die demütig jungfröw mit allem flisz und andacht. Und an den tagen wolt si sich nit also zieren als an anderen tagen won si erkant wöl daz Gott nit wer geeret mit schinberkeit der kleider, sunder mit demütikeit des herzen. Und dorumb an den virtagen vor mittag wolt si nit hentschůch bruchen noch ir ermel zů brisen, won an allen dingen [29r] die des libes lust bringen möchten pflag si in ir kintheit abziehen und besunder an spilen und an tentzen. Und wenn si solt mit den anderen iungfröwlin noch kintlicher geberd tantzen so gieng si mit inen ein mol umb noch des tantzes sitten. Uund dor noch wolt si in der frist nit me tantzen. Sunder si sprach: »Es ist genůg daz ich der welt einest umb gangen bin, die anderen umb geng wil lossen durch Gott.«

sie. [>L 358] [L 329<] Täglich widmete sie Gott ihr frommes Gebet als Opfergabe. Falls sie die Zahl ihrer Gebete am Tag nicht erreichte und sie schlafen gehen sollte, so lag sie in ihrem Bett und gedachte Gottes Tag und Nacht. [>L 332] [L 308<] Als sie sah, dass die Leute, wie üblich, einen der zwölf *botten* [Apostel] zu ihrem Schutzpatron erwählten, da begehrte und wünschte [28r] sie sich, weil sie die Keuschheit liebte, den hl. Evangelisten Johannes als ihren Schutzpatron und als ihren Apostel, weil er die Reinheit behütet. Nachdem sie gebetet hatte, dass Gott ihren Wunsch erfüllen möge, ging sie demütig zur Wahl. Dreimal wurde für sie der hl. Johannes gezogen [aus den beschrifteten Kerzen oder Täfelchen]. Sie freute sich fromm und glücklich und ehrte ihn eifrig. Wenn sie jemand im Namen des hl. Johannes bat [28v], Schulden zu erlassen oder sonst zu helfen, tat sie es fröhlich. [>L 328] [L 346<] Die Feiertage hielt die demütige Jungfrau mit Eifer und Andacht ein. An diesen Tagen mochte sie sich nicht schmücken; Gott solle nicht geehrt werden mit prächtigen Kleidern, sondern mit der Demut des Herzens. Deshalb trug sie am Morgen der Feiertage keine Handschuhe und keine Ärmel mit *brisen* [Bündchen]. Alles, was [29r] leibliche Lust erzeugen könnte, lehnte sie schon in ihrer Kindheit ab, besonders auch Spiele und Tänze. [>L 355] [L 340<] Wenn sie mit den anderen Jungfräulein nach kindlicher Sitte tanzte, so machte sie nur eine der üblichen Runden mit und mehr nicht. Sie sprach: »Es genügt für die Welt, dass ich eine Runde mitgemacht habe, die anderen lasse ich Gott zu Ehren.« [>L 345]

Von dem zů nemmen der gůtet irs seligen lëbens und von der [29v] gedult die si hatt in ir iugend.

Es erwůchssen mit ein ander und wurdent erzogen jungfröw Agnes irs gemahlen schwester, ein schöne tochter. Und jungfröw Elysabeth gar ein andëchtig kind. Und mit gelichen kleydern wurden si gezieret. Nun geschah es daz si zimlich noch irem sitten worent mit gold und mit edlem stein gekrönt und zierlich durch glëntzet. Und giengen als ir [30r] gewonheit waz mit fröwen Sophien die lant grofen Hermans eliche gemahel waz zů der kilchen. Do si nun mit ein ander an iren stetten stůnden mit grosser gezierd gekrönt ze stund, do namm do Sanct Elysabeth ir cron von irem höbt und satzte si nebent sich. Und wolt ir mit nůte wider uff ir höbt setzen biss daz Gottes dienst gantz volbroht wart. Do sich des fröw Sophya ir schwiger sere verwunderet und si froget worumb si daz tëte [30v] oder wie si das meinte, do antwirt die selig Elysabeth und sprach: »Daz müss mir niemer geschëhen daz ich in der gegenwirtikeit mins Gottes und mins kúnges Jesu Christi den ich vor mir sih mit dornen gekrönt. Ich schnöde und irdensche creatur hochmůteklich erschine gekrönt.« Sih wie grösseklich daz iung hërtz hatt gewundet, und daz schwërt des lidens únsers Herren Jesu Christi die tugentlich sel waz durch [31r] gangen, daz si sich der verschmëhung únsers Herren Jesu Christi mit sölichem flisz wolt gelichen. Öch so worent zů der selben zit in des fúrsten hofe etlich siner rët und gewaltigen, die hasseten gar sere die gůten werck an jungfröw Elysabeth und mit bitteren und schmëhen worten und maniger hand spott und verschmähung betrůbtend si ir fridsammes und andëchtiges hërtz. Dor zů ir schwiger und irs gemahlen schwester denen waz wöl mit [32v] wëltlichen eren und

Von der Zunahme der Güte ihres frommen Lebens und von der [29v] Geduld ihrer Jugend

De crementis bonitatis eius. (I) c. V.

Sie und die schöne Jungfrau Agnes [geb. um 1206, gest. vor 1247], eine Schwester ihres Verlobten, wuchsen zusammen auf und wurden zusammen erzogen. Jungfrau Elisabeth war ein besonders frommes Kind. Sie wurden mit gleichen Kleidern ausstaffiert. Eines Tages, sie trugen standesgemäß eine goldene, mit Edelsteinen besetzte Krone und zierlich glänzende Kleider, gingen sie wie [30r] immer mit Frau Sophia, der Gemahlin des Landgrafen Hermann, in die *kilchen* [Kirche]. Als sie miteinander schön gekrönt an ihren Plätzen standen, [L 646<] setzte Elisabeth sofort ihre Krone ab und legte sie neben sich. Sie wollte sie auch bis zum Ende des Gottesdienstes keinesfalls wieder aufsetzen. [>L 657] Darüber wunderte sich ihre Schwiegermutter Sophia sehr und fragte, warum sie das täte [30v] oder was das bedeute. Die fromme Elisabeth antwortete: »Das muss mir nie mehr geschehen, in Gegenwart unseres Gottes und meines Königs Jesus Christus, den ich mit Dornen gekrönt vor mir sehe, dass ich geringe irdische Kreatur hochmütig gekrönt auftrete.« Siehe, wie stark das junge Herz verwundet wurde und wie das Schwert des Leidens Christi die tugendhafte Seele [31r] durchbohrt hat, dass sie sich der Schmähung unseres Herrn Jesus Christus mit solchem Eifer angleichen wollte. [L 364<] Zur selben Zeit gab es am Fürstenhof einige Räte und Herren, die hassten die guten Werke der Jungfrau Elisabeth. Mit bitteren und hämischen Worten, mit Spott und Schmähungen betrübten sie die friedliche und fromme Seele. [>L 368]. Auch ihre Schwiegermutter und die Schwester ihres Verlobten, die sehr wohl [32v] die weltlichen Ehren und Herrschaft schätzten, waren von

mit zitlicher herschaft. Dorumb worent si von den sitten der demütigen Elysabeth gar verre gescheiden. Under den allen gelich als ein gylge under den dornen. Die unschuldige Elysabeth blůgte und grůnet und daz die scherpffe der dorn stěchen die kúschen lylien, wie doch ir demütkeit und gedult gab ein gůten rŏch und einen gůten geschmack der süssikeit. Mit senftmütikeit vernam si alle schelt wort und neigt ir hŏbt. Si wolt nit wandlen [32r] in grossen und hochmütigen dingen, sunder mit den armen hatt si ir gesprěche und mit iren jungfrŏwen. Wer verwunderet sich nit in einem jungfrŏwlin von wenig ioren sŏlicher gob der gnoden sŏlicher werck der tugend. Weler ley dunket dich daz die frucht zů kúnftig sy an dem geschmack die also gar wŏl rúchet an dem blůmen. Sy hatt die wurtzelen gar tief und gar nider gesencket, dorumb wirt die frucht gar sere uff wachssende. Si [32v] wirt bringen vil frucht won si hett von den früchten ir hend gepflantzet ein wingarten. Dorumb werdent in ir wachssen vil reiner tugend und trübel der gnoden mit dem win der innerlichen süssikeit. Noch der kintheit kamm die selig Elysabeth zů der iugend und meretend sich mit ein ander die ior und die bekorung innwendig in ir sel. Von dem Heiligen Geist wůchss die hitz der göttlichen liebi und die süssikeit des anděchtigen geběttes. Aber [33r] ussnen von der bossheit der wělt namm ŏch zů ir betrübtnisse und leid. Won do si nun zů iren ioren kummen waz daz si mocht elich werden. Do worent etlich des lantgrofen irs gemahlen fründ und sin rěte und amptlúte. Die hatten gegen Sanct Elysabeth offenbare vigentschaft. Und die ir tugend lieb solten haben gehebt und geeret, won inen Sanct Elysabeth nút anders won gůtes erzŏgt, die worent si also gar verlossen daz si

dem Betragen der demütigen Elisabeth weit entfernt. Unter all diesen glich die unschuldige Elisabeth einer Lilie unter Dornen. Sie blühte und grünte, aber spitze Dornen stachen die reine Lilie, und doch verbreiteten ihre Demut und ihre Geduld einen guten Duft und einen süßen Geschmack. Mit Sanftmut ertrug sie alle Schimpfworte und neigte ihr Haupt. Sie wollte nicht [32r] großartig und hochmütig leben, sondern sie lebte und sprach mit Armen und ihren Jungfrauen. Wen wundert es nicht, in einem so jungen Mädchen solche Zeichen der Gnade und solche Tugenden zu finden. Welch Geruch, was denkst du, wird von der reifen Frucht ausgehen, wenn die Blüte schon so wohl duftet. Sie hat ihre Wurzeln tief in die Erde gesenkt und darum wird die Frucht gut wachsen. Sie [32v] wird auch viel Frucht bringen, weil sie mit der Frucht ihrer Hände einen Weingarten gepflanzt hat. Darum werden in ihr die reinen Tugenden wachsen, Trauben der Gnade und der Wein einer milden Seele

De hiis, que in adolescencia paciente sustinuit. (I) c. VI.

Nach der Kindheit kam die fromme Elisabeth in die Jugend, ihre Lebensjahre nahmen zu und mit ihnen ihre innerliche Reife. Durch den heiligen Geist wuchsen ihre tiefe *liebi* zu Gott und die Innigkeit ihres Gebetes. Aber [33r] von außen bedrängte sie die Bosheit der Welt, betrübte sie und ließ sie leiden. [L 369<] Als sie in das heiratsfähige Alter gekommen war, entwickelten einige Freunde und Amtleute des Landgrafen, ihres Verlobten, offene Feindschaft gegen die heilige Elisabeth, die eigentlich ihre Tugend hätten schätzen und ehren sollen. Obwohl ihnen die heilige Elisabeth nur Gutes erwiesen hatte, ließen sie sie

ir vir gûtes al- [33v] lein úbels wider goben und erbeitetend sich wie si mit bösen rëten iren gemahlen den iungen lantgrofen wider si gereitzen möchten daz er si verliesse. Und von schmochheit iren vatter dem kúng von Ungern wider senden sölte. Den rot gobent si dem fúrsten gemeinlich und sprochent offenlich daz si von irem vatter zû ërmklich wer usz gerichtet. Und daz er grösser gût und besser hilff möchte haben ob er eins anderen fúrsten tochter nëme [34r] der sinen landen nëher gesessen wer. Dorzû stûnd fröw Sophya mit allem flisz dor noch daz man Sanct Elysabeth solt in ein fröwen closter verstossen. In disen Dingen merckte die tugentlich jungfröw Sanct Elysabeth ir ellend daz si von irs vatter rich entverret waz und in ein frömd land von allen iren frúnden gefürt waz. Und in irem ellend sah si sich von einem iecklichen verschmëhen. Do begund si ersúnfzen von dem grund irs hërtzen und floh [34v] zû Gott der ir gantze zûflucht waz und klagte im ir betrübtnisse und sprach: »Herre Jesu Christe du bist aller ding gewaltig und bekenst alle hërtzen, und weist öch wöl daz ich gern ein reine magdt belibe. Sitt mich aber min vatter und min mûter ergëben hant den ich billich volgen sol so bitt ich dich daz du mir ein lëben gebest noch dinem lob und mich behütest vor allem úbel.« Und bevalhe ir herz und ir sinne dem allmëchtigen Gott und gab sich gëntz- [35r] klich in die ordnung der göttlichen güti. Und als ir gewonheit waz hielt si sich als vor zû den armen und fröwte sich in der gesellschaft der dienst mëgt, mit dënen si gern volbrocht verworffene wërck also daz ir schwiger zornlich zû ir sprach: »Du wërest bass geschicket zû einer dienst magt denn zû einer fúrstinen.« In allen schelt worten der gewaltigen und verschmëhung der hochvertigen daz hërtz

im Stich [33v] und erwiderten ihre Güte allein mit Bosheit. Sie planten, wie sie mit bösen Ratschlägen den Landgrafen so wider sie aufbringen könnten, dass er sie verließe und schmählich zu ihrem Vater, dem König von Ungarn, zurückschicken würde. Diese Ratschläge gaben sie dem Landgrafen öfters und sprachen offen davon, dass sie von ihrem Vater zu ärmlich ausgestattet wurde. Er würde mehr Reichtum und Macht gewinnen, wenn er die Tochter eines näher benachbarten Fürsten nähme [34r]. Frau Sophia befürwortete nachdrücklich, man solle Elisabeth in ein Frauenkloster verstoßen. Dadurch merkte die tugendhafte Jungfrau Sankt Elisabeth, welches Elend es war, dass sie so weit von ihres Vaters Reich und damit auch von allen ihren Freunden entfernt war. In ihrem Elend wurde sie von allen Seiten verspottet. Sie seufzte vom Grunde ihres Herzens und floh [34v] zu Gott, ihrer einzigen Zuflucht, und klagte ihm ihr Leid: [>L 383] [E<] »Herr Jesus Christus, du Allmächtiger, Kenner aller Herzen, so weißt Du auch, dass ich eine reine Magd bleiben will. Aber weil mich mein Vater und meine Mutter zur Ehe vergeben haben, muss ich ihnen gehorchen, und so bitte ich dich, gib mir ein Leben zu deinem Lob und behüte mich vor allem Übel.« Sie befahl ihr Herz und ihre Sinne dem Allmächtigen und fügte sich ganz [35r] der göttlichen Güte und Herrschaft. Sie blieb bei ihrer Gewohnheit, sich bei den Armen und bei den Dienstmägden aufzuhalten. Mit Freuden arbeitete sie mit ihnen zusammen, sodass ihre zukünftige Schwiegermutter sie wegen ihrer schmutzigen Arbeit im Zorn beschimpfte: »Du taugst besser zu einer Dienstmagd als zu einer Fürstin.« Bei allen Schimpfworten der Mächtigen und den Verschmähungen der Hochmütigen ver-

der jungfröwen Elysabeth getrúwet gentzk-
lich Gott ún- [35v] serem Herren der si öch
nit verliess on hilff. Sunder mit heimlicher
wúrckung siner gnod neigte er zů der ellen-
den kúnginen des fúrsten irs gemahlen hërtz
und begerung also krefteklich daz er ir alle
zit heimlich zů sprach und lieplich frúntli-
che und tröstliche wort. Und wenn er von
allen anderen landen oder stetten wider zů
ir kamm so brocht er ir kleinoter und umb
vieng si denn lieplich und kúschklich.

Von dem zwifel der ee des fúrsten und wie Sanct Elysa- [36r] beth dem selben lantgrofen gemëh-let wart.

Durch vil ret der lút und maniger ley böser
rëte begunden etlich zwiflen ob der fúrst die
jungfröw Elysabeth zů der ee nemmen wölte.
Es worent doch zů Túringen land etlich edel
und from gůt lút, die den bösen rëten der un-
getrúwen rot gëben wiszklich wider stůndent.
Der waz einer der erber ritter herr Walther
von Varilla der die edel Elysabeth von Un-
gern [36v] zů Túringen gebroht hatt won er
waz nach ir gesant vom lantgrofen Herman
dises fúrsten vatter. Der selb ritter do er zů
einer zit mit dem lantgrofen Sanct Elysabe-
then gemahlen úber vëld zoh, do sprach er
heimlich zů dem fúrsten: »Herre gevellet dir
daz ich dich etwaz froge und wiltu mir daz
offenbaren.« Do antwirt der fúrst gúteklich
und sprach: »Red frilich und waz do zimlich
ist wil ich dir offenbaren.« »Loss mich wis-
sen«, sprach der ritter, [37r] »waz du geden-
ckest ze tünd mit des kúnges tochter. Wiltu
si nemmen zů der ee oder wilt du si wider
sënden irem vatter?« Do zögt der fúrst uff
einen grossen berg, der do gegen inen waz
und sprach: »Wërlich wer diser bërg von un-

traute das Herz der Jungfrau Elisabeth ganz
auf Gott, [35v] unseren Herrn, der sie auch
nicht ohne Hilfe ließ. [>E] [L 381<] [B 25, 25<]
Durch die verborgene Wirkung seiner Gnade
neigte er Herz und Begehren ihres Verlobten,
des Fürsten, der elenden Königin zu, sodass er
ihr immer wieder heimlich und liebevoll zu-
sprach, mit freundlichen und tröstenden Wor-
ten. [> L 383] Wenn er von Reisen zu anderen
Ländern oder Städten zurückkam, brachte er
ihr Schmuck mit und umarmte sie liebevoll
und sittsam. [B 25, 31>]

Vom Zweifel an der Ehe des Fürsten und wie Sankt Elisabeth [36r] mit dem Landgrafen vermählt wurde.

De dubio, quod fuit de matrimonio Elysabeth. (I) c. VII.

[B 25, 31<] Wegen der vielen bösen Reden und
Ratschläge fingen einige [B 25, 31>] [B 26,1 <]
an zu zweifeln, ob der Fürst die Jungfrau Eli-
sabeth zur Ehe nehmen würde [B 26, 1>]. [B 26,
2<] Es gab aber in Thüringen auch einige edle,
fromme und gute Leute, die den bösen Rat-
schlägen der ungetreuen Ratgeber widerspra-
chen. Einer war der ehrbare Ritter Herr Wal-
ther von Varilla, der als Gesandter des Land-
grafen Hermann, des jetzigen Fürsten Vater,
die edle Elisabeth von Ungarn [36v] nach Thü-
ringen gebracht hatte. Als dieser Ritter einmal
mit dem Landgrafen über Land zog, sprach er
heimlich zu dem Fürsten: »Herr, erlaube mir,
dass ich dich etwas frage, was du mir offen
beantworten mögest.« Der Fürst antwortete
freundlich: »Rede frei, und was anständig ist,
will ich dir offenlegen.« »Lasse mich wissen«,
sprach der Ritter [37r], »was du mit der Kö-
nigstochter zu tun gedenkst. Wirst du sie zur
Ehe nehmen, oder willst du sie zu ihrem Vater
zurückschicken?« Da zeigte der Fürst auf einen
großen Berg in der Nähe und sagte: »Wahrlich,

denen biss zů obnen uff von luterem vinen gold, den wolt ich lichteklicher verschmohen denn daz ich Elysabeth von miner ee verlossen wölte. Ein iecklicher gedenck und red waz er welle, also lieb ist mir Elysabeth daz ich ir nit vergës- [37v] *sen mag.« Do sprach der ritter: »Herre ich bitt dich das ich ir dis din red mög offenbaren.« »Jo«, sprach der fúrste, »und zů einem wor zeichen bring ir daz ich ir sende«, und zoh us sinem bütel ein spiegel, der an dem anderen end hatt daz bild des lidens únsers Herren Jesu Christi. Und do den jungfröw Elysabeth von dem ritter genamm und sin red gehort, do ward ir hërtz erfröwt und getröst. Dor noch do Gott wolt die verschmëchte Elysabeth an së-* [38r] *hen und die betrübte trösten, do zerstort er alle rëte der bösen und vernichtet alle red der gewaltigen und starckte den fúrsten an der liebi Elysabeth. Also daz er offenlich offenbaret sin liebi und sin begerung die er trůg gegen der jungfröwen Elysabeth. Do wurdent verstopffet alle múnd der wider sprëcher und der ungetrúwen rët. Und noch diser stund getorst keiner nút reden oder roten wider die hochgezit der ee des fúrsten mit Sanct* [38v] *Elysabeth. Won si waz die, die do Gott hatt geordnet zů der ee dis fúrsten. Wider des ewigen willen die menschlich boszheit und torheit nút mocht gereden. Noch mocht nit gescheiden die listikeit der menschen, die do hatt vereinget Gottes fúrbesichtekeit. Nun sih an den seligen iungen den kúschen gemahlen und den edlen fúrsten, der do sin ee nit wolt stifften noch den bösen rëten und der sin hoffnung* [39r] *nit enleit uff die schëtz des geltes. Und in dem elichen sacrament nit sůcht daz golde won er wöl wiste daz ein gůte fröw ist ein gůt teil, die durch gůte werck von Gott selber einem*

wäre dieser Berg aus reinem, feinen Gold, den würde ich ohne Zögern verschmähen, ehe dass ich Elisabeth nicht heiraten würde. Mag ein jeglicher denken oder reden, was er wolle, so lieb ist mir Elisabeth, dass ich sie nie vergessen [37v] mag.« Da sagte der Ritter: »Erlaube mir, diese deine Rede ihr zu offenbaren.« »Ja«, sagte der Fürst, »und als Wahrzeichen bringe ihr etwas, das ich ihr sende.« Er zog aus seiner Tasche einen Spiegel, der auf der Rückseite die Kreuzigung Jesu Christi zeigte. Als Jungfrau Elisabeth diesen von dem Ritter bekam und sie seine Rede hörte, war ihr Herz erfreut und getröstet. [B 26, 26>]

De nuptiis lantgravii cum Elysabeth. (I) c. VIII.

[B 26, 30<] Wie Gott es wollte, die geschmähte und betrübte Elisabeth [38r] zu trösten, so zerstörte er auch die Ratschläge der Bösen, vernichtete die Reden der Mächtigen und stärkte die *liebi* des Fürsten zu seiner Elisabeth [B 26, 33>]. [B 27, 1<] Da er offen *sin liebi und sin begerung* [Verlangen], die er für Elisabeth im Herzen trug, gezeigt hatte, wurden die Mäuler der *wider sprecher* [Bedenkenträger; B: Ohrenbläser] und ungetreuen Ratgeber verstopft. Danach wagte keiner mehr, wider die Hochzeit des Fürsten mit [38v] Elisabeth zu reden oder zu raten. Gott hatte sie zu dieser Ehe bestimmt, und gegen des Ewigen Willen kann die menschliche Bosheit und Torheit nichts ausrichten. Die menschliche List vermag nicht zu trennen, was Gottes Vorsehung vereint hat. Nun sieh den frommen, jungen, den reinen Gemahl und edlen Fürsten, der seine Ehe nicht nach bösen Ratschlägen schließen wollte und der seine Hoffnung [39r] nicht auf den Glanz des Geldes gründete. Der im ehelichen Sakrament nicht das Gold sucht, weil er sehr wohl wusste, dass eine gute Frau ein guter Besitz ist, der einem guten Mann durch Gottes gutes

gůten man wirt gegeben. Merck andëchtek-
lich des kúschen iungen můt der siner lieben
gemahlen nit sante das do reitzen möchte
ze itelkeit. Sunder daz do meren möchte die
gnod der andëchtikeit. Sant er ir das aller tú-
rest bild des lidens únsers Herren [39v] Jesu
Christi. Also noch der geburt Gottes m cc
und in dem ein und zwentzigesten ior der
edel lantgrof Ludwig von Túringen namm
zů der ee die kúsche jungfröwen Elysabeth
des kúnges tochter von Ungern. Und als daz
waz der wille Gottes komen si zů ein ander,
ein getrúwer mit einer heiligen, ein unschul-
diger mit einer unschuldigen, und hieltend
mit ein ander me ein geistliche ee denn ein
lipliche und hatt si lieb in der göttlichen [40r]
liebi me denn es gelöplich ist.

Von der heilikeit der wirdigen und göttlichen ee
der seligen Elysabethen und des lantgrofen. Und
von dem flisz irs andëchtigen gebëttes und der
kestegung ires libes.
Es waz zwúschen inen ein wirdige und göttli-
che ee. Und ein unbeflecket bette do si inne zů
sammen komen nit mit hitz der fleischlichen
gelúst, sunder [40v] mit heiliger kúschekeit
einer reinen ee. Won die iung fröwe die do
núwlich waz getrëtten in die ee kestiget iren
reinen lib mit grossem wachen und alle nacht
stůnd si uff wenn ir gemahel schlieff und öch
dick mit sinem urlob und bëttet andëchtek-
lich also daz si in sere erbarmet. Und si ma-
net und batt daz si den müden gelidern et-
waz růwe gëbe. Gross waz der iungen fröwen
andacht die si dor zů zwang daz si sich in der
nacht stal von dem bett [41r] irs liplichen ge-
mahlen. Das si gesůchen und vinden möchte
den gemahlen ir kúschen sele, Christum den
Herren den si gentzklich lieb hatt. Nit klei-

Werk gegeben wird. Merke mit Andacht das
reine, fromme Gemüt des Jungen, der seiner
lieben Gemahlin nicht etwas sandte, das zur
Eitelkeit reizt, sondern etwas, das die Gnade
der Frömmigkeit mehren möge, nämlich das
allerteuerste Bild des Leidens unseres Herrn
[39v] Jesu Christi. Also nahm im Jahr 1221
nach Christi Geburt der edle Landgraf Lud-
wig die reine Jungfrau Elisabeth, des Königs
von Ungarn Tochter, zur Ehefrau. Und wie es
Gottes Wille war, kamen zueinander ein Ge-
treuer mit einer Heiligen, ein Unschuldiger
mit einer Unschuldigen. Sie führten mitein-
ander eher eine geistige Ehe denn eine leibliche,
und [er] hatte sie lieb in der *göttlichen liebi*
[gottesfürchtige Liebe] [40r] mehr als es sonst
bekannt ist [B 27, 29>].

Von der Heiligkeit der würdigen und gött-
lichen Ehe der frommen Elisabeth und des
Landgrafen und von dem Eifer ihres frommen
Gebetes und von dem Kasteien ihres Leibes.

**Incipit secundus. De sanctimonia matrimo-
nii inter eos. c. I**

[B 27, 31<] Es war zwischen ihnen eine wür-
dige und gottesfürchtige Ehe. Ihr Bett blieb
unbefleckt, sie kamen zueinander nicht mit
Wollust, sondern [40v] mit heiliger Keuschheit
einer reinen Ehe. Die junge Frau [B 27, 33>],
[B 28, 1<] die gerade erst in den Ehestand ge-
treten war, kasteite ihren reinen Leib mit lan-
gem Wachen. [L 572<] Jede Nacht stand sie auf,
wenn ihr Gemahl schlief, auch oft mit seiner
Erlaubnis, und betete andächtig. Ihn packte oft
das Erbarmen um sie, und er ermahnte und bat
sie, sie möge doch ihren müden Gliedern et-
was Ruhe gönnen. So groß war der Glaube der
jungen Frau, der sie dazu zwang, sich nachts
vom Bett ihres leiblichen Gemahls zu stehlen.
[>L 577] Sie suchte den Gemahl ihrer reinen
Seele, Christus, den sie sehr lieb hatte. Nicht

ner waz die trüwe des iungen fürsten der sin
liebe und wirdige gemahlen an gůten wer-
cken nit wolt hinderen, sunder iren grossen
ernst mit senfter tugend gerüchte zů mëssi-
gen. Dise kúsche liebi und süsse gesellschaft
mocht nit erliden daz ir eins von dem ande-
ren verre oder lang were. Dorumb so volget
si im [41v] dick noch verr und bös wege in
ungewitter mit einer reinen begerung. Won
die kúsche liebi des mannes hinderet nit die
aller reineste fröwe an wachen und an bët-
ten und an anderen gůeten wërcken Sunder
er fröwte sich irs heiligen lëbens und waz
ir als ein getrúwer vermaner. Öch hatt die
Gottes dienerin Elysabeth söliche grosse hitz
und andacht zů dem gebëtt daz si iren jung-
fröwen bevalh daz sy solten uffwecken zů
dem gebett und hiess si daz si sy solten heim-
[42r] lich zihen bi iren zehen daz si sich nit
verschlieffe. Nun geschah es von unwissen-
heit daz die erber Ysentrud des fürsten zehen
begreiff und in us dem schloff weckte. Do
erkant er zů hand daz daz këme von ir an-
dacht und schweig gedulteklich. Öch geschah
es dick daz si unverdrossenlich des nachtes
ir gebet also lang machte daz si entschlieff
vor dem bett und do si ir jungfröwen dorumb
stroffetend. Do antwirt si inen und sprach:
»Mag ich nit on underlos gebëtten, [42v] so
wil ich doch minen lib den gewalt tůn das
ich im die weiche des bettes etliche zit wil
benemmen.« Si floh alles das do reitzet zů
súnden und als vil als ir zimlich waz hůt si
sich vor heimlicher wonung mit den fürsten,
wie wöl si in herzeklich lieb hatt. Doch klagt
si bitterlich daz si nit mocht behalten die ge-
zierd der jungfröwlichen reinikeit. Si kesti-
get iren unschuldigen reinen lib mit grossen
schlegen und mit růten besunder an den fri-

geringer war die Treue des jungen Fürsten, der
seine Gemahlin nicht an ihren guten Werken
hindern wollte. Er versuchte nur, ihren tiefen
Ernst mit sanfter Tugend zu mäßigen. Diese
fromme *liebi* und süße Gemeinschaft wollte
nicht erleiden, dass einer vom anderen fern
wäre. Deshalb folgte sie ihm [41v] oft auf wei-
ten und schlechten Wegen, in Ungewittern,
mit reinem Verlangen. Denn die reine *liebi*
ihres Mannes erlaubte der allerreinsten Frau
zu wachen, zu beten und gute Werke zu tun.
Er freute sich an ihrem frommen Leben und
war ihr getreuer Mahner. [B 28, 20>]

**Quomodo excitabatur ad vigilias per pedis-
sequas et qualiter viri thorum, quantum pot-
uit, declinabat. (II) c. II.**

[L 582<] Nun liebte die Gottesdienerin Elisa-
beth das Gebet so heiß und inständig, dass sie
ihren Jungfrauen befahl, sie sollten sie aufwe-
cken. Dazu sollten sie heimlich [42r] an ihrem
Zeh ziehen, damit sie nicht verschlafe. Eines
Nachts geschah es, dass die ehrbare Ysentrud
des Fürsten Zeh ergriff und ihn aus dem Schlaf
weckte. Er merkte sofort, dass es für ihre [Eli-
sabeths] Andacht geschah, und so schwieg er
geduldig. Oft schlief sie auch während des
Gebetes, das sie nachts so lang und fröhlich
ausdehnte, vor dem Bett ein. Ihre Jungfrauen
schimpften deswegen mit ihr, aber sie antwor-
tete: »Kann ich nicht unentwegt beten [42v], so
will ich doch meinem Körper den Zwang antun,
einige Zeit auf das weiche Bett zu verzichten.«
[>L 599] [E<] Sie mied alles, was zur Sünde
führen könnte. Soweit es ziemlich war, hütete
sie sich vor der *heimlichen wonung* mit dem
Fürsten, wiewohl sie ihn herzlich lieb hatte.
Dennoch klagte sie bitterlich, dass sie nicht die
Zierde ihrer Jungfräulichkeit behalten konnte.
[>E] [L 606<] Sie kasteite ihren unschuldigen,
reinen Leib besonders an Freitagen [43r] und
in der Fastenzeit mit vielen Schlägen und mit

tagen [43r] und in der vasten. Und vor den lüten hielt si sich mit einem frölichen antlit. Und dick stůnd si uff von dem bett irs gemahlen und gieng in ein heimliche wonung dor inne si sich von ir dienerinnen herteklich und schwerlich mit růten liess schlagen und kamm denn wider zů dem fürsten frölich unbetrübt. Wörlich selig ee lüt sint dis die in ir gesellschaft behaltend söliche reinikeit an iren worten kúschikeit. In denen die liebi Gottes löschet alle [43v] untugent. Die andacht und die hitz des geistes zerstört die trockheit. Das gebött sicheret die gewissne. Die liebi Gottes gibt urlob und múglicheit den gůten wërcken. Dorumb si sëliklich mit ein ander lëbtend in der vorcht des Herren. Nun waz die selig Elysabeth nit gelert, daz waz irem herzen gar schwër und sante brief zů dem bobst Gregorio mit des lantgrofen irs brůders rot. Do der heilig vatter der bobst den brief vernamm, do [44r] sante er noch meister Cůnrat. Der waz also wise daz er in tútschen landen kein besseren wisste und waz öch göttlich und bewërt zu Parysz. Den batt er daz er sich der fröwem Elysabeth durch Gottes willen under wunde und si die heiligen ewangelien lerte und ir die heilig geschrift betute. Das dett meister Cůnrat durch des bobstes und des fúrsten willen. Do si das hort do vastet si und pinget iren lib und sprach: »Ich bin nit wirdig daz min der heilig [44v] man pflëgen sol. Herre ich dancken dir dinr gnoden.« Und gieng gegen im und enpfieng in und viel uff ire knú vir in und sprach: »Min geistlicher vatter enpfoh mich din tochter durch Gott. Ich bin din nit wirdig und loss dir öch minen brüder bevelhen sin.« Do sprach der meister Cůnrat: »O Herre Jesu

Ruten. Vor den Menschen zeigte sie immer ein fröhliches Gesicht. [> L 611] [L 600<] Oft stand sie nachts auf, verließ das Bett ihres Gemahls und ging in ein verschwiegenes Zimmer, wo sie sich von ihren Dienerinnen hart und schwer mit Ruten schlagen ließ. Sie kehrte dann fröhlich und heiter zu ihrem Fürsten zurück. [>L 604] [B 28, 21<] Wahrlich selige Eheleute sind diese, die in ihrer Gemeinschaft solche Reinheit [und] solch keusche Rede behalten. In diesen löscht die *liebi* Gottes alle [43v] Untugend. Die Andacht und die Glut des Geistes zerstört die Faulheit, das Gebet sichert das Gewissen, die *liebi* Gottes erlaubt und ermöglicht gute Werke. Darum lebten sie miteinander selig und in der Furcht des Herrn. [B 28, 26>] [E <] Nun hatte die fromme Elisabeth nichts gelernt, das belastete ihr Herz, und sie schrieb an den Papst Gregor [IX., 1227–1241; es sollte, wenn die Zeiten stimmen, Papst Honorius, 1216–1227, sein], wie es ihr Bruder, der Landgraf, ihr geraten hatte. Der Heilige Vater, der Papst, las den Brief [44r] und sandte nach dem Meister Konrad [von Marburg, †1232]. Der war so weise, dass er in Deutschland keinen besseren kannte. Konrad war auch gottesfürchtig und hatte sich in Paris bewährt. Diesen bat er, sich an Frau Elisabeth zu wenden, sie die heiligen Evangelien zu lehren und ihr die Heilige Schrift auszulegen. Das tat Meister Konrad, dem Willen des Papstes und des Fürsten folgend. Als Elisabeth das hörte, fastete sie, kasteite sich und sagte: »Ich bin nicht würdig, dass der heilige [44v] Mann sich meiner annähme. Herr ich danke dir für deine Gnade.« Sie ging Konrad entgegen, warf sich vor ihm auf die Knie und sagte: »Mein geistiger Vater empfange mich von Gott als deine Tochter. Ich bin deiner nicht würdig und lass dir auch meinen Bruder anempfohlen sein.« Da sagte Meister Konrad: »O Herr Jesus Chris-

Christe waz wúrckestu mit den dinen.« Dor noch húb er an mit göttlicher lere und lerte si xij stuck, die si wistend uff ein volkommen lében. Daz erst: [45r] »Du solt verschmëht sin in williger armút und biss dor inne gedultig. Daz ander daz du demütig sigest und alles gewaltes fry sigest. Daz iij daz du dich vor liplichen trost und lust behütest won es bringet der sel ewige pin. Daz iiij daz du zú aller zit erbarmherzig sigest. Daz v. daz du gút hertz und mút Gott gebest und alle zit an in gedénckest. Daz vj das du Gott danckest daz er dich mit sinem tod erlöset hatt. Daz vij daz du gern liden solt [45v] won Gott vil durch úns gelitten hatt. Daz viij daz du dich Gott gébest mit sel und mit lib. Daz ix das du gedenckest wie du von Gott geflossen bist und solt alle zit gedéncken wie du wider zú im kummest. Daz x daz du dinen néchsten alles daz erlossest das du wilt daz er dich erlosse und im alles daz tügest daz du wilt daz er dir tüge. Daz xj das du alle zit gedenckest wie kurtz dis lében ist, daz der iung als schier stirbet als der alt. Dorumb wúrcke alle zit [46r] noch dem ewigen lében. Das xij daz du alle zit rúwen umb din súnd habest und bitt Gott daz er dir si vergebe.« Dor noch leit er ir die epistel und ewangelien usz, do marckte si die lere mit flisz und behielte sy mit andacht.

Wie sich die selig Elysabeth gehalten hat in dem husz. Und wie si zú namm noch dem versúchen únsers Herren.
Ob dem tisch pflag fröw Elysabeth sitzen an der siten irs gemahlen wider die [46v] gewonheit der anderen edlen fröwen daz si dester elicher lébte. Wie wól si do von etwaz ungemaches leid, won meister Cúnrat dem si mit willen irs gemahlen gehorsamme hatt verheissen, der hatt ir verbotten daz sy von

tus, was bewirkst Du mit den Deinen.« Dann begann er mit der göttlichen Lehre und lehrte sie 12 Regeln, die sie auf den Weg zu einem vollkommenen Leben wiesen. Als erste [45r]: »Du sollst verachtet und geduldig in freiwilliger Armut leben. Die andere: Sei demütig und sage dich los von der Macht. Die dritte: Hüte dich vor leiblichem Wohl und leiblicher Lust, sie bringen der Seele ewige Pein. Die vierte: Sei barmherzig alle Zeit. Die fünfte: Gib Gott dein gutes Herz und Gemüt und denke immer an ihn. Die sechste: Danke Gott, dass er dich durch seinen Tod erlöst hat. Die siebte: Leide gern [45v], weil Gott viel für uns gelitten hat. Die achte: Gebe dich Gott hin mit Leib und Seele. Die neunte: Bedenke, wie du von Gott gekommen bist, und denke alle Zeit daran, wie du wieder zu ihm kommst. Die zehnte: Erspare deinem Nächsten das, von dem du willst, dass er es dir erspare, und tu ihm das, was er auch dir tun soll. Die elfte: Bedenke alle Zeit, wie kurz dieses Leben ist, dass der Junge so schnell stirbt wie der Alte. Darum strebe alle Zeit [46r] nach dem ewigen Leben. Die zwölfte: Bereue alle Zeit deine Sünden und bitte Gott, dass er sie dir vergebe.« Danach legte er ihr die Episteln und die Evangelien aus. Eifrig nahm sie die Lehre auf und merkte sie sich andächtig. [>E]

Wie sich die fromme Elisabeth im Haus verhielt und wie sie weiter wuchs nach der Heimsuchung durch den Herrn.

Quomodo se habebat in mensa principis. (II) c. III
Am Tisch saß Elisabeth entgegen der üblichen Sitte [46v] anderer Edelfrauen neben ihrem Gemahl, um in ehelicher Nähe zu sein. [L 445<] Dafür musste sie allerdings etwas leiden, weil Meister Konrad, dem sie mit Zustimmung ihres Gemahls Gehorsam verspro-

nichte denn von den gütern die mit rëcht ge-
wunnen worent solt ëssen. Dor an hatt si
dryg jungfröwen die mit ir daz selb hieltend
und boten den fürsten daz si sin urlob dor zů
haben möhten. Do gab er gütlich sinen wil-
len dor zů [47r] und sprach: »Ich wölte öch
gern also lëben vorchte ich nit der lüt red und
ergernisse. Doch mit der hilff Gottes wil ich
min lëben kúrtzeklich verenderen und bes-
seren.« Also lëpte die selig fröw Elysabeth
daz si von dem gůt daz do ir morgen gob
waz liess ir und irem gesinde die notdurft
bruchen. Und sass dick ob des fürsten tische
mit rittern und herren und geboret als si ësse,
also brach si brot und teilte umb sich ander
kost daz si bi maniger hand spise [47v] hun-
ger und turst leid. Und zů zyten nit me ass
denn kleine honig küchli oder ytel brot. Und
betrübt sich me durch ir dienerinnen gebrës-
ten denn durch iren eigenen hunger. Dorumb
froget si flisseklich von dem gesinde von
wemm die spise oder daz tranck des tages
kummen wer. Und wenn si erkante daz die
spise mit rëcht gewunnen waz so fröwte si
sich und sprach zů iren mëgten: »Hütt sollent
ir ëssen und also ze gelicher wise mit dem
tranck wenn daz gerëcht waz.« So sprach sy:
»Hütt söllent ir [48r] trincken.« Wenn aber
kost und tranck rëchtútig worent so sprach
si mit grosser fröid: »Hütt wellent wir ës-
sen und trincken.« Und der tugentlich fürst
waz sy liplichen warnende wenn er útwiste
uff dem tische daz ir andëchtigen gewissne
ein unrůwe machen möcht. Von der sunder-
licheit an ëssen und an trincken der herre
und die fröw von den iren vil stroffung ge-
dulteklich litten, won die selig fröw Elysa-
beth von allen röb und von allen dem daz
do mit kei- [48v] nes menschen schaden ge-

chen hatte, ihr geboten hatte, dass sie nur es-
sen sollte, [B 28, 26<] was rechtmäßig von des
Landgrafen Gütern gewonnen war. Drei ih-
rer Jungfrauen wollten sich an dieses Gebot
halten und sie baten den Fürsten, ihnen das
zu erlauben. Er stimmte in Güte zu [47r] und
sagte: »Ich wollte auch gern so leben, fürch-
tete ich nicht das Gerede und den Ärger der
Leute. Doch mit Gottes Hilfe will ich mein
Leben bald verändern und bessern.« [B 29,3>]
So lebte die fromme Elisabeth [nach diesem
Gebot] und kaufte von ihrer Morgengabe für
sich und ihr Gesinde das, was sie zum Leben
brauchte. Oft saß sie am Tisch mit dem Fürs-
ten, mit Rittern und Herren, und tat so, als
ob sie Brot essen würde, verteilte um sich die
andere Kost, so dass sie bei mancherlei Speise
[47v] hungrig und durstig blieb. Manchmal aß
sie nicht mehr als kleine honig küchli [fehlt:
quinque aviculas, L 519] oder trocken Brot. Das
bekümmerte sie mehr wegen des Leidens ihrer
Dienerinnen als wegen ihres eigenen Hungers.
Darum fragte sie eifrig das Gesinde, woher
die Speise oder der Trank des Tages komme.
Wenn sie merkte, dass die Speise rechtmäßig
war, freute sie sich und sagte zu ihren Mäg-
den: »Heute sollt ihr essen.« Genauso verfuhr
sie mit dem Trinken, wenn es rechtmäßig
war [fehlt: Quandoque tantum potum licitum,
forte de vineis mariti sui, L 532–534], sagte
sie: »Heute sollt ihr [48r] trinken.« Wenn aber
Speis und Trank rechtmäßig waren, so sagte
sie mit großer Freude: »Heute wollen wir es-
sen und trinken.« [< L 546] Der Fürst warnte
sie freundlich vor Speisen, die ihr frommes
Gewissen beunruhigen könnte. [fehlt: Als sie
ihrem Gemahl auf eine Reise begleitete L 550–
554]. [L555<] Ob dieser ungewöhnlichen Ess-
und Trinkgewohnheiten ertrugen der Herr
und die Frau viel Spott mit großer Geduld. Die
fromme Frau Elisabeth wollte nichts von dem

wunnen waz nit wolt ёssen. Doch noch al-
len irem vermúgen fleiss si sich das si den
die do geschёdiget worent iren schaden ab
gelegen möchte. Nun merck ein iecklicher
mensch und wunder sich und lere öch noch
volgen des kúnges tochter, die do under ma-
niger hand fürstenlicher koste hungers und
turstes not liden wolt. Und noch sölichen tu-
gentlichen wercken wolt únser [49r] Herre
der allmёchtig Gott sin dienerin Elysabeth
zů höher volkommenheit ziehen. Won es
geschach an einem grossen heiligen tag daz
Sanct Elysabeth mit gar túren kleidern und
mit maniger hand edlem gestein geziert waz
und hatt ein guldine kron uff irem höbt und
mit ir schwiger und mit anderer grosser her-
schaft gieng von dem husz Wartberg genant
zů der kilchen in daz stettli daz do waz gele-
gen under der selben veste. Und do si zů [49v]
der kilchen komen do sah si ze hand als ir
gewonheit waz an das crútz únsers Herren,
won stёteklich als bald si den füss gesatzd
in die kilchen so erhůb si ir ögen gegen den
bild des lidens únsers Herren Jesu Christi.
Do si nun also an sah das crútz Christi do
namm si in ir herze wie gar nackend und
mit dornen gekrönt und mit nageln durch
stochen ir Herre vor ir hieng. Und do begund
si also in ir selbes betrahten und gedencken.
Sih Gott din Herre hanget [50r] nackend und
du unnútzes mensch bist gedecket mit ed-
lem gewand. Sin höbt ist mit dornen durch
stochen und din höbt ist mit gold gezieret.
Under disen gedencken sölicher mittlidung
únsers Herren Jesu Christi růrte ir hёrtz also
starcklich daz si zů stund nider viel zů der er-
den und wart omёchtig und sprochlos. Des
wurdent betrübt alle die do gegenwirtig wo-
rent und hůben si uff und trůgent si in die
kilch túr und leitend si nider daz si luft [50v]
gehaben möcht. Und gussent uff si des ge-

essen, das durch Raub oder zum [48v] Schaden
anderer Menschen erworben war. Mit ihrem
eigenen Vermögen bemühte sie sich, den Ge-
schädigten ihren Verlust zu erstatten. [>L 564]
Nun merke sich jeder, wundere sich und lerne
der Königstochter zu folgen, die bei manchem
fürstlichen Schmaus Hunger und Durst lei-
den wollte.

**Qualiter visitata a domino amplius profecit.
(II) c. IV.**

Mit solch tugendreichen Werken wollte unser
[49r] Herr, der allmächtige Gott, seine Die-
nerin Elisabeth zu höherer Vollkommenheit
bringen. An einem hohen Feiertag ging Eli-
sabeth mit teuren Kleidern, vielen Edelsteinen
und mit einer goldenen Krone geziert zusam-
men mit ihrer Schwiegermutter und viel an-
derer Herrschaft von der Wartburg zur *kil-
chen* in die Stadt unterhalb der Feste. In der
kilchen [49v] schaute sie zuerst wie immer auf
das Kreuz unseres Herrn. Wie stets, wenn sie
ihren Fuß in die *kilche* gesetzt hatte, erhob
sie ihre Augen zum Bild des Leidens unseres
Herrn Jesus Christus. Wie sie den Kruzifixus
ansah, nahm sie in ihr Herz auf, wie nackend
[50r], mit Dornen gekrönt und mit Nägeln
durchstochen ihr Herr vor ihr hing. Da be-
gann sie sich selbst zu betrachten und nach-
zusinnen. Siehe, Gott, dein Herr, hängt nackt
und du unnützer Mensch bist edel bekleidet,
sein Haupt ist mit Dornen durchstochen und
dein Haupt ist mit Gold geziert. Diese Ge-
danken und das Mitleid mit unserem Herrn
Jesus Christus rührten ihr Herz so stark, dass
sie plötzlich auf den Boden sank, ohnmäch-
tig und sprachlos wurde. Da erschraken alle
Anwesenden, hoben sie auf, trugen sie an die
Luft [50v] und gossen Weihwasser auf sie.

wichten wassers. Noch dieser geschicht als
si únser Herre also gesůcht hatt satzte si ir
selbes vir als ir das Gott in gab daz si hinnent
hin alles zierlich geschmide oder beschleckt
wolt verlossen do si nit notdurft an erkant.

*Von dem ab brechen wěltlicher zierung und wie si
sich hielt wenn der fürst nit ze land waz.*

Si begund irs libes gar versúmklich ze pflě-
gen, [51r] die aller anděchtigest fröwe wie
wöl si zů kúnges hofe geborn und alle ir tag
erzogen wer. Doch so verschmohet si als ein
unflot alle lipliche geziered diser welt durch
die liebi irs gemahlen Jesu Christi den si
hatt gesehen an dem crútze und den si trůg
in irem herzen. Also wolt si nit me bruchen
noch tragen edle und kostliche höbt tücher
und ze eng ermel, und wolt nit tragen sidin
schnür geflochten in die die löck irs hores
oder ze [51v] lange kleider. Und vil anderer
úberflússikeit verschmohet sy in der selben
zit, won si erkant daz söliche ding worent
ein zerstörung des hěrtzen andacht. Und
mit flisz pflag si zů vermidend úberflússikeit
und túre der kleider und trůg gemein wullin
gewand und allwegen ein cylicium daz ist
ein hěrin hemde. Öch trůg si daz an wenn
si můst mit purperin oder mit guldinen tü-
chern gekleidet sin. Und als vil als si mocht
vor fúrstenlicher [52r] wirdikeit so trůg si
ein demütig gewand noch dem als es gezimt
cristenlicher geistlicheit. Und lerte daz selb
öch ander wěltlich fröwen mit worten und
mit irem bild die zů ir wandletend und be-
zwang si mit flissigen bitten wenn si nit me
vermöchten daz si ir můsten verheissen daz
si doch in etlichen dingen diser welt itelkeit
wölten vermiden. Dorumb gab si inen gob
und sante etlichen fröwen der kleid der sy
mit gůten sitten gebruchen mochten. Mit sö-
licher wise [52v] die getrúwe dienerin Gottes

[L 650<] Nach dieser Heimsuchung durch un-
seren Herrn, verstand sie für sich selbst, dass
sie hernach alles Geschmeide oder *beschleckt*
[eitlen Zierrat] ablegen wollte, was sie nicht
als notwendig erachtete. [> L 657]

**Von dem Ablegen weltlichen Schmucks und
ihrem Verhalten, wenn der Fürst nicht im
Land war.**

**De moderamine vestium secularium. (II)
c. V.**

Sie, die allerfrömmste Frau, begann ihren
Leib zu vernachlässigen, obwohl sie an einem
Königshof geboren und erzogen war. Sie ver-
schmähte aber als Unrat allen körperlichen,
weltlichen Schmuck durch die Liebe ihres Ge-
mahls, Jesu Christi, den sie am Kreuz gesehen
hat und in ihrem Herzen trug. [L< 636] Sie
wollte also keine edlen Kopftücher, zu enge
Ärmel, in die Haarlocken geflochtene seidene
Schnüre oder [51v] zu lange Kleider gebrau-
chen oder tragen. Auch andere überflüssige
Sachen verschmähte sie, weil sie die Andacht
des Herzens störten. Eifrig vermied sie über-
flüssige und teure Kleider, [>L 640] [L 617<]
sondern trug einfache wollene Gewänder und
immer ein *cylicium*, ein härenes Hemd. Das
trug sie auch, wenn sie in Purpur oder Gold
gekleidet sein müsste. [>L 619] Soweit es sich
mit der fürstlichen [52r] Würde vereinbaren
ließ, [L 616<] trug sie ein demütiges Gewand,
wie es sich für den geistlichen Stand geziemt.
[>L 617] [L 626<] Dieses lehrte sie auch andere
weltlichen Frauen, die sich an sie wendeten,
mit Worten und mit ihrem Vorbild. Sie zwang
sie mit eifrigen Bitten, dass sie ihr wenigstens
versprachen, in einigen Dingen die Eitelkeit
der Welt zu meiden. Sie beschenkte sie des-
wegen, schickte ihnen Kleider, die sie sittsam
und gut tragen konnten. Somit [52v] erwies
sich die treue Dienerin Gottes als rechte Ret-

*als ein rëcht gewinnerin der selen und ein
lieb haberin der ere Gottes zoh vil fröwen von
wëltlicher hochfart. Und etlich broht si dor
zů daz si ir kúschekeit únser lieben fröwen
verhiessen. Dise wërck und vil anderer diser
gelich dett si do si noch gar iung waz und
núwlich zů der ee kummen waz. Won Chris-
tus liebi die zwang si und sin gnod wurckte
mit ir wider die ytelkeit der iugentlichen tor-
heit. Diese heilige fröwe und Gott [53r] zů
mol gevellig gedocht stëtiklich des daz do zů
Gott gehört und nit zů der welt. Ir gelöbt und
getrúwet daz hërtz irs gemahlen gëntzklich
won si im nút úbels dett sunder gůtes alle
die tag sins lëbens. Öch můste der selb herre
durch geschëffte siner land dick usz ziehen
und in frömden landen lang beliben. Wenn
denn fröw Elysabeth im nit gevolgen mocht,
zů hand als sie der Herre gesegnet so tett si
von ir alle lipliche gezierde von kleider [53v]
und höbt tüchern und namm an sich ein de-
mütig gewand und hielt sich als ein wittwe
andëcheklich und geistlich, won dieser welt
si an nút gevallen. Mit wachen und knúwend
und mit bëtten und schlegen verzert si die
nacht. Und also beitet si der zůkunft irs Her-
ren. Wenn si aber erkant daz er wider kamm
der tugentlich fúrst den si so kúscheklich lieb
hatt, so leit si sich mit ir gezierd wider an
und sprach: »Nitt durch zitlichen trost oder
[54r] durch hochfart mins hërtzen sunder lu-
terlich durch Christi liebi bedeck ich minen
lib mit diser gezierd, uff das daz ich minem
gemahlen benemmen sach zů súnden und
daz er mich allein in Gott lieb habe mit eli-
cher und zimlicher liebe. Das wir also von
dem der do hett geheiliget daz sacrament der
ee mögent mit ein ander beiten des lons des
ewigen lëbens. Mit sölicher wiszheit die wise*

terin der Seelen und die Liebhaberin der Ehre
Gottes und entzog viele Frauen dem weltlichen
Hochmut. Sie brachte auch einige dazu, ihre
Keuschheit unserer Lieben Frau zu verspre-
chen [in ein Kloster zu gehen]. [>L640] Dies
und andere ähnliche Werke vollbrachte sie als
junge, frisch verheiratete Frau. Denn Christi
Liebe zwang sie und seine Gnade wirkte mit
ihr wider die Eitelkeit der jugendlichen Torheit.

Quomodo se in absencia mariti habebat. (II) c. VI.

[B 31, 11<] Diese heilige Frau, [53r] die gott-
gefällig lebte, dachte ständig daran, dass sie
Gott und nicht der Welt gehörte. Ihr Gemahl
glaubte und vertraute ihr mit ganzem Herzen,
da sie ihm nie Übles, sondern nur Gutes an al-
len Tagen seines Lebens zufügte. Oft musste
der Herr in Geschäften seiner Lande verreisen
und lange in fremden Landen bleiben. [B 31,
15>] Wenn die Frau Elisabeth ihm nicht folgen
konnte, weil sie schwanger war, [L 612<] so
legte sie alle ihre hübschen Kleider [53v] und
Kopftücher ab und zog ein demütiges [schlich-
tes] Gewand an. Sie verhielt sich wie eine
Witwe, andächtig und fromm, und hatte an
der Welt keinen Gefallen [B 31, 17>]. Wachend,
kniend, betend und kasteiend verbrachte sie
die Nacht [>L 617] und *beitet* [wartete] so auf
die Rückkunft ihres Herrn. [L 619<] Wenn sie
aber erfuhr, dass er wieder kam, der tugendli-
che Fürst, den sie so innig lieb hatte, legte sie
ihren Schmuck wieder an und sagte: »Nicht
wegen weltlichen Wohlseins [54r] oder der
Hochmut meines Herzens schmücke ich mei-
nen Leib, sondern wegen Christi lauterer *liebi*,
damit ich meinem Gemahl keinen Grund zur
Sünde gebe und damit er mich wegen Gott
liebe mit ehelicher und ziemlicher Liebe. So
sollen wir von dem, der das Sakrament der Ehe
geheiligt hat, zusammen den Lohn des ewigen
Lebens *beiten* [erwarten].« [>L 625] Mit solcher

und göttlich fröwe hielt gegen irem gema-
hel elicher geselschaft stète [54v] und gantze
trúwe. Also daz si wenn er gegenwertig waz
si sich im erzögte gunsteklich lieplich und
göttlich. Und wenn er nit gegenwertig waz
so hielt si sich selbes Gott unstrofflichen und
andéchteklich. Öch gebrast ir nit des besun-
deren gůtes do die ee von nimet gebenediung,
daz ist die fruchtberkeit irs libes an kinden.
Won si Gott únser Herre der begobet si mit
einer gůten gob und gab ir edle frucht irs li-
bes daz si nit under lège den alten flůch der
unfruchtber- [55r] keit. Und daz si hette von
kinden etlichen trost vir ir jungfröwlicheit.
Dorumb gebar si einen sun genant Herman
der noch dem vatter waz lantgrofe zů Túrin-
gen und ein tochter die wart hertzogin zů
Brafant. Öch gebar si ein andere tochter die
ir reinikeit behielt und dienete Gott in dem
closter zů Altenburg do si ist ein meisterin
der jungfröwen. Und noch dem als die gött-
lich fröwe und die gar cristenlich můter ein
kind geborn hatt wenn denn die tag ir kint
betti [55v] vergangen woren, so vermeid si
alle hochfart die do pflègen die weltlichen
fröwen ze haben. Und namm an sich ein
wullin kleid und daz kind daz si denn ge-
born hatt und namm si in iren arm und trůg
es heimlich über einen herten und strengen
weg barfůss von der burg Wartberg in die
kilchen, die do ein verren wège von der burg
gelegen ist. Und noch dem bild únser lieben
fröw Gottes můter opfferet si daz kind mit
einer kertz- [56r] zen uff den altar. Dornoch
gieng si wider uff die burg und den rock und
den mantel, dor inne sie die demütikeit hatt
volbrocht gab si zů hand einem armen men-
schen.

Weisheit hielt die kluge und gottesfürchtige
Frau mit ihrem Gemahl stetig und gänzlich
treu die eheliche [54v] Gemeinschaft. Sie war,
wenn er da war, zu ihm voller Gunst und Liebe,
und sie war Gott gefällig. Wenn er nicht da
war, hielt sie sich aller Sünden frei und voll
Andacht. [B 31, 18<] Es fehlte ihr auch nicht
die wichtige, gute, von Gott geschenkte Gabe,
die eine Ehe segnet, das war ihre Fruchtbarkeit,
die ihr Kinder schenkte und sie vor dem al-
ten Fluch der Unfruchtbarkeit bewahrte. [55r]
Die Kinder trösteten sie über ihren Verlust der
Jungfräulichkeit. Sie gebar einen Sohn Her-
mann [* 1222, † 1241], der nach seinem Vater
der Landgraf von Thüringen wurde [B 31>24],
[B 36< 27] eine Tochter [Sophie, geb. 1224, gest.
1284], die Herzogin von Brabant wurde, und
eine weitere Tochter [Gertrud, * 1227, † 1297],
die jungfräulich blieb und Gott im Kloster Al-
tenberg [bei Wetzlar] diente. Sie wurde dort
Äbtissin. [B 36>31] [L 658<] Nachdem die got-
tesfürchtige, sehr fromme Mutter ein Kind ge-
boren hatte, wenn dann das kint betti [55v]
vorüber war, vermied sie allen Hochmut, den
weltliche Frauen haben. Sie zog ein wollenes
Kleid an, nahm das Kind, das sie geboren hatte,
auf ihren Arm und trug es heimlich über ei-
nen harten und steilen Weg barfuß von der
Wartburg in die kilchen, die weit von der Burg
gelegen war. Nach dem Vorbild unsrer lieben
Frau, Gottes Mutter, brachte sie das Kind mit
einer Kerze [56r] auf dem Altar dar. Dann ging
sie auf die Burg zurück und schenkte den Rock,
den sie zu dieser demütigen Handlung getra-
gen hatte, sogleich einem armen Menschen.
[>L 677]

Wie fröw Elysabeth bruchte ir fryheit Gott und von der hitzigen begerung die si hatt zů der willigen armůt.

Nun sah der wise und andechtige fúrst daz die edel fröwe ir gantze meinung und alles ir hertz zů [56v] Gott richte. Und mit rechter liebi liess er ir iren willen und gab ir fryheit und gewalt ze tůnd alles daz do gehort zů dem dienst und zů der ere Gottes und ze volbringend die werck der erbarmherzikeit. Der gegeben gewalt und fryheit wolt si nit an weltlichen dingen übel gebruchen. Sunder allein an heilsamen wercken an allmůsen und anderen erbarmherzikeit der armen. Mit gantzen kreften übte si sich zů volbringen die göttlich ge- [57r] rechtikeit nacht und tag mit grosser fröid und stetikeit irs antlites. Also geschah es zů einer zit daz si vand einen gar armen und dúrftigen menschen der do hatt den siechtům des höbtes und waz also übel gestalt daz er grúwlich waz an ze sehen. Den namm si in ir edlest gewand heimlich und leit sin höbt in ir schosz und mit iren heiligen henden beschar si den menschen und sin unreines hor schneid si zů mol ab und fůrt in an ein heimlichen statt in [57v] iren wingarten und wůsch im sin unreines höbt. Nun geschah es daz ir iungfröwen si ob dem werck begriffen und si sere stroffetend, des lachet die dienerin Gottes. Öch kamm ir herre und sprach: »Wo sint die siechen?« Do sprach sie: »Ich hab si hein geschicket«, und ze hand verschwand der siech. Do sah der lantgrof daz si etwaz in dem bůsen hatt. Das waz daz hor daz si dem siechen ab geschoren hatt. Do sprach der herre güteklich: »Liebe swester waz treistu in dem bůsen?« [58r] Do sprach si: »Es ist siden«, und tett es her fúr und gab es dem herren. Do worent es gůt

Wie Frau Elisabeth ihre Freiheit gebrauchte und von ihrem sehnlichem Verlangen nach freiwilliger Armut.

Quomodo libertate sibi concessa utebatur. (II) c. VII.

[B 35, 28<] Nun sah der weise und fromme Fürst, wie die edle Frau ihr ganzes Fühlen und Herz auf [56v] Gott richtete. Mit rechter *liebi* ließ er ihr ihren Willen [B 35, 31>] [B 36, 1<1] und gab ihr die Freiheit und Vollmacht, alles zu tun, was zum Ausüben der Barmherzigkeit im Dienste und zur Ehre Gottes gehört. Die gegebene Vollmacht und Freiheit wollte sie nicht für weltliche Dinge missbrauchen, sondern allein für Hilfe, Almosen und für die Barmherzigkeit mit den Armen. [B 36, 5>] [L 907<] Mit ganzer Kraft widmete sie sich Tag und Nacht der Aufgabe, gottgefällige [57r] Gerechtigkeit zu üben. Sie tat es mit großer Freude und fester Miene. [>L 908] [L 431 <] [B 36, 9<] Einmal fand sie einen sehr armen und bedürftigen, missgestalteten Menschen mit grindigem Kopf, der gräulich anzusehen war. [B 36, 11>] Den nahm sie heimlich an ihr bestes Gewand, legte seinen Kopf in ihren Schoß und mit ihren heiligen Händen schor und schnitt sie seine schmutzigen Haare. Sie führte ihn an eine versteckte Stelle in [57v] ihrem Weingarten und wusch seinen schmutzigen Kopf. Als ihre Jungfrauen bemerkten, was sie tat und sie deshalb schimpften, lachte die Dienerin Gottes sie aus. [>L 444] [E <] Als auch ihr Herr herbeikam und fragte: »Wo sind die Aussätzigen?« Da sagte sie: »Ich habe sie heim geschickt«, und sofort verschwand der Aussätzige. Da sah der Landgraf, dass sie etwas an ihrem Busen verbarg, das war das Haar, das sie dem Aussätzigen abgeschoren hatte, und fragte freundlich: »Liebe Schwester, was trägst du an deinem Busen?« [58r] Da sagte sie: »Es ist Seide«, und zeigte es und gab es dem Herrn.

*sidin knöpff worden von dem willen Gottes,
die worent ein teil golt var. Daz wunderet
den herren gar sere. Si pflag nit noch der ge-
wonheit der edlen fröwen mit iren henden
berüren daz do weich ist sunder zů starcken
wërcken bot si ir hend, und ir vinger die be-
griffen die spinnlen, do des kúnges tochter
mit iren dienerinnen wolt wollen spinnen zů
tüchern. Do von si macht [58v] kleider den
seligen und geistlichen brüdern Sanct Fran-
ciscus orden. Mit iren seligen henden pflag
si der armen lút und deren die sich zů dem
cristenen gelöben keren wolten und arm wo-
rent, denen besseret si ire kleider und liess
sie töffen und hůb si us dem töffe. Das si also
dur der gevatterschaft willen inen möchte
dester volkommenlicher gehelffen. Den ar-
men schwangeren fröwen und den kint bet-
terinnen waz si ein stëte trösterin. Und daz
si von der gesiht [59r] der armen dester me
möcht zů erbarmherzikeit gereitzet werden.
Wie verre denn ir herberg worent oder wie
unrein und hert der wëg waz so gieng si doch
zů inen in ire armen und unflëtigen húser
und brocht inen gůte notdurft zů stúre und
ze trost. Und also verdienet sy trivaltigen
lon. Ein umb die erbeit des weges und daz
ander umb die erbarmherzikeit irs herzen,
daz dritt durch die gob der almůsen. Und mit
anderen goben der gnoden die [59v] do er-
schinen in dieser heiligen fröwen Elysabeth.
Hatt si öch daz von dem Heiligen Geist das
si mit grosser hitze irs herzen stëteklich ent-
brant waz und süsseklich sich senet noch der
armůt die Christus der Herre in den heiligen
ewangelie gelobt hett. Und won si noch fúrs-
tenlicher wirdikeit mit grosser herren dienst
geeret wart und si gross schëtze irs richtůms*

Da waren es geknüpfte Seidenfäden, teilweise
auch golden, nach Gottes Fügung. Das wun-
derte den Fürst gar sehr. [>E] [Hier steht im
Latein das Bett- oder Kreuzwunder, siehe 72v–
75v]. Sie pflegte nicht wie andere Edelfrauen
nur zarte Sachen anzufassen, nein, sie nutzte
ihre Hände und Finger auch zu harter Arbeit.
[L 683<] So spann die Königstochter zusam-
men mit ihren Dienerinnen Wolle, um dar-
aus Kleider für [58v] die frommen und geistli-
chen Brüder des Franziskanerordens zu weben.
[>L 686] [L 667<] Mit ihren frommen Händen
pflegte sie arme Leute, und denjenigen, die sich
zum christlichen Glauben bekennen wollten,
aber arm waren, half sie zu besseren Kleidern
und ließ sie taufen. Sie übernahm auch die
Patenschaft, um ihnen umso besser helfen zu
können. [>L 693] [L 712<] Armen schwange-
ren Frauen und Wöchnerinnen war sie ein ste-
ter Trost. Vom Anblick [59r] der Armen wurde
sie immer mehr zur Barmherzigkeit angeregt.
Wie weit es auch zu ihren Behausungen war,
oder wie schmutzig und hart der Weg dort-
hin war, so ging sie doch zu ihnen in ihre ar-
men und dreckigen Häuser und brachte ihnen
das Lebensnotwendige, um die Not zu lindern
und zum Trost. Deshalb verdient sie dreifa-
chen Lohn, einmal wegen der *erbeit* [Last] des
Weges, zum Anderen wegen der Barmherzig-
keit ihres Herzens und zum Dritten wegen der
gegebenen Almosen. [>L 730]

**De desiderio sancte paupertatis, quo ardebat.
(II) c. VIII.**

In der frommen Frau Elisabeth [59v] erschie-
nen [auch] die anderen Gaben der Gnade des
Heiligen Geistes, sodass sie mit heißem Her-
zen ständig und innig die Armut herbeisehnte,
die Christus, der Herr, in den Evangelien ge-
lobt hat. Als sie noch mit fürstlicher Würde
und dem Dienst großer Herren geehrt wurde,
als sie noch über ihren unschätzbaren äuße-

*und aller zitlichen ding genüg usswendig
vand, so be- [60r] gert si inwendig in irem
hértzen einr willigen armůt vir alles zitlich
gůt und ere. Und diese begerung mocht si
nit in ir verbergen, dorumb waz si stéteklich
reden mit iren mégten von armůt. Und als
in einem geist der wyssagung waz si ir zů
künftiges liden mit usserlichen zeichen vor
offenbaren. Won si etwenn vor iren mégten
in irem palast leit sy von ir ir fürstenlichen
kleider und namm einen bösen mantel umb
sich und ein unreines tůch [60v] wand si um
ir höbt und als ein arme fröw gieng si vor
inen und sprach: »Sehent also wil ich gon
wenn die zit kunt daz ich durch minen Her-
ren iomer und armůt liden wird.« Und als si
sprach also geschach ir, als hie noch in disem
bůch offenbar werden sol. Do si sich an disen
wércken übte do blůgte der blům der iugend
an irem lib und di kraft der tugend wart so
gestercket an iren wércken und der blům der
wéltlichen ere waz gerisen und verdorret in
[61r] irem hértzen.*

*Von einem wunder zeichen daz Gott von him-
mel erzögte an siner usserwelten dienerin. Und
von ir grossen miltikeit die in irem hertzen ge-
pflantzet waz.*

*Und dorumb daz si nit ere sůcht von uss-
nen sunder allein in irem hértzen vor Gott,
dorumb wolt si únser Herre Jesus Christus
der do ist ein kúng und ein lieb haber der
demütigen öch usswendig zieren und eren.
Won es geschach [61v] zů einer zit daz irem
vatter dem kúng von Ungern (am oberen
Rand: geseit wart ir heiliges lében und daz
si als vil litte. Do sante er) vil herren und
edler lút zů dem lantgrofen gegen Túringen
(am linken Rand: daz si besehen ob es also
wer.) Do die nun kummen woren und fröw
Elysabet nit ein gewand hette daz vor den*

ren Reichtum und genug weltliche Dinge ver-
fügte, da [60r] begehrte sie in ihrem Herzen
nach freiwilliger Armut statt nach weltlichem
Gut und weltlicher Ehre. [L 877<] Dieses Ver-
langen wollte sie nicht für sich behalten, da-
rum redete sie ständig mit ihren Mägden über
die Armut. In weiser Vorausschau offenbarte
sie ihr zukünftiges Leiden mit einem äuße-
ren Zeichen, als sie im Palast vor ihren Mäg-
den ihre fürstlichen Kleider ablegte und einen
schlechten Mantel anlegte und ein schmutzi-
ges Tuch [60v] um ihren Kopf band und als
arme Frau vor sie trat. Sie sagte: »Seht, so
will ich gehen, wenn die Zeit kommt, dass ich
für meinen Herrn Jammer und Armut leiden
werde.« [>L 886]. Was sie sagte, trat so ein, wie
in diesem Buch gezeigt werden soll. Als sie
diese Werke durchführte, da blühte ihr Leib in
der Blüte der Jugend, die Kraft der Tugend ver-
stärkte sich durch ihre Werke und die Blume
der weltlichen Ehre war aus ihrem Herzen ge-
rissen [61r] und verdorrte.

**Von einem Wunder(zeichen), das Gott im
Himmel an seiner auserwählten Dienerin
zeigte, und von der großen Milde, die in ihr
Herz gepflanzt war.**

**De quodam miraculo celitus ostenso. (II) c.
IX.**

Weil sie keine äußere Ehre suchte, sondern al-
lein in ihrem Herzen vor Gott, darum wollte
sie unser Herr Jesus Christus, der König und
Liebhaber der Demütigen, auch äußerlich
schmücken und ehren. Das geschah [61v], als
von ihrem heiligen Leben und ihrem Leiden
geredet wurde. Da sandte ihr Vater, der König
von Ungarn, viele edle Herren und Edelleute
nach Thüringen, um zu erfahren, ob es denn so
sei. Als sie nun gekommen waren, hatte Frau
Elisabeth kein Gewand, das diesem Besuch

*selben lûten irem adel fûglich wer, do sprach
zû ir der fûrste: »Schwester mir ist gar leid
daz daz du vor disen edlen lûten kein zier-
lich kleid enhast und daz ich der zit öch nit
hab daz ich dir daz gegeben möge.« Do ant-
wirt die demütig Elysabeth und sprach: »Al-
ler sûssester brûder [62r] du ensolt des nit
sere achten noch besorget sin, won ich hab
mir daz vir gesetzd daz ich an zitlichen kley-
dern niemer welle ere gesůchen.« Dor noch
wart si geheissen daz si zů der herschaft die
do kummen waz gon solt in die wirtschaft
und als si vir die selben herren kamm, do
leit Gott der Herre uff si grosse ere und zier-
heit und es erschein ein gross zeichen von
dem himmel Also daz alle die do gegenwir-
tig worent sohent mit iren ögen daz die hei-
lige fröw [62v] Elysabeth waz gekleidet mit
gar wundersammen kleidern die do hatten
varwe und gestalt gelich dem edlen stein Ja-
cinctus. Und die selben kleider worent durch
setzet und durch zieret mit unmässigen ed-
len perlyn und gesteinen der himmelschen
margriten die gar schön luchtend, won also
schöne kleider nie gesehen wurdent. Und öch
ein himmelsche kron die waz gar schön und
loblich. Des sich die herren alle sere verwun-
dertend und besunder der lant grofe und si
[63r] froget wie den dingen were. Do lachete
si gûteklich und sprach: »Söliche ding kan
ûnser Herre Jesus Christus wûrcken wenn er
wil.« Miltikeit die do ist ein tugend die den
adel sunderlich ziert und schinbar machet
die an diser edlen kûnginen erschein mit ei-
nem sunderlichen vorteil, won ir miltikeit
waz irem hertzen in getrucket me von gûti
der ingegossenen gnod denn von wirdikeit
des angebornen adels. Und dorumb übte si
sich nit dor inne durch die itelkeit des [63v]
wéltlichen rûmes, sunder allein von liebi
der innerlichen erbarmung. Von kintheit uff*

und ihrem Adel angemessen war. Da sagte
der Fürst zu ihr: »Schwester, mich schmerzt,
dass Du vor diesen Edelleuten kein schmuckes
Kleid an hast, und dass ich auch keines habe,
dass ich dir geben könnte.« Da antwortete die
demütige Elisabeth und sagte: [61r] »Aller
süßester Bruder, du sollst das nicht beachten
oder besorgt sein. Ich habe mir vorgenommen,
nie mehr mit weltlichen [modischen] Kleidern
Ehre zu suchen.« Danach sollte sie zum Mahl
mit den Gästen kommen. Als sie vor diese
Herren trat, schenkte ihr Gott der Herr mit
einem großen Wunder große Ehre und Schön-
heit. Alle Anwesenden sahen mit ihren eige-
nen Augen die heilige Frau [62v] Elisabeth ge-
kleidet in wunderbare Gewänder; sie hatten
Farbe und Form wie der Edelstein *Jacinctus*
[Hyazinthe], sie waren durchwirkt und ver-
ziert mit zahllosen, edlen Perlen und Steinen
der himmlischen *margriten* [Chrysantheme],
die sehr schön leuchteten. So schöne Kleider
waren noch nie gesehen worden. [Sie trug]
auch eine himmlische Krone, sehr schön und
feierlich. Darüber wunderten sich die Herren
sehr, besonders der Landgraf. [63r] Er fragte
sie, wie die Sache wäre. Da lachte sie freund-
lich und sagte: »Solche Dinge kann unser Herr
Jesus Christus bewirken, wann er will.«

**De liberalitate eius et pallio, quod dedit pau-
peri. (II) c. X.**

Milde ist eine Tugend, die besonders den Adel
ziert und auszeichnet. Sie erschien bei die-
ser edlen Königin besonders vorteilhaft, weil
ihre Milde mehr durch die Güte der verlie-
henen Gnade als durch die Würde des ange-
borenen Adels in ihr Herz geprägt war. Des-
halb übte sie sich in der Milde nicht wegen
des eitlen [63v], weltlichen Ruhmes, sondern
allein um der *liebi* und des inneren Mitgefühls
willen. Von ihrer Kindheit an wuchsen in ihr

wůchss mit ir erbarmhertzikeit und gieng
mit ir usz můterliche liebe und bewegte ir
hërtz gegen einen ieeklichen armen. Won es
geschach zů einer zit an einem grossen hei-
ligen tag das ein grosse schar der ritter und
ander edler lút zů dem fúrsten uf di vesti
zů Wartberg kommen woren und mit dem
ëssen beitetend fröw Elysabeth des kúnges
tochter und des lantgrofen ge- [64r] mahlen.
Aber si ward uff gezogen und gesumet von
sölicher sach. Sy gieng zů dem palast do die
herschaft gesamnet waz. Nun lag under der
stëgen die si uff gon solt ein armer mensch
und mit grosser stimme batt er si daz si sich
über in erbarmete. Do sah si under sich von
der stëgen uff den armen und sprach: »Ich
hab zů disem mol kein zit noch kein gob die
ich dir gegeben möge.« Do růft er noch me
und batt daz si im etwaz gëben und sprach:
»Din gesind daz tribt [64v] mich us so můss
ich diner gobe manglen, hilff mir Gottes die-
nerin.« Daz rüffen erbarmete die erbarm-
herzige můter der armen und ein edlen túren
mantel den si in der selben zit an trůg den
zoh si von ir und gab in dem armen. Der
gob wart diser arm fro und schnëlleklich und
bald wand er den mantel über ein ander und
lúff von dannen. Meister Albertus sprichet
daz es únser Herre selber wer und wolt si
mit versůchen. Do lúff der schússeltrager zů
dem fúrsten und in [65r] der gegenwirtikeit
aller herschaft sprach er also: »Nun urteil
únser Herre ob daz mit redlicheit si bestën-
dig daz únser liebe gnedige fröwe an dieser
stund verzúht sin wirtschaft und also vil ed-
ler herren fröid hinderet won si hett jetzunt
ein armen gekleidet und iren mantel hett
si im geben.« Do lachete der göttlich fúrst
gütlich und süsseklich und stůnd uff von der
wirtschaft und von der sammnung der geste
won er wolt si selber bringen und vand si in

die ==Barmherzigkeit und die mütterliche Liebe.
Sie bewegte ihr Herz für jeglichen Armen.==
Einmal geschah es an einem großen Feiertag,
dass eine große Schar Ritter und Edelleute zu
dem Fürsten auf die Feste Wartburg kamen
und mit dem Essen auf die Frau Elisabeth, des
Königs Tochter und [64r] Gemahlin des Land-
grafen *beitetend* [warteten]. Aber sie wurde
aufgehalten und so verspätete sie sich. Sie ging
zum Palast, in dem die Herrschaften versamm-
melt waren. Nun lag unter der *stägen* [Treppe],
die sie hinauf stieg, ein armer Mensch. Der
bat sie mit lauter Stimme, sie möge sich sei-
ner erbarmen. Sie sah von der *stägen* hinun-
ter auf den Armen und sagte: »Ich habe die-
ses Mal keine Zeit und keine Gabe, die ich dir
geben könnte.« Da rief er noch mehr und bat
sie, ihm etwas zu geben und sagte: »Dein Ge-
sinde vertreibt [64v] mich, sodass ich von dir
keine Gabe bekommen kann. Hilf mir, Die-
nerin Gottes.« Das Rufen erbarmte die barm-
herzige Mutter der Armen. ==Sie zog den edlen,
teuren Mantel aus, den sie anhatte, und gab
ihn dem Armen. Darüber freute sich der Arme,
wickelte schnell den Mantel auf und lief von
dannen.== Meister Albertus spricht: »Das war
unser Herr selbst und er wollte sie damit prü-
fen.« Der Schüsselträger lief zu dem Fürsten
und sagte in [65r] Gegenwart der vielen edlen
Herrschaften: »Nun urteile, unser Herr, ob
es redlich sei, dass unsere liebe, gnädige Frau
jetzt das Mahl versäumt und vielen edlen Her-
ren ihre Freude verdirbt. Sie hat gerade einen
Armen eingekleidet und ihm ihren Mantel ge-
schenkt.« Da lachte der Fürst freundlich und
heiter, stand von der Tafel auf, verließ seine
Gäste und wollte sie selbst holen. Er fand sie

irem besunderen [65v] gemach. Do sprach er also zů ir: »Liebe schwester komestu nit oder wiltu nit mit úns éssen?« Do antwirt si und sprach: »Noch dinem willen bin ich bereit aller liebster brůder.« Do sprach er: »Wo ist din mantel?« Si sprach: »Er hanget an der stangen.« Do lůff ir iungfröwen eine zů der statt und den selben mantel den si dem armen hatt geben vand si daz er von himmelscher kraft wider kommen waz. Also leit si wider den mantel an sich und gieng in die wirtschaft. Hie merckent wie der [66r] himmelsch Vatter sin gylge Elysabeth hatt gekleidet wunderlicher denn Salomon in aller siner ere ie gekleidet wart.

Wie andéchteklich sich die heilig fröw Elysabeth hielt in dem ampte der heiligen méss und wie si eret die heiligen tag.

Zů dem ampte der méss und zů den sacramenten der heiligen cristenheit waz die andéchtig fröw Elysabeth haben gar ein hitzige begerung und ein gar [66v] cristenliche wise. Dorumb bewiste si sich in allen dingen als ein dienerin Gottes und mit unusprechenlicher andacht gieng si stéteklich zů kilchen und mit schnellem gang ylte si vor iren mégten in die kilchen daz si also vënien möcht getůn ee denn si kémen. Von iugend uff hort si mit grosser demütikeit méss won mit den ögen des gelöben sah si an die unbegriffenlich wirdikeit des sacramentes. Und also gedoht si denn irs eigenen lëbens snö- [67r] dikeit und von waz mattery si geschaffen waz. Und ze hand alle gezierd irs libes und irs höbtes leite si ze mol von ir und sunderlich wenn daz ewangelium gelësen wart oder so man Gottes lychamen handlet, so pflag si die selb demütikeit ze volbringende. Si waz entzündet mit hitziger liebi zů dem heiligen sacrament von gantzen kreften. Und mit grosser

in ihrer eigenen [65v] Kammer. Er sagte zu ihr: »Liebe Schwester, willst du nicht kommen und mit uns essen?« Sie antwortete: »Deinetwegen bin ich bereit, allerliebster Bruder.« Da sagte er: »Wo ist dein Mantel?« Sie sagte: »Er hängt an der Stange.« Da lief eine ihrer Jungfrauen zu der Stelle und fand dort denselben Mantel, den sie dem Armen gegeben hatte. Durch des Himmels Macht war er wiedergekommen. Sie legte also den Mantel wieder an und ging zum Mahl. Merkt hier, wie der himmlische [66r] Vater seine *gylge* [Lilie] Elisabeth wunderbarer als Salomon in all seinem Glanz gekleidet hat.

Wie andächtig die heilige Frau Elisabeth sich beim Hochamt verhielt und wie sie die Feiertage ehrte.

Quam reventer solebat missarum solempniis interesse et de luce super eam visa. (II) c. XI. Zum Hochamt und zum Sakrament der heiligen Christenheit hatte die andächtige Frau Elisabeth ein heftiges Verlangen und ein christliches [66v] Verhalten. Sie erwies sich in allen Dingen als eine Dienerin Gottes. Mit unbeschreiblicher Andacht ging sie ständig zur *kilche*. Sie eilte vor ihren Mägden in die *kilche*, so dass sie auf dem Boden liegend beten konnte [*venien*], bevor sie kamen. [>L 430]. [L 647<] Von Jugend an hörte sie die Messe mit großer Demut. Mit gläubigen Augen sah sie die unbegreifliche Würde des Sakramentes. Sie dachte dann an die Erbärmlichkeit ihres [67r] Lebens und aus welchem *mattery* [Eiter] sie geschaffen war. Sofort legte sie ihren Schmuck von Körper und Kopf ab, besonders wenn das Evangelium verkündet und wenn die Wandlung vollzogen wurde. [>L 657]. [S.V.<] So versank sie in Demut, da sie mit inniger *liebi* und ganzer Kraft an dem heiligen Sakrament

*fröid verwunderet si sich an únseren Herren
diser aller lieplichesten gnod und aller gnë-
digesten liebi. Dorumb [67v] geschach es an
einem tag do die heilig fröw Elysabeth an der
zit der verwandlung des heiligen sacramen-
tes mit andëchtigem gebett und mit heiliger
begerung in Gott wart bewegt, do umbvieng
si und umb schein si ein himmelsches liecht.
Nun waz in der selben zit ein gûter pries-
ter do gegenwirtig der do fûrt ein andëchtig
selig lëben. Den tett únser Herre sin ögen
uff. Also daz er sah der heiligen fröwen ant-
lit erlúchtet mit einem göttlichen schin und
waz als clor als [68r] die sunne und mani-
ger ley schin liess es von im also clorlich daz
des tages clorheit gegen dem liecht waz als
ein schatt und kein liplich ög mocht nit dor
in gesehen, won mit sölicher wise wolt Gott
offenbaren die wirdikeit der durch lúchten
sel mit dem wunder des unmessigen liechtes
daz do erschein an irem lib. Also daz daz us-
ser des innren ein gezúg wer. Diser gesichte
wunderet sich der priester und lobte Gott.
Dor noch zû der ere Gottes der [68v] do allein
wunder wërck volbringt offenbaret er die ge-
sichte. Die gesetzde die von der cristenheit
gesetzd worent hielte si andëcteklich mit al-
lem flisz und öch die viertzig tag in der vas-
ten mit bëtten, mit wachen, mit ab brëchung
der spise und mit almûsen verzerte si die zit
andëcteklich und kestiget iren lib mit her-
ten schlegen die heilige zit in der man be-
goth die wërck únser erlösung, die enpfieng
si mit grossem gelöben und andacht und eret
sy [69r] mit aller geistlicheit und wirdigung
daz es nieman rëcht geschriben mag. Doch so
hör waz si geton hab an dem hohen donstag
an dem man begoth das abend ëssen únsers
Herren mit sinen jungeren. Des kúnges toch-
ter waz sich gelichen dem kúng, der an dem
tag uf stûnd von dem tische und sine kleider*

hing. Mit großer Freude bewunderte sie die
allerlieblichste Gnade und gnädigste *liebi* un-
seres Herrn. Deshalb [67v] geschah es eines
Tages, als die heilige Frau Elisabeth während
der Wandlung in tiefem Gebet und in heiligem
Sehnen in Gott versunken war, dass sie ein
himmlisches Licht umfing und überstrahlte.
Es war gerade ein guter Priester anwesend, der
ein frommes und andächtiges Leben führte.
Dem öffnete unser Herr die Augen, sodass er
das mit göttlichem Schein erleuchtete Antlitz
der heiligen Frau sah. Das war so klar als [68r]
die Sonne, und es strahlte so hell, dass das Ta-
geslicht dagegen wie ein Schatten wirkte. Kein
menschliches Auge kann daran zweifeln, dass
mit dem Wunder dieses unermesslichen Lichts,
das ihr Leib ausstrahlte, Gott die Würde ihrer
erlauchten Seele sichtbar machen wollte. So,
dass das Äußere ein Beweis für das Innere war.
Über das Gesehene wunderte sich der Priester
sehr und lobte Gott. Er verbreitete das Gese-
hene zur Ehre Gottes [68v], der allein solche
Wunder vollbringt. [>S. V.]

**Qualiter tempora sacra coluit et festivitates
annuas celebravit. (II) c. XII.**

Die Gesetze der Christenheit hielt sie andäch-
tig und eifrig ein. Die vierzig Fastentage ver-
brachte sie mit andächtigem Beten, Wachen,
Fasten und dem Geben von Almosen. Mit
Andacht kasteite sie ihren Körper mit harten
Schlägen. Die heilige Zeit, in der man unsere
Erlösung feiert, beging sie mit großem Glau-
ben und tiefer Andacht und ehrte [69r] die
Zeit mit angemessener, geistiger Vertiefung,
die man kaum beschreiben kann. Doch nun
höre, was sie am Gründonnerstag getan hat,
dem Tag, an dem man das Abendmahl unse-
res Herrn mit seinen Jüngern feiert. Die Kö-
nigstochter machte es wie der König, der von
seinem Tische aufstand und seine Kleider ab-

von im leit. Und noch mitten tag der selben hochgezit leit si von ir alles edel gewand und namm an sich ein gemeines kleid als daz gemein volck gehaben [69v] mocht daz trůg si demüteklich, und erber geschüch zoh si an ir füsse mit schnüren band si die úmb ire bein. Wer hatt ie von eines kúnges tochter söliches ervaren. Dor noch an dem selben tag die heilig noch volgerin Christi begieng alle ior ein herlich mandat mit zwölff armen menschen den si demüteklich neigte und knúwet vir ein ieklichen und mit grosser andacht wůsch si inen ir füsse und gab eim ieklichen xij pfennig und ein núwes gewande [70r] zů kleidern und ein wisz brot. Und eins iores an dem selben tag hatt si gesamnet vil ussetziger menschen denen si wůsch hend und füss und kuste si alle an den stetten do si aller serest woren und strackte sich demüteklich nider vir ir füsse. Noch der zit wo si denn ussetzig lút vand zů denen satzd si sich und mit gůter lere troste si die selben und vermanet si daz si gedult solten haben won ir grúset nit me von den ussetzigen denn von den gesunden. Und gab [70v] inen öch mit sunderer miltikeit daz almůsen. Und also waz sy den selben tag und die nacht verzeren mit gebett und mit betrachtung irs andächtigen herzen von dem liden und gůtet und demütikeit únsers Herren Jesu Christi. Und wenn denn der morgen des kar fritages kummen waz so sprach si zů iren mögten: »Hútt ist ein tag der demütigung. Ich wil nit daz mir hútt unwer keine kein dienst oder ere erbiete.« Dor noch demütiget si sich selber und [71r] als die armen lút gewonheit haben macht si von flachss in iren geren vil löckli und namm in ein gevésse wiröch und vil kleiner wachss kertzlin und ein gross teil kleines géltes. Und also gieng si in einer armen fröwen gestalt under dem gemeinen volck barfůss zů allen

legte. Nach dem Mittag dieses Feiertages legte sie edles Gewand ab und zog voll Demut ein einfaches Kleid an, wie es das gemeine Volk trägt [69v]. An ihren Füßen trug sie angemessene Schuhe, die sie mit Schnüren an ihrem Bein fest band [Bundschuh!]. Wer hat je etwas von einer Königstochter gehört? [L 887<] Am selben Feiertag beging die heilige Nachfolgerin Christi jedes Jahr ein herrliches *mandat* [Fußwaschung] [>L 890] an zwölf armen Menschen, vor denen sie sich demütig verneigte, vor ihnen kniete und ihnen mit großer Hingabe die Füße wusch. Jedem gab sie 12 Pfennig, ein neues Gewand [70r] als Kleidung und ein Weißbrot. [L 890<] Eines Jahres an demselben Feiertag hat sie vielen aussätzigen Menschen die Hände und Füße gewaschen. Sie küsste ihre Geschwüre und warf sich demütig vor ihre Füße. Nachher setzte sie sich zu ihnen, tröstete sie mit guter Lehre und ermahnte sie, geduldig zu sein. Ihr grause es nicht mehr vor den Aussätzigen als vor den Gesunden. Sie [70v] gab ihnen großzügig das Almosen. [>L 903] [E<] Sie verbrachte den übrigen Tag und die Nacht im Gebet und betrachtete in ihrem Herzen das Leiden, die Güte und die Demut unseres Herrn Jesus Christus. Am Morgen des Karfreitags sagte sie zu ihren Mägden: »Heute ist ein Tag der Demut. Ich will nicht, dass mir heute irgendwer irgendeinen Dienst oder eine Ehre erweist.« Dann legte sie demütig, [71r] wie es die Armen gewohnt sind, in ihren *geren* [Schürze] viele *Flachslöckli* [Flachsbündel, Flachsschlaufen], nahm ein Gefäß mit Weihrauch, viel kleine *Wachskertzli* und eine Menge Kleingeld. So ging sie wie eine arme Frau mit dem gemeinen Volk in

kilchen. Und vor allen altarn in einer ieckli-
chen kilchen knúwet si und tett ir gebétt und
oppferet denn ein lock flachsses und wiröch
und ein kertzli und also neigte si denn demü-
[71v] teklich ir höbt. Und inden gassen gab si
milteklich pfennig armen lúten. Es geschah
daz si wart gestroffet wart dorumb daz si als
wening oppferet. Sitt den mol daz ein fúrstin
solt grösser opffer tůn denn die gemeinde.
Do antwirt si daz si grösser gnod hette zů
der einvaltikeit den zů der schinberkeit. Und
daz si daz nit tete von karckheit sunder von
demütikeit won in dem geist der demütikeit
ist únserem Herren geném daz opffer. Und
an den tagen vor pfingsten so [72r] man mit
dem crútzen goth so worent etlich die wider
die gesetzd der heiligen cristenheit sich zier-
ten mit túren und schönen kleidern. Do gab
des kúnges tochter die edle fúrstin den an-
deren ein bild und gieng wullin und barfüss
noch der procession. Do man úmb treit die
crútz und daz heiltům der heiligen. In allen
predigen do si Gottes wort hort satzte si sich
under die aller ermsten fröwen die edel lob-
lich fúrstin, won sy wöl wiste daz der some
den man [72v] in talen séyet ser uff wachsset
und grosse frucht bringet.

Als únser Herre Jesus Christus sich ir erzögt in der gestalt eins armen menschen und öch in dem bild sines lidens

Einer zit do waz si an irem andéchtigen ge-
bétt in der kilchen und do si usz der kilchen
gieng do stůnd der Herre Jesus libhafteklich
vor der kilchen in der gestalt eins ellenden
ussetzigen menschen. Und batt si daz si in
durch Gottes [74r] willen fúrte in ir stuben.
Und si namm in ir arm und trůg in als vil si
mocht und fúrt in in ir stuben. Und do si in
ir stuben brocht do sprach er: »Ich mag nit
hie beliben, leg mich an din bett.« Und si

alle *kilchen*. Vor jedem Altar in allen *kilchen*
kniete sie nieder, verrichtete ihr Gebet, opferte
eine Flachslocke, Weihrauch und ein *kertzli*.
Dazu neigte sie demütig ihr [71v] Haupt. In
den Gassen schenkte sie voll Milde den Armen
Geld. Einmal wurde sie beschimpft, sie gäbe zu
wenig. Eine Fürstin sollte mehr opfern als eine
gewöhnliche Frau. Da antwortete sie, dass sie
begnadeter sei zu der Einfalt als zum schönen
Schein. Sie täte das nicht aus Geiz, sondern
aus Demut, denn im Geist der Demut sei dem
Herrn das Opfer angenehm. An den Tagen vor
Pfingsten, [72r] bei der Prozession, verstießen
einige wider die Gesetze der heiligen Chris-
tenheit und zierten sich mit teuren und schö-
nen Kleidern. Da gab die Königstochter und
edle Fürstin ein anderes Vorbild, [L 676<] sie
ging in wollenen Kleidern und barfuß zur Pro-
zession, bei der man das Kreuz und das Hei-
ligtum der Heiligen [Reliquien] herumträgt.
Bei allen Predigten, da man Gottes Wort hört,
setzte sie sich zwischen die ärmsten Frauen,
[>L 681] diese edle, löbliche Fürstin, die wohl
wusste, dass der Samen, den man [72v] im Tal
sät, besonders wächst und große Frucht bringt.

Als sich ihr unser Herr Jesus Christus zeigte in der Gestalt eines armen Menschen und auch im Bild seines Leidens.

[E<] Als sie einmal andächtig in der *kilchen*
gebetet hatte und aus der *kilchen* trat, stand
der Herr Jesus leibhaftig vor der Kirche, in der
Gestalt eines elenden, aussätzigen Menschen,
und bat, dass sie um Gottes Willen [74r] ihn in
ihre Stube brächte. Sie nahm ihn in ihren Arm
und trug ihn, so gut sie konnte, und brachte
ihn in ihre Stube. Und als sie ihn in die Stube
gebracht hatte, sagte er: »Hier mag ich nicht
bleiben. Lege mich in dein Bett.« [>E]. [B 36,

fürt in in ir gaden und leit in an ir fürsten-
lich bett. Und die diener des fürsten die dis
gesëhen hattend verklagtend die selig Elysa-
bethen gegen den fürsten, wie sie ein vëlt sie-
chen menschen hette geleit an sin bett und
er sölt an daz bett nit me kummen, er sölt in
heissen [74v] enweg tůn. Und der fürst wart
zornig und gieng zů dem gaden und klopf-
fet an und sprach zů der seligen Elysabethen
daz si das gaden uff tëte, er wölt sehen wer
do were. Und si erschrack in ir selb und ent-
schlosz im uff. Do sah er über al und sah nie-
man an dem bett, und sah daz sin bett mit
rosen und mit gylgen waz beströwet. Und
si trüg einen hafen mit lögen do mit si dem
ussetzigen gezwagen hatt und hette den ha-
fen gern verborgen. Do sprach er güte- [75r]
klich zů ir: »Liebe schwester waz treistu?«
Do zögte si im den hafen do gieng ein güter
geschmack dor us als balsam. Und logend
obnen uff dem hafen himmelsch rosen. Dor
noch gieng er hin zů und warff die tecki uff.
Do sah er ein schön crucifix an dem bett ligen
mit blůtigen wunden Und die heiligen fúnf
minn zeichen flussent im in daz lylachen.
Das daz selb lylachen noch hútt dis tages
die selben zeichen hett. [75v] Do erschrack
er und viel uff sine knú und sprach: »Herre
erbarm dich über mich armen súnder. Ich bin
nit wirdig daz ich dise ding sëhen sol.« Dis
bredyget einer zit ein wöl gelerter andëchti-
ger herre Sanct Benedictus orden uff Sanct
Elysabethen tag in dem ior do man zalt m
cccc und lxxviij. Der sprach, er hette daz selli
lylachen und die zeichen dor an mit sinen
ögen gesehen. Und es ist erlich behalten in
der kappelen ze Marckburg mit irem heili-
gen rock den si getragen hett. [76r] Öch hatt
Sanct Elysabeth die selig gewonheit alle zit
wenn si in die kilchen gieng so knúwet si ni-
der und kust die erden ee si ir gebött an vieng.

11<] Sie führte ihn in ihren gaden [Schlaf-
kammer] und legte ihn in ihr fürstliches Bett.
Die Diener [B: Mutter] des Fürsten, die das
gesehen hatten, klagten dem Fürsten, die
fromme Elisabeth habe einen schwer siechen
Menschen in sein Bett gelegt, er solle nicht
mehr an sein Bett kommen und er solle befeh-
len [74v], ihn [den Siechen] weg zu tun. [E<]
Der Fürst wurde zornig, ging zu dem gaden,
klopfte an und sagte zur frommen Elisabeth,
sie solle den gaden öffnen, er wolle sehen, wer
da wäre. Sie erschrak sich und schloss ihm auf.
Er sah sich überall um und sah niemanden auf
dem Bett. Er fand sein Bett mit Rosen und
gylgen bestreut. Sie trug einen hafen [Topf]
mit Lauge, mit der sie den Aussätzigen ge-
waschen hatte. Sie hätte den hafen gern ver-
borgen. Da sprach er freundlich [75r] zu ihr:
»Liebe Schwester, was trägst du?« Da zeigte
sie ihm den hafen, da strömte ein guter Duft
wie Balsam aus und oben auf dem hafen la-
gen himmlische Rosen. [>E] Dann ging er zu
dem Bett und warf die Decke zurück, da sah
er schönes Kruzifix auf dem Bett liegen [B 36,
19>], mit blutigen Wunden, und die fünf hei-
ligen Liebesmale befeuchteten das Leintuch,
das noch heute diese Zeichen trägt. [75v] Da
erschrak er, fiel auf die Knie und sprach: »Herr,
erbarme Dich über mich armen Sünder. Ich
bin nicht würdig, dass ich diese Dinge sehen
soll.« [E<] Das berichtete ein gelehrter und
frommer Benediktiner in einer Predigt am Tag
der hl. Elisabeth im Jahr 1478. Er sagte, er habe
dieses Leintuch und die Zeichen mit eigenen
Augen gesehen. Und es wird in Ehren gehalten
in der Kapelle in Marburg, zusammen mit ih-
rem heiligen Rock, den sie getragen hat. [76r]
Elisabeth hatte auch die Angewohnheit, wenn
sie eine kilchen betrat, sich niederzuknien und
die Erde zu küssen, bevor sie ihr Gebet anfing.

Hie von öch die kartuser die gewonheit alle zit hand so si in die kilchen gond daz si nider knúwend und die erden kússen ee si ir gebëtt an vohent noch dem exempel der seligen Elysabethen. Und hand daz wort in irem hërtzen daz do spricht: Gedenck mensch daz du von erden kummen bist und wider zu erden werden mûst. [76v] Öch so rüffet úns die edel kúngin und die hoch lererin Santa Elysabeth und sprichet: »Venite filij audite me. Kumment ir kind und hörent mich, die vorcht des Herren wil ich úch under wisen won die Gott vörchtet der bereitet im sin hërtze. Der Gott lieb hett der heilget im sin sele.« In allen iren worten und wërcken hett si úns gelert Gott lieb haben und vörchten.

Dis ist von dem lëben und von dem lob des durchlúchten fúrsten lantgrof Ludwygs und heilikeit sine tugend.

[77r] Es ist öch billich daz wir von dem ersammen fúrsten lantgrofen Ludwygs etwaz kurtzklich schriben. Won als er wirdig funden ist der heiligen fröwen Elysabeth. Also sol er nit frömd sin von irem lob und lon won er waz aller ir gûten werck ein williger lieb haber, ein getrúwer under wiser und ein mëchtiger hëlffer. Wer möcht alle sin tugend beschriben. Er hatt an [77v] siner person mëssikeit, an sinem antlit senftmütikeit. Er waz an den sinnen schemmig, an dem lib reine. Won vir ander tugend an denen er clor waz schein besunder an im kúschikeit und reinikeit. Won er die sünd der unluterkeit sere schucht und hasset und alle ursach floh.

Daher haben die Kartäuser die Angewohnheit sich niederzuknien und die Erde zu küssen, bevor sie zu Beten beginnen – nach dem Vorbild der frommen Elisabeth. Sie haben das Wort in ihrem Herzen: Bedenke, Mensch, dass du von der Erde gekommen bist und wieder zu Erde werden musst [77v]. So ruft uns auch die edle Königin und hohe Lehrerin Sankt Elisabeth und spricht: »*Venite filii audite me.* Kommt ihr Kinder und hört mich, in der Furcht des Herrn will ich euch unterweisen, denn wer Gott fürchtet, der öffnet ihm sein Herz. Wer Gott liebt, heiligt seine Seele.« In allen ihren Worten und Werken hat sie uns gelehrt Gott zu lieben und zu fürchten. [>E]

Das ist über das Leben und das Lob des durchlauchten Fürsten Landgraf Ludwig und seine fromme Jugend.

Incipit Liber Tertius. De commendacione lantgravii Thuringie illustrissimi et pudicicia eius. c. I.

[77r] [B 18, 4<] Es ist auch billig [und recht], dass wir auch über den ehrbaren Fürsten und Landgrafen Ludwig kurz etwas schreiben, der der heiligen Elisabeth würdig befunden wurde. Er kann also ihrem Lob und Lohn nicht fremd sein, wo er ihre guten Werke unterstützte, ihr mit treuem Rat und mächtiger Hilfe zur Seite stand. Wer könnte all seine Tugend beschreiben, er hielt [77v] für sich die Maße [masze und staete Thomasin von Zerclaere], sein Antlitz war sanft, er war schamhaft und hielt seinen Körper rein. Vor anderen Tugenden, in denen er sich auszeichnete, erscheinen besonders die Keuschheit und die Reinheit. [B 18, 15>] [Hier fehlt die Geschichte von den Kuppelei-Versuchen aus B <16–25>] Er scheute und hasste die Sünde der Unlauterkeit und floh jeden Grund für solche Sünde. [B 18, 26<] Seine

Dor zů waz er an siner rede süss, an sinen sitten lieplich, an sinem gemüt stëte und mannlich An ritterlichen dingen streng und redlich. Der fúrst hatt in sinem hofe einen löwen, und geschach [78r] zů einer zit das er entran us der hůt und dem herren mit grosser grimmekeit engegen lúff, do er des morgens in einem hëmde von sinem bett gieng. Do hueb der fúrst sin hand uff wider das tier und bestůnd mannlich als mit gewalt im ze tröwende. Also daz der löwe ze hand alle grimmikeit verliess und leit sich nider vir des herren füss und mit sinem wadel begund er spilen daz er des fúrsten zorn möchte gesenften. Die mannlicheit des fúrsten waz und ist me ge- [78v] wësen von sinem starcken gelöben denn von ritterlicher kůnheit. In sinem mund ist kein trúgnisse funden. Won sin red waz io io, nein nein. Also strëng und gerëcht worent sine wort daz alle lút gelöbtend dem daz er sprach als es by dem eyd geschworn wer. Gegen allen fröwen waz er ersam und schemmig. Sinen armen lúten milt und gütig. Rittern und knëchten gesellig und frúntlich, gemeinlich allen lúten willig stët und lieplich. Und daz wir beschlies- [79r] sen. Er forchte Gott und hatt in lieb und eret Gott in allen dingen. Alle tag in siner gegenwirtikeit waz er ersamklich Gottes dienst halten und do bi waz er andächtig und sprach Gott sin gebët. Er hatt an sinem antlit gezierd und reinikeit, an sinen wercken möchtikeit, an allen sin gesinden zucht und erberkeit. Won vor im getorst nieman tůn daz do wer unzimlich oder reden daz do wer unschemmig. Und wer des ein über trëtter worden wer den liess er herteklich [79v] büssen und besseren. Dorumb

Rede war mild, seine Sitten waren freundlich, sein Gemüt war stet und männlich. In ritterlichen Dingen war er streng und redlich. Der Fürst hatte an seinem Hof einen Löwen und eines [78r] Tages entrann dieser aus seiner Hütte. Er lief seinem Herrn mit großem Grimm entgegen, als dieser morgens im Hemd vor seinem Bett stand. [B 18, 33>] [B 19, 1<] Da erhob der Fürst seine Hand und stand da männlich, mit Macht ihm zu drohen. Sogleich verlor der Löwe seinen Grimm, legte sich zu Füßen seines Herrn nieder und wedelte mit dem Schweif, um den Zorn seines Herrn zu besänftigen. [B 19, 4>] [B 19, 7<] Die Mannhaftigkeit des Fürsten beruhte mehr [78v] auf seinem starken Glauben als auf seiner ritterlichen Kühnheit [B 19, 9>].

De excellencia morum et status eius (III) c. II

[B 19, 11<] Aus seinem Mund kamen keine Lügen, sein Ja war ein Ja, sein Nein ein Nein. Seine Worte waren so geradeaus und gerecht, dass alle Leute ihm glaubten, als wenn er einen Eid geschworen hätte. Gegen Frauen verhielt er sich ehrsam und schamhaft, gegenüber seinen Armen mild und gütig, gegenüber Rittern und Knechten gesellig und freundlich. Allgemein war er allen Leuten gegenüber stets entgegenkommend und freundlich. Schließlich, [79r] er fürchtete Gott, liebte und ehrte Gott in allen Dingen. Zu seinen Lebtagen war er ehrsam im Gottesdienst, er war andächtig und betete zu Gott. [B 19, 22>] [Hier fehlt der Abschnitt über den Schutz der Kirchen und Klöster aus B.] Sein Gesicht war schön und rein, seine Taten machtvoll und sein Gesinde war züchtig und ehrbar. [B 20, 9<9] Niemand traute sich, in seiner Gegenwart unziemliche oder schamlose Reden zu führen. Wer es trotzdem tat, den strafte er hart [80r] und hieß ihn sich zu bessern. [B 20, 12>] [Hier fehlt das palmatorium

von im als von dem höbt flosz gesuntheit in alle gelider und güti in alle sin ampt lút. Won zů der zit worent die edlen worhaftig und fridsam. Die ritter getrúwe und an irem sold benügig. Daz ander volck gerüwig und gehorsam. Won der fúrst tett einen iecklichen gericht und gerëchtikeit. Dorumb waz do frid und worheit, und die lút worent rich mit gůt und worent sicher in gůtem friden. Do waz das lande zů Túringen wirdig und [80r] nammhaftig. Daz volck ersam und andëchtig. Won mit dem nammen eins sölichen fúrsten und von der heilikeit der edlen fröwen Elysabeth waz daz land verre bekant und hoch gepriset. (Hie gebristet, daz sůch ze hinderest.[10])

Der Schandbesen.] [B 20, 23<] Von ihm, als dem Haupt, floss Gesundheit in alle Glieder und Güte in seine Amtleute. Zu seiner Zeit waren die Edlen ehrlich und friedlich. Die Ritter waren treu und mit ihrem Sold zufrieden, das übrige Volk war fromm und gehorsam. Der Fürst verschaffte jedem Recht und Gerechtigkeit und die Leute waren wohlhabend und lebten in sicherem Frieden. Damals war das Land Thüringen erhaben und angesehen und das Volk war ehrsam und ehrfürchtig. Wegen des Ruhmes eines solchen Fürsten und [B 20, 33>] [B 21, 1<] wegen der Heiligkeit der edlen Frau Elisabeth war das Land weit bekannt und hoch gepriesen. [B 21, 3>]

[Hier fehlen gegenüber der Standard-Handschrift (III) c. III: De quibusdam Ludowici lantgravii piis actibus und (III) III A: De quodam miraculo, quod accidit circa sacramentum.]

Von der erbarmhertzikeit Sanctae Elysabeth in der túren zit. Und von den wunder wercken die Gott bewiste in ir miltikeit.

Noch Gottes gebúrt m cc und in dem xxv ior zoh lantgrof Ludwyg zů dem keyser Friderich gegen [80v] Apulien land. Zů dem hofe der do waz zů Cremonas, do hůb sich in land zů Túringen ein grosse túre zit und bestůnd vil noh zwey ior. Also daz vil lút von hungers not sturbent. Zů der selben zit die erbarmherzig Elysabeth zů mol bewegt wart von dem iomer der armen lút. Und hiess von allen iren höfen sammnen alles das korn daz si gehaben mochte und gab es völleklich armen lúten. Und vil menschen gab si in der zit ir tëgliche pfrůnde und wie wenig si gab [81r] so hatt doch ein iecklicher von der gnod Gottes genůg zů siner notdurft

Von der Barmherzigkeit der heiligen Elisabeth in der Teuerung und von den Wundern, die Gott mit ihrer Milde vollbrachte.

De misericordia, quam beata Elysabeth temporare caristie pauperibus exhibuit. (III) c. IV.

[B 40, 31<1] [L 759<] Im Jahr 1225 nach Gottes Geburt zog Landgraf Ludwig zu Kaiser Fried­rich [II. 1194–1250] [80v] nach Apulien zum Hof [Reichstag] in Cremona. [B 40, 33>] [B 44, 32<] Da kam es in Thüringen zu einer gro­ßen Teuerung, die [B 44, 33>] [B 45, 1<1] zwei Jahre anhielt. Viele Leute starben vor Hunger. [B 45, 2>] Die barmherzige Elisabeth war von dem Jammer der Armen betroffen und befahl, von allen ihren Gütern/Gutshöfen das Korn einzusammeln. Das verteilte sie an die völlig verarmten Leute. Vielen Menschen gab sie ihre tägliche Ration, und auch wenn sie wenig gab, [81r] so hatte doch jeder durch die Gnade Gottes gerade das Notwendigste an dem, was

an dem daz si im geben hatt. Si macht öch
einen spittal under dem husz Wartburg do
si der zit wonet und do behielt si inne die
krancken und siechen. Und vil menschen die
der gemeinen allmůsen nit gebitten moch-
ten, zů denen si alle tag uff gieng wie wöl
der berg gar hoch ist do daz selb husz uf lit.
Und einem iecklichen tett si genůg an éssen
und an trincken noch siner begerung. [81v]
Und die do aller gebrésthaftest worent de-
ren pflag si mit iren henden ze spisen und ze
tragen und ire bett ze machen und vil ande-
rer werck der erbarmherzikeit ze erbietend.
Und wie wöl ir in sunder we tett böser luft
doch der geschmack der siechen und öch ze
summer zit wenn daz ir mégte nit geliden
mochtend on wider red, so leid si es on alle
beswernisse frölich. Und mit irem schleiger
wuschte si inen ab die unreinikeit irs anli-
tes. Und durch der selben siechen [82r] trost
nerte si vil kleiner kind in dem selben huse
und bewiste sich inen also lieplich daz si sy
alle můter hiessen. Und wenn si in daz husz
gieng so lüffent si alle umb und fröwetend
sich und hielten sich zů ir als zů ir můter. Und
wele under denen aller gebresthaftest wo-
rent und siech und ungestalt die umb vieng
die erbarmherzig můter und fröw Elysabeth
mit sunderer liebi und leit inen ire höbt uff
ir schosz und mit iren henden begreiff und
betastet si iren gebrésten. Und [82v] Gott der
do ist ein liebhaber der erbarmherzikeit tett
eins zites ein zeichen mit siner méchtikeit an
unachtsammen dingen won es geschach daz
dise trösterin der armen iren siechen kinden
irdene krügli und héfili und glesine vingerli
und sölcher leig ding do kind mit spilen und
sich erlüstigen in irem mantel fůrt uff einem
pferd. Und als si reit von dem stéttli uff die

sie ihm geben konnte. [B 45, 7<7] Sie eröffnete
auch ein Spital vor [dem Tor] der Wartburg,
in dem sie für einige Zeit wohnte, und behielt
dort die Kranken und Siechen. [B 45, 8>] Zu
vielen Menschen, die ihr Almosen nicht ho-
len konnten, ging sie jeden Tag [hinunter ins
Tal und wieder hinauf], obwohl die Burg auf
einem sehr hohen Berg liegt. Jedem gab sie
genug zu essen und zu trinken – nach seinem
Verlangen [81v]. Die Kränksten unter ihnen
pflegte sie mit ihren eigenen Händen, trug sie
zum Essen, machte ihre Betten und erwies ih-
nen alle Barmherzigkeit. Obwohl ihr von der
schlechten Luft und dem Geruch der Kran-
ken besonders schlecht wurde, ertrug sie selbst
im Sommer, wenn ihre Mägde es nicht ohne
Widerspruch aushalten konnten, doch fröh-
lich alle Beschwernisse. Mit ihrem Schleier
wusch sie ihre schmutzigen Gesichter. Durch
den Trost der Kranken [82r] gestärkt, fütterte
sie viele Kinder in demselben Haus. Sie war so
lieb zu ihnen, dass sie sie alle Mutter nannten.
Wenn sie in das Haus kam, liefen alle herbei,
freuten sich und schmiegten sich an sie wie
an ihre Mutter. Die Gebrechlichsten und die
am ärgsten entstellten Kranken umfing die
barmherzige Mutter Frau Elisabeth mit be-
sonders viel *liebi*, nahm ihre Köpfe auf ihren
Schoß und mit ihren Händen streichelte und
berührte sie ihre Geschwüre. [82v]

**De quibusdam miraculis, que in operibus
pietatis eius deus dignatus est ostendere.
(III) c. V.**

Gott, der Liebhaber der Barmherzigkeit, voll-
brachte eines Tages mit seiner Macht ein
Wunder in einer Nebensächlichkeit. Die Trös-
terin der Armen hatte für ihre kranken Kin-
der irdene *krügli* und *hefili* [Töpfchen], glä-
serne *vingerli* [Ringlein] und solcherlei Dinge,
mit denen Kinder spielen und Spaß haben, in
ihren Mantel gepackt. Als sie zu Pferd vom

*burg do vielent ir die ding alle von der burg
hoch nider uff einen stein und belibent also
gantz daz iren [83r] enkeins zerbrochen waz
von der gantzheit ir liebi zů den armen kin-
den den si daz brocht ze trost. Und von die-
sen armen lúten die si erneret erkosz si us
der mënige der armen die ermsten und die
siechesten die satzte si vir die burg und alles
daz do von irem tische kamm daz gab si inen
selber mit iren henden und teilte das under
si. Und öch zoh si ir und iren mëgten der kost
vil ab daz si den armen möchte gegëben. Es
geschach öch ze einer zit daz si iren win teilte
under [83v] die armen menschen. Do sie nun
allen gegëben hatt und ein ieckliches daz sin
genomen hatt do waz der win in irem vass
nit geminret sunder als vil als sin waz vor der
teilung. Also vil vand si öch dor noch und nit
allein den siechen die si hatt in irem spittal
tett si die wërck aller erbarmherzikeit. Sun-
der öch alle die zinse die der lantgrofe hatt in
vier landen verzert sy milteklich mit armen
lúten. Und wo si gevangen lút wiste die të-
dinget si usz und salbet [85r] inen ir wunden.
Dor zů alles daz si hatt daz dies wëlt túr und
edel schetzet verschmohet si und verköft ir
libes kleider und geziered daz si die krancken
gelider Christi möchte erneren, durch deren
willen si erwalt waz dise wëlt verschmohet.
Won die edel kúngin schemmet sich nit mit
iren heiligen henden ze mëlchen daz si des
siechen gelust der do milch begert möchte
erfúllen. Durch deren willen lieplich in ir
schosz namm waz die welte flühet. Do si die
unreinen [85v] siechen mit iren henden wolt
wëschen und ir selber usz warten. Und in
dem vorgenanten spittal hatt si xxviij armer
siechen also bestetiget, wenn einer gestarb
daz ze stund einem anderen sin bette und
sin statt wart gegëben. Öch hatt si einem
armen siechen under den anderen der durch*

stettli [Städtchen] hinauf zur Burg ritt, fielen
ihr alle diese Dinge hinunter auf einen Stein
und blieben ganz, nicht eines [83r] war zer-
brochen, wegen ihrer ganzen *liebi* für die ar-
men Kinder, denen sie das zum Trost brachte.
Aus der Menge der armen Leute wählte sie die
ärmsten und kränksten aus, setzte sie vor die
Burg. Alles, was von ihrer Tafel kam, gab sie
ihnen eigenhändig und teilte es unter ihnen
auf. Von ihrer und ihrer Mägde Kost zog sie
viel ab, das sie den Armen gab. Einmal teilte sie
ihren Wein an [83v] die armen Menschen aus.
Als nun jeder das Seine bekommen hatte, war
der Wein [L Bier] in ihrem Fass nicht weniger
geworden. So viel es war vor dem Verteilen,
genauso viel fand sie auch danach. Aber nicht
nur den Kranken in ihrem Spital erwies sie alle
Werke der Barmherzigkeit. [>L 843] [L 762<]
Sie verbrauchte auch alle Zinsen, die aus den
vier Ländern des Landgrafen kamen, für die
milden Gaben an die armen Leute. [>L 765]
[E <] Gefangene löste sie aus und salbte [85r]
ihnen ihre Wunden. Alles, was die Welt teuer
und edel schätzt, verschmähte sie und ver-
kaufte ihre Kleider und ihren Schmuck, um
die kranken Glieder Christi zu ernähren, de-
rentwegen sie auserwählt war, die Welt zu ver-
achten. [>E] [L< 731] Die edle Königin schämte
sich nicht, mit ihren heiligen Händen [eine
Kuh] zu melken, damit sie eines Kranken Ver-
langen nach Milch erfüllen möchte. [>L 736]
Um Christi willen nahm sie in ihren Schoß,
wovor die Welt flüchtet. Sie wollte die unrei-
nen [85v] Kranken mit ihren Händen waschen
und pflegen. [B 45, 9<] Im oben genannten Spi-
tal hatte sie 28 arme Kranke untergebracht.
Wenn einer starb, bekam sofort ein anderer
seinen Platz. [B 45, 11>] [L< 701] Unter den
Kranken war einmal einer, der ein schlechtes

gëltes willen daz er anderschwo schuldig be-
liben waz im machte ein pinliche gewissne.
Do bezalt die selig fröw vir in sin schuld und
benamm im die pin der vorcht. Und úber alle
dise tugend und [86r] gnod die do geschriben
sint so müstend ir dienerinnen in ir genwir-
tikeit alle tag almůsen gëben nún hundert
armer menschen do si selber bi wolt sin.

*Wie die heilig fröw Elysabeth begobet die ges-
pisten armen lúte. Und wie der lantgrofe wider
kamm von dem keyser.*

Und do si nun ein grosse schar armer und
siecher lút genert hatt biss uff die ërne do
köft sy allen denen die do erbeiten [86v]
mochtend hëmd und schůch und sychel daz
si sich von ir erbeit solten neren. Und denen
die do nit erbeiten mochtend hiess si klei-
der köffen und gab daz alles willeklich sel-
ber den armen menschen. Und die die von
ir in die ërne zugend denen gob si allen et-
waz besunderer gob und gesegnet si lieplich.
Und wenn ir des gëltes gebrast so gab si den
armen wittwen schleyger und sidene tücher
oder andere kleinoter und sprach: »Ich wil
nit [87r] daz ir das behaltend zů úwer hoch-
fart sunder ir sönd es verköffen zů úwer not-
durft und dor zů noch úweren vermúgen söl-
lent ir erbeiten. Söliche erbeit die nit wider
Gott sige. Nun geschah es daz si mit den an-
deren ein arme fröwen begobet mit kleidern
do wart die ellende fröw also gar erfröwet
daz si mit grosser stimme růft und sprach
daz si nie grösser fröid in disem lëben hette
gehebt. Und von sölicher fröid der si unge-
went waz viel si [87r] zů der erden als si tod
wer. Des vorchte sich die selig Elysabeth daz
si irs todes iht ein ursach wer gewesen. Und
wenn ein armer mensch gestorben waz so
macht si im mit iren henden ein kleid zů

Gewissen hatte, weil er anderswo Geldschul-
den hatte. Die fromme Frau bezahlte ihm die
Schuld [>L 706] und befreite ihn so von Pein
und Furcht. [B 45, 11<] Neben all dieser Tu-
gend und [86r] Gnade mussten ihre Dienerin-
nen in ihrem Beisein jeden Tag an neunhun-
dert arme Menschen Almosen verteilen. Sie
wollte selbst dabei sein. [B 45, 12>]

Wie die heilige Frau Elisabeth die armen Leute beschenkte und wie der Landgraf von dem Kaiser zurückkam.

De donis, que dedit pauperibus a se pastis. (III) c. VI.

[L 844<] Als sie nun eine große Schar armer
und kranker Leute bis zur Ernte versorgt hatte,
kaufte sie denen, die arbeiten [86v] konnten,
Hemden, Schuhe und Sicheln, damit sie sich
von ihrer Arbeit ernähren sollten. Für die, die
nicht arbeiten konnten, ließ sie Kleider zukau-
fen und gab das alles aus freiem Willen den
armen Menschen. Alle, die von ihr zur Ernte
zogen, beschenkte sie besonders und segnete
sie freundlich. Wenn sie kein Geld hatte, gab
sie den armen Witwen Schleier, seidene Tü-
cher und anderen Schmuck und sagte: »Ich
will nicht, [87r] dass ihr das zu eurem Hoch-
mut behaltet, sondern ihr sollt es verkaufen,
um das Lebensnotwendige [kaufen zu können],
außerdem sollt ihr nach euren Kräften arbei-
ten. Und zwar solche Arbeit, die nicht gegen
Gott sei.« Einmal schenkte sie einer armen
Frau Kleider, die freute sich sehr und rief mit
lauter Stimme, dass sie nie größere Freude in
ihrem Leben gehabt hätte. Diese für sie so un-
gewohnte Freude ließ sie zur Erde [87r] fal-
len und sterben. Es bedrückte die fromme Eli-
sabeth, dass sie zum Tod der Frau beigetra-
gen habe. [>L 876] [L 693<] Wenn ein armer
Mensch gestorben war, machte sie mit eige-
nen Händen ein Totenhemd für ihn. An der

dem grab. Und zů den lychen der armen to-
ten wolte si allwëgen demüteklich gegenwir-
tig sin und pflag der toten mit den anderen
usz warten und mit iren henden si berüren.
Dorumb teilte si einer zit ein gross wisz li-
nin tůch und verzert daz allein an toten die
si dor inne begraben [88r] liess. Aber so die
richen lút sturbent so verbot si daz man si nit
mit nůwen oder mit kostlichen tüchern be-
grübe. Won si sprach: »Man sölt den armen
daz best und daz nůwe geben und die toten
mit dem alten begraben.« Dise und anderer
grosser wërck der liebi und der erbarmher-
zikeit tett si die wil der fúrst lëbt mit einem
andëchtigen gemüt und eim unverdrossenen
hërtzen. Und mit willen und rot des tugent-
lichen fúrsten mit des gunst si almůsen und
alle ire gůten wërck volbrocht. (am unteren
Rand: *Also daz si in allen landen genëmt*
ward die můter der erbarmherzikeit won si
kein menschen unbegobet von ir liess.) [88v]
Dor noch über lange zit kamm der lantgrof
von dem keyser wider gegen Túringen, des
wart das gantz land unmässeklich erfröwet
und ersamklich empfiengent si iren fúrsten.
Si fröwtend sich alle besunder des lantgrofen
můter und sin brüder. Aber Sancta Elysabeth
fröwte sich über si alle. Und do wurdent die
ampt lút und die verwëser des landes kla-
gen dem herren daz die fröw Elysabeth an
almůsen vergeben hette und verton alle die
zinsen und güter die dem [89r] fúrsten von
allen sinen landen worent kommen. Den sel-
ben antwirt der tugentlich herre und sprach
güteklich: »Ir söllent si lossen wöl tůn und
durch Gott geben waz si wil denn allein be-
haltend mir zů minem gewalt die zwo ves-
tin Wartberg und Nůburg. Und die heilig
Elysabeth enpfieng den fúrsten lieplich und
er umb vieng si frúntlich und sprach: »Liebe

Lychen [Leich, Leichenzug] der armen Toten
nahm sie immer mit Demut teil. Sie machte
die Toten mit anderen zurecht und berührte
sie mit ihren Händen. Einmal teilte sie ein gro-
ßes weißes Leintuch und gebrauchte das, nur
um Tote darin begraben [88r] zu lassen. Wenn
aber reiche Leute starben, verbot sie, dass sie
mit neuen oder kostbaren Kleidern begraben
werden. Sie sagte: »Man sollte den Armen das
Beste und das Neue geben und die Toten mit
dem alten [Gewand] begraben.« [>L 711]

**De reditu lantgravii ab imperatore. (III) c.
VII.**

Diese und andere große Werke der *liebi* und
Barmherzigkeit tat sie, während der Fürst mit
ehrfürchtigem Gemüt und unverdrossenem
Herzen lebte. Mit Willen, Rat und Gunst des
tugendlichen Fürsten verteilte sie Almosen
und vollbrachte alle ihre guten Werke. (So
dass sie in allen Landen die Mutter der Barm-
herzigkeit genannt wurde, weil sie keinen
Menschen unbeschenkt von sich gehen ließ.)
[B 44, 31<] [88v] Nach langer Zeit kam dann
der Landgraf vom Kaiser zurück nach Thürin-
gen. [B 44, 32>] Das ganze Land empfing ihn
mit unermesslicher Freude und allen Ehren.
[B 45, 30<] Besonders freuten sich des Land-
grafen Mutter und seine Brüder. Aber Sankt
Elisabeth freute sich mehr als alle. [B 44, 31>]
[B 46, 1 <1] Aber die Amtleute und Verwalter
des Landes klagten bei ihrem Herren, Frau Eli-
sabeth habe alle Zinsen und alles Gut, das [89r]
von des Fürsten Ländern gekommen war, als
Almosen verschenkt und vertan. Ihnen ant-
wortete der Fürst freundlich: »Ihr sollt sie Gu-
tes tun lassen mit Gottes Gaben, wie sie will,
für meine Macht will ich nur die zwei Festen
Wartburg und Neuburg [bei Freyburg an der
Unstrut] behalten.« [B 46, 7>] Die heilige Eli-
sabeth empfing den Fürsten liebevoll, er um-
armte sie freundlich und sagte: »Liebe Schwes-

schwester waz sol din armes gesind lëben daz hert ior.« Do sprach si: »Ich hab únserem Herren gegëben daz sin ist. Daz din und daz [89v] min hatt úns Gott behalten.« Do gieng der herre uff dem sal hin und her, do ran daz korn úber al dorin daz er uff tratt. Do sprach er zů dem këller: »Besih wie din korn sy.« Daz tett er und sprach: »Mit úwer hulde, es sind die kasten alle völ daz si úber gond.« Do der herre und die fröwe daz hortend, do dancketend si Gott und sprochent: »Herre wir danckent dir der grossen gnod die du mit úns wúrckest.« Also noch der geschrift waz dises fúrsten lëben Gott gevellig won únser Herre sprichet also: »An drin [90r] dingen ist gevellikeit minem geist daz ist einhellikeit der brüderlichen liebi, des nëchsten und des gemahelichen stotes.« Also der ersam fúrst lëpte mit sinen brüdern fridsamklich und süsseklich und mit allen lúten gütlich und sunderlich bewiste er armen lúten milte und nútze liebi. Aber wie gar gůt luter wer die einhellikeit des fromen herren und der erwellten fröwen daz bezúget die geschrift dis bůches offenbarlich.

ter, wovon soll dein armes Gesinde dieses Jahr leben?« Da sagte sie: »Ich habe unserem Herrn gegeben, was sein ist. Das Deine und das [89v] Meine hat uns Gott erhalten.« Als dann der Herr im Speicher hin und her ging, rann das Korn überall, so dass er darauf trat. Da sprach er zu dem Keller [Gutsverwalter]: »Schau nach, wie es mit deinem Korn steht.« Das tat der und sagte: »Mit eurer Gnade, die Kästen sind so voll, dass sie überlaufen.« Als sie das hörten, dankten sie Gott und sprachen: »Herr, wir danken dir für die große Gnade, die du uns schenkst.« Nach der Schrift war das Leben dieses Fürsten gottgefällig, denn unser Herr spricht: »An drei [90r] Dingen erfreut sich mein Geist. [abweichend in B 46, 6–7: Der Fürst sprach: »Ich weiß wohl nach der heiligen Schrift, dass Gott dem Herrn drei Dinge besonders willkommen sind:] Das ist die einhellige brüderliche *liebi*, die Nächstenliebe und die Liebe des Ehestandes.« So lebte der ehrbare Fürst friedlich und freundlich mit seinen Brüdern. Er war zu allen Leuten voll Milde und Liebe. Aber wie gut und lauter die Einhelligkeit des frommen Herrn mit der auserwählten Frau war, das bezeugt ganz deutlich die Schrift dieses Buches.

Von dem ersammen herren meister Cůnrat von Marckburg.

[90v] Zů den selben ziten worent under byschoffen und priestern etlich gerëcht lút mit der lere und bild der allmëchtig Gott zů den ziten sin kilchen uff enthielt. Under denen waz meister Cůnrat von Marckburg der als ein clorer stern erschein in tútschen landen won er wöl gelert und eins reinen lëbens waz und lerte volleklich daz ewangelium. Und waz ein lieb haber des cristenen gelöbens und ein starcker vëchter wider die súnd der këtze- [91r] rie. Der selb meister Cůnrat wolt

Von dem ehrsamen Herren Meister Konrad von Marburg.

De venerabili magistro Conrado in Marburch. (III) c. VIII.

[B 46, 20<] [90v] Seinerzeit waren unter den Bischöfen und Priestern etliche gerechte Leute, mit deren Lehre und Vorbild Gott seine *kilchen* aufrecht hielt. Darunter war Meister Konrad von Marburg ein leuchtender Stern, der ein reines Leben führte und ein vollkommener Lehrer der Evangelien war. Er liebte den christlichen Glauben und war ein starker Verfolger der sündigen Ketzerei. [91r] Die-

nit haben zitlich gůt noch geistlich lehen
und liess sich benügen an einem mëssigen
und einvaltigem kleide. Öch so waz er sittig
und hatt ein ernstliche angesicht. Im selber
waz er hert aber gůten cristenen waz er lie-
plich und gütig und gegen den bösen waz er
scharpff und geröcht. Und von geheiss und
gewalt des bobstes prediget er in allen tút-
schen landen und im volgete ein grosse me-
nige des volckes und die lút vorchtend in als
ein heiligen [91v] und geröchten man, etlich
von liebi etlich von vorchten. Disen meis-
ter hielt lantgrof Ludwyg in sölichen eren
daz er in bevalh ze verlihende alle lehen der
lehen recht die den lantgrofen gehorten ze
verlihen. Öch gab der fúrst sinen willen dor
zů daz sin fröw Elysabeth gelúpt tett dem
meister gehorsamme ze behaltend und öch
kúschekeit. Und daz geschach in der statt
Ysenach in einem closter Sanct Katherinen.
Dor noch die heilig fröw Elysabeth hielt ir
undertënikeit gentzklich und ein [92r] val-
teklich als si durch Gott gelopt hat. Und zů
einer zit geschach es daz si von dem meister
zů der predig wart geheischen. Won er wolt
predyen von den liden únsers Herren durch
iren willen aller meist. Und si kamm nit won
si wart gehinderet von der marckgrefine von
Messen die do waz des lantgrofen irs gemah-
len schwester und núwlich kummen waz.
Dorumb enbot ir der meister daz er um der
ungehorsamme willen virbass nit me wolt
pflëgen der sorg Elysabeth. Aber [92v] die
heilig fröw kamm des anderen tages zů dem
meister ylende und batt in daz er si wider
zů gnoden nëme. Und do er daz herteklich
verseit do viel die edel kúngin dem meister
demüteklich ze fůss und erwarb gnod. Und
umb der selben ungehorsamme willen liess si
dennoht der meister stroffen ir dienerinnen
herteklich mit schlegen. Und die undertëni-

ser Meister Konrad wollte kein weltliches Gut
und kein geistliches Lehen haben. Er begnügte
sich mit zurückhaltender und einfacher Klei-
dung. Er war sittsam und ernst. Gegenüber
sich selbst war er hart, aber gegenüber guten
Christen war er freundlich und gütig, [B 46,
33>] [B 47, 1<] gegen Böse war er unerbittlich
und gerecht. Mit Befehl und Vollmacht des
Papstes predigte er in allen deutschen Ländern.
Ihm folgte viel Volk, das ihn als einen Heiligen
[91v] und Gerechten fürchtete, einige aus *liebi*,
andere aus Angst. Diesen Meister Konrad ach-
tete Landgraf Ludwig so sehr, dass er befahl,
ihm alle Lehen, deren Rechte er besaß, zu ver-
leihen. [B 47, 8>] [L 445<] Der Fürst stimmte
auch zu, dass seine Frau Elisabeth dem Meis-
ter Gehorsam und Keuschheit gelobte. Das
geschah in der Stadt Eisenach in einem Ka-
tharinenkloster. [>L 457] [L 737<] Die heilige
Frau Elisabeth hielt sich untertänig und [92r]
einfältig an das Gelöbnis, das sie vor Gott ab-
gelegt hatte. Nun geschah es, dass der Meister
sie zu einer Predigt über das Leiden unseres
Herrn befohlen hatte, die sie sich selbst sehr
gewünscht hatte; sie kam aber nicht. Sie war
verhindert durch einen Besuch der Markgräfin
von Meißen [Jutta, geb. um 1183, gest. 1235],
eine Schwester ihres Gemahls, die gerade ge-
kommen war. Der Meister ließ sie wegen die-
ses Ungehorsams wissen, er werde sie, Elisa-
beth, in Zukunft nicht mehr betreuen. Aber
[92v] die heilige Frau ging andern Tags wei-
nend zu dem Meister und bat ihn, sie wieder
in Gnaden aufzunehmen. Da er das hart ab-
lehnte, fiel sie ihm voll Demut vor die Füße
und erreichte [so] Vergebung. Wegen des Un-
gehorsams ließ der Meister ihre Dienerinnen
mit harten Schlägen strafen. [>L 758] [S. V.<]
Sie blieb dem Meister zwei Jahre lang untertan,

keit hielt si dem meister zwey ior bi irs her-
ren leben und vil me noch sinem tod.

Wie ein her vart wart über mere in daz heilig
land. Und wie lant- [93r] *grof Ludwyg sinen*
wëg zoch in daz ellend und die sinen gesëgnet.
Dor noch in dem ior noch Gottes gebúrt m cc
und xxvij, do wart ein her vart über mere in
daz heilig land. Und do was mit Friderichus
der römsche keyser der mit über schiffete.
Won der bobst hatt us gesant daz crútze zů
hilff dem heiligen land. Und zů der zit wur-
dent vil byschoff fürsten und andere from
cristen entzúndet von liebi des gelöben [93v]
wider die vigend Christi únsers Herren die
zeichnetend sich mit dem crútz und beger-
ten getrúwlich ze striten wider die heyden.
Und under denen waz öch der edel fürst
lantgrof Ludwig zů Túringen ein güter cris-
ten, mit rot des erberen vatters und herren
Cůnrades byschoff zů Hyldensheim sich liess
zeichnen mit dem crútz in dem nammen ún-
sers Herren Jesu Christi von dem selben by-
schoff. Und hielt daz crútz heimlich under
sinen kleidern, also daz er es nit offenbarlich
trůg als ge- [94r] wonheit waz oder ist, uff
daz daz er nit betrúbte sin gemahlen, die in
mit gantzer andacht getrúwlich lieb hatt in
rëchter göttlicher und kúscher liebi. Und zů
einer zit sol er ab tůn sinen gúrtel, do wart
erschinen daz crútz also daz sin Sanct Elysa-
beth gewar wart. Do erschrack si gar sere.
Aber der süsse fúrst senftiget ir betrúbtnisse
mit süssen worten und mit göttlicher ver-

solange ihr Gemahl lebte, und noch mehr nach
seinem Tode. [>S. V.]

Wie eine Heerfahrt über das Meer in das Hei-
lige Land stattfand und wie Landgraf [93r]
Ludwig seinen Weg in das Ausland nahm und
die seinen segnete.

Incipit Quartus. De peregrinacione et morte
lantgravii et de hiis, que ipsa pertulit post
obitum eius. Qualiter Ludwicus lantgravius
cruce Christi signatus sit ab episcopo Hilde-
semensi c. I

[B 52, 4<] Im Jahr 1227 nach Gottes Geburt
fand eine Heerfahrt über das Meer in das Hei-
lige Land statt. Der römische Kaiser Friedrich
nahm an der Fahrt teil, weil der Papst das
Kreuz zur Hilfe des Heiligen Landes ausge-
sandt hatte. In dieser Zeit entbrannten viele
Bischöfe, Fürsten und andere fromme Chris-
ten in der *liebi* des Glaubens [93v] und gegen
die Feinde Christi, unseres Herrn. Sie zeichne-
ten sich mit dem Kreuz und brannten darauf
treulich gegen die Heiden zu kämpfen. Dar-
unter war auch der edle Fürst und gute Christ,
Landgraf Ludwig von Thüringen. Auf Rat des
ehrbaren Vaters und Herren Konrad, Bischof
von Hildesheim [Konrad II.], ließ er sich im
Namen unseres Herrn Jesus Christus mit dem
Kreuz zeichnen. Er versteckte das Kreuz in
seinen Kleidern. Er trug es nicht offen, wie es
[94r] Gewohnheit war und ist, um seine Ge-
mahlin nicht zu betrüben, die ihn mit ganzer
Hingabe getreulich lieb hatte, in gottgefälli-
ger und reiner *liebi*. Als er einmal seine Gür-
tel ablegte, wurde das Kreuz sichtbar, sodass
es Elisabeth bemerkte und gar sehr erschrak.
Der liebe Fürst besänftigte sie mit süßen Wor-
ten und gottgefälligem Trost. [B 52, 31>] [Hier
fehlt gegenüber B der Absatz über Elisabeths
Schwangerschaft und über die Verabredung
über dieses Kind.]

manung. *Dor noch als der edel fúrst lant-*
grof Ludwig bestelt hatt sin land und ge-
ord- [94v] net sin herschaft, do besůcht er
die clöster und enpfieng von den Gottes die-
nern und dienerinnen den sëgen und bevalh
sich in ir gebëtt. Dor noch zoch er zů Smal-
kalden daz waz ein marg in sinem gebiete,
do vand er sin aller liebsten, die hatt er sich
do geheissen sammnen. Und die gesegnet
er mit betrůbtnisse und bevalh sinen brü-
dern sine kind und sin gemahlen. Aber sin
můter kuste er als die kind pflëgen ze tünd.
Aber er mocht kum mit ir gereden [95r] von
schmertzen sins herzen. Do wurdent bewegt
die innren oderen und ire hertzen wurdent
betrübt, do eins daz ander mit weinen umb
vieng. Und daz mochtend si doch kum getůn
vor der menge der lüt die sich do in ein ander
trungen. Die můter hielt den sun, die gema-
hel iren herren und also zugend si hin und
her. Sin brüder hattend in mit ir ritterschaft
umb geben als ein gevangenen man und
liessent in ungern von dannen scheiden. In
dem volck waz gross murme- [95v] len und
geschrey, do die lüt sohent daz sich wand-
letend ire angesicht. Dorumb weinetend si
alle iung und alt maniger ley volckes daz do
kummen waz von Túringen und von Sachs-
sen die scheidung ze sëhen. Do geschah ein
frúntlicher strit wer in aller lengest behal-
ten möchte. Etlich umb viengen in mit den
armen, etlich zugend in bi dem kleid daz er
inen nit engon möchte. Ze lest engieng er us
iren henden und gesellgete sich zů der schar

[Hier fehlt gegenüber der Standard-Hand-
schrift De dispositione principatuum atque
terrarum suarum ante transfretacionem (IV)
c. I A]

**Qualiter valedicens suis discessit. (IV) c. II
[stark gekürzt]**

[B 54, 19<] Und nachdem der edle Fürst, Land-
graf Ludwig, sein Land bestellt und geordnet
hatte [94v], besuchte er die Klöster, empfing
von den Gottesdienern und -dienerinnen den
Segen und empfahl sich ihrem Gebet.[B 54,
22>] [Hier fehlt die Gedichtform] [B 55, 29<]
Dann zog er nach Schmalkalden, eine Mark
seines Gebietes, wo er alle seine Lieben fand,
die er sich dort zu sammeln geheißen hatte.
[B 55, 34>] [B 56, 9<] Er segnete sie traurig und
gab seine Kinder und seine Gemahlin in die
Obhut seiner Brüder [Heinrich, geb. um 1202,
gest. 1247 und Konrad, geb. um 1206, gest.
1240]. Seine Mutter küsste er nach Kindes Art.
Aber er vermochte nicht, mit ihr [95r] über die
Schmerzen seines Herzen zu reden. Da wur-
den die *inneren Adern bewegt* [sie wurden ins
Mark getroffen], ihre Herzen wurden schwer,
sodass einer nach dem anderen zu weinen be-
gann, obwohl sie das nicht gerne taten wegen
der vielen Leute, die sich um sie drängten. Die
Mutter hielt ihren Sohn, die Gemahlin ihren
Gemahl, und so zogen sie hin und her. Seine
Brüder umringten ihn wie einen Gefangenen
mit ihren Rittern und ließen ihn ungern von
dannen ziehen. Im Volk rumorte es [95v], es
gab Geschrei, als sie sahen, dass sich ihre Ge-
sichter abwandten. Da weinten alle, Jung und
Alt, unzähliges Volk, das aus Thüringen und
Sachsen zum Abschied gekommen war. Es gab
einen freundlichen Streit, wer ihn am längs-
ten behalten dürfe. Etliche umarmten ihn, et-
liche zerrten an seinen Kleidern, damit er ih-
nen nicht entkomme. Schließlich befreite er
sich aus ihren Händen und gesellte sich zu der

der edlen billgerin, die do worent gezeich-
[96r] net mit dem crútz. Und dor noch wart
er nit me sehende in Túringen land. Also sass
der fridsam fúrst uff sin pferde mit vil fryen
herren rittern und knéchten und anderer
cristen ein grosse ménige und gesegnetend
land und lút die do belibend woltend und zu-
gend von dannen in dem monat Junio in dem
namen únsers Herren Jesu Christi den si lob-
tend mit hértzen und mund. Do hůb sich ein
grosse betrúbtnisse schryen und klagen mit
kléglichen stimmen [96v] und ein gross ver-
giessen der tréhen und gesegnetend in mit
lieplicher stimme. O wie ein nútze mischlung
ein betrúbt leid und ein liepliche fröide do
man ze sammen bringet gesang und weinen.
Do sich die elteren von kinden und der herre
von siner gemahlen scheidet umb die liebi
des cristenen gelöbens.

edlen Pilgerschar, die [96r] mit dem Kreuz ge-
zeichnet war. Seither wurde er in Thüringen
nicht mehr gesehen. Der friedliebende Fürst
saß auf sein Ross und mit ihm zogen viele freie
Herren, Ritter, Knechte und eine große Zahl
anderer Christen, sie segneten Land und Leute,
die da bleiben wollten. [Das geschah] im Mo-
nat Juni im Namen unseres Herrn Jesus, den
sie mit Herz und Mund lobten. Da fing ein
großes Jammern und Klagen an [96v], viele
Tränen wurden vergossen und sie segneten ihn
mit liebevollen Stimmen. O welch fruchtbare
Mischung aus traurigem Leid und lieblicher
Freude, wenn Gesang und Weinen sich verei-
nen, wenn, um des [B 56, 38>] [B 57, 1<] christ-
lichen Glaubens willen, sich die Eltern von ih-
ren Kindern trennen und der Gemahl sich von
seiner Gemahlin trennt. [B 57, 2>]

Von betrübtnisse und leid der seligen Elysabeth. Und wie lantgrof Ludwig die land durch zoh. Und dor noch siech wart.

[97r] Do volgete nit von verrem sunder nohe
die aller getrúweste fröw Elysabeth mit ei-
nem trurigen hértzen dem süssen fúrsten
irem aller liebsten gemahel usz Túringen
lande den si leider nit me sehen solt. Won die
kraft der liebi und der schmertze des schei-
dens zwang si dor zů daz si im volget einen
tag weyd und dennoht benügte si nit sunder
umb unlidlicheit der [97v] wég vart zoh si
öch die ander tag weid. Do mit bewiste si daz
band der liebi und kraft des smerzen. Dor
noch geschach es daz die liebi irs schöpffers
die do was starck als der tod die zerbrach
ir begirlichkeit. Also daz si zů lest sich von
ein ander schieden. Aber gross waz die klag
und betrübt ir aller und ze vorderest der se-
ligen Elysabeth und der jungfröwen die mit

Von Trauer und Leid der frommen Elisabeth und wie der Landgraf Ludwig durch die Lande zog und danach krank wurde.

De maerore eius lamentabili. (IV) c. III.
[97r] [B 57, 5<] Die treue Frau Elisabeth folgte
ihm mit traurigem Herzen. Sie blieb in sei-
ner Nähe, bei ihrem süßen Fürst, ihrem al-
lem liebsten Gemahl, bis aus Thüringen he-
raus. Sie sollte ihn nicht mehr wiedersehen.
Die Kraft der *liebi* und der Schmerz des Ab-
schieds zwangen sie, einen Tag weit ihm zu
folgen. Sie störte sich nicht an den liederlichen
Wegen [97v] und folgte ihm eine andere Ta-
gesreise lang. Damit bestätigte sie das Band der
liebi und die Tiefe ihres Schmerzes. Danach
zerbrach die *liebi* ihres Schöpfers, die stark war
wie der Tod, ihr Verlangen, so dass sie sich
schließlich trennten. [B 57, 18>] [Hier fehlt die
Übergabe des Ringes] [B 58, 5<]

Groß war die Klage und Trauer aller, aber
am allermeisten der frommen Elisabeth und

ir wider hein kerten. Der herre zoch sin wëg frölich als ein ryse ze löffen sinen wëge. Und die fröwe kamm wider [98r] hein ein weinende wittwe die do hatt trëhen an iren wangen. Dor noch leit si ab daz gewand der fröiden und namm an sich ein kleid einer wittwe und sass allein die fröw des volckes und die fürstin der land und kerte sich do gentzklich zů Gott und den vorderen gůten wërcken leit si zů bessere werck und also namm si zů an gůtem lëben. Dor noch do lantgrof Ludwig von Túringen der do waz herre zů Hessen und in Sachssen alle sin ding wöl bestelt hatt do wandlet er mit [98v] gůtem můt und mit grosser fröide usz sinen landen und erkosz daz ellende durch die liebi únsers Herren Jesu Christi das er do durch möchte verdienen ze kummen in daz himmelsch vatter lande. Nun geschach es daz er fridlich durch wandlet dise land Francken Saben und Peyger und das gebirg Ytalien Lamperten Tuskan biss er kamm in daz land Sicilya. Do waz keyser Friderich der enpfieng in mit ummëssiger fröide in einer statt die waz geheissen Troya. Mit dem [99r] keyser reit er vir zů einr statt die waz genant Brundusium. Dor noch zů únser fröwen tag der geburt Marie begunden si ze schiffen mit aller kraft mit ritterschaft und mit gesinde. Und ee si zů schiff giengen do hatt der keyser und der lantgrofe mit ein ander liepplich geköse. Aber leider do bestůnd den durch lúchten fúrsten lantgrof Ludewyg ein kranckheit. Dorumb gieng der keyser und der lantgrof in sunderliche wonung. Und noch dem als si sich hattend be- [99v] volhen mit gebett únserem Herren Jesu Christo do schiedent si von Brundusyo. Dor noch komment si in ein statt die hiess Ortrant do funden si die keyserin die gesah und grůsste der lantgrofe erwirdik-

der Jungfrauen, die mit ihr wieder heimkehrten. Der Herr zog fröhlich wie ein Riese seines Weges.

Die Frau kam wieder [98r] heim, eine weinende Witwe mit tränenüberströmten Wangen. Danach legte sie ihr Freudengewand ab und nahm sich ein Witwenkleid. Die Frau des Volkes und die Fürstin des Landes saß alleine und wandte sich völlig zu Gott. Sie nahm ihre guten Werke wieder auf, verbesserte sie und nahm zu an Frömmigkeit. [B 58, 14>]

De terris, quibus pertransitis infirmatus est. (IV) c. IV.

[B 59, 6<6] Darnach, als Landgraf Ludwig von Thüringen, Herr zu Hessen und zu Sachsen, seine Sachen wohl bestellt hatte, wanderte er [98v] guten Mutes und mit großer Freude aus seinem Land. Er wählte die Fremde wegen der *liebi* zu unserem Herrn Jesus Christus, damit er sich das himmlische Vaterland verdiene. Sie durchzogen friedlich die Länder Franken, Schwaben, Bayern, das italienische Gebirge, die Lombardei und die Toskana, bis sie in das Land Sizilien kamen. Kaiser Friedrich empfing sie dort mit maßloser Freude in der Stadt Troia. [B 59, 6>] Mit dem [99r] Kaiser ritt er weiter nach Brindisi. [B 59, 23<] Am Tage der Geburt Mariä begannen sie sich mit allen Waffen, Rittern und Gesinde einzuschiffen. Bevor sie sich einschifften, führten der Kaiser und der Landgraf ein freundliches Gespräch. [B 59, 26>] [B 59, 27<] Aber leider befiel dort den durchlauchten Fürsten Landgraf Ludwig eine Krankheit. Deshalb nahmen der Kaiser und der Landgraf getrennte Wohnungen. Mit einem Gebet [99v] stellten sie sich in den Schutz Jesu Christi und verließen Brindisi. Dann kamen sie in die Stadt Otranto und trafen die Kaiserin [Isabella, Tochter des Königs Johann von Jerusalem], die den Landgraf in Ehren begrüßte. [B 59, 34]. [B 60, 1, Vergiftet?]

lich. Und zů der zyt merete sich sin kranck-
heit dorumb daz er zů schiff kamm do wart
er zů bett liegende.

*Von dem end des lëbens des lantgrofen und wie
sich fröw Elysabeth hielt zů sinem tode.*

Do er nun sah das im nohet der tod [100r] do
liess er im bringen den patriarchen von Ieru-
salem von dem enpfieng er die heilig ölung
der namm zů im den byschoff von dem hei-
ligen crútze dorumb daz er sin ampt dester
erlicher volbrëhte. Noch der ölung gobent si
im den heiligen fronlychamen únsers Her-
ren Jesu Christi den enpfieng er mit rëchten
gelöben und mit luterer andacht. Dor noch
der gůt cristenlich herre der durch den nam-
men Christi ein bylgerin und ellend worden
waz und gezeichnet mit dem crútz Christi
fúr von [100v] der wandelung dieses lëbens
zů dem ewigen vatter land. Und starb in ún-
serem Herren Jesu Christo an dem tag ter-
cio ydus septembris. Und do etlich von den
sinen die vor hin worent geschiffet horten
die klëglichen mëre sins todes dowurdent si
herzeklich betrübt und wart von schmert-
zen ein gross klagen und weinen das daz
mere möchte erbidemet sin von den stim-
men deren die do leitlich klagten und wei-
neten und sprochen: »O lieber herre und ed-
ler fúrst wie sint wir [101r] von dir verlos-
sen ellend in frömder gegin. Wie hend wir
dich verlorn ein liecht únser ögen ein fúrer
únser wandlung ein hoffnung únser wider
vart. Wee uns.« Und si schiffeten hin wider
und begrůbent den lychamen des ersammen
fúrsten erwirdeklich und wöl geziert als zim-
lich waz. Dor noch volbrochtend si ir vart
als si angevangen hatten. Aber es wurden

[B 60, 2<2] Seine Krankheit wurde schlimmer
und er lag zu Bett, als er auf das Schiff kam.
[B 60, 3>]

**Vom Lebensende des Landgrafen und wie sich
Frau Elisabeth danach verhielt.**

De extremis Ludowici lantgravii. (IV) c. V.
[B 60, 8<] Als er sah, dass ihm der Tod nahte,
[100r] ließ er den Patriarchen von Jerusalem
zu sich bringen. Von ihm empfing er die letzte
Ölung. Der Patriarch zog auch den Bischof
vom heiligen Kreuz hinzu, um die Zeremonie
ehrenvoller zu vollbringen. Nach der Ölung
gaben sie ihm den heiligen Leib Christi [die
Kommunion], den er mit rechtem Glauben
und lauterer Andacht empfing. [B 60, 17 >]
[Hier fehlt die Tauben-Vision] [B 60, 25<] Da-
nach fuhr der gut christliche Herr von dem
Weg dieses Lebens in das ewige Vaterland.
[100v] [B 60, 26>]. [B 61, 1<] Er war im Namen
Christi ein Pilger geworden und gezeichnet
mit dem Kreuz Christi in die Fremde gezogen.
Er starb am dritten Tag der Iden des Septem-
bers [11. September] in unserem Herrn Jesus
Christus. Da etliche der Seinen, die sich vor
ihm eingeschifft hatten, die traurige Kunde
seines Todes hörten, waren sie tief betrübt.
Sie klagten laut vor Schmerz und sie weinten,
dass das Meer fast erbebte von den Stimmen
derer, die voller Leid klagten, weinten und
sprachen: »O lieber Herr und edler Fürst, wie
sind wir [101r] von dir elend in der Fremde
verlassen. Wie haben wir dich verloren, ein
Licht unserer Augen, ein Führer auf unse-
rem Weg, die Hoffnung für unsere Heimkehr,
wehe uns.« Sie schifften zurück und begruben
den Leichnam des ehrsamen Fürsten würdig
und nach der Sitte geschmückt. Danach voll-
endeten sie ihre Fahrt, die sie begonnen hat-
ten. [B 61, 17>]

gesant botten in Túringen die do brochtend die klëglich bottschaft von dem tod des milten fúrsten. Nun ward [101v] es vir gedocht von wisen lúten daz man sóliche klëgliche mëre nit brëchte vir di oren der wittwen mit unbedochter oder unwiser red. Und wart geroten daz die mûter des toten fúrsten fröw Sophya daz aller zimlichest solte offenbaren. Die selb namm zǔ ir edel und erber fröwen und zoh zǔ Wartberg zǔ der fröwen irs suns. Von der wart si gütlich und lieplich enpfangen und do si sich gesatzend do sprach fröw Sophya: »Min liebe tochter du solt sin eins [102r] starcken gemütes und nit betrüb dich umb daz daz dinen gemahel minen sun von Gottes ordnung beschëhen ist.« Aber si volbrocht die wort nit als er tod were sunder daz er gevangen wer. Do antwirt Sanct Elysabeth mit gantzer hoffnung und sprach: »Ist er gevangen min brûder«, won also pflag si in ze heissen, »so mag er mit Gottes hilffe und únser frúnd wöl gelidiget werden.« Do sprach die schwiger: »Er ist tod.« Do si daz hort do valte si ir hende und liess sich [102v] uff die knú und sprach trureklich: »Er ist tod er ist tod, und mir sol nun tod sin alle dise wëlt.« Dor noch stůnd si uff weinende und schnelleklich gieng si die lengi des palastes untz an die wand. Do beleib si stond und waz vil noh von ir selber kommen. Do lúffent zǔ die do gegenwirtig worent und nommet sy von der wande und weinetend alle mit ir und vergussent trëhen milteklich umb den tod irs lieben herren und von mittlidung der verlossenen fröwe von deren aller [103r] liplicher trost gescheiden was. Aber do waz gegenwirtig ein tröster der Heilig Geist der die weysen enpfieng und daz hërtz der wittwen troste und starckte in ir betrübt und erfröwte si mit süssikeit siner göttlichen gnode.

Quid audita morte mariti relicta egerit. (IV) c. VI.

[B 61, 21<] Sie sandten aber Boten nach Thüringen, die die traurige Botschaft vom Tod des milden Fürsten überbrachten. Von weisen Leuten wurde bedacht, man solle solch traurige Kunde nicht mit unbedachten oder unklugen Worten der Witwe zu Ohren bringen. Man riet, [101v] die Mutter des toten Fürsten, Frau Sophia, solle die Nachricht mit Anstand offenbaren. Sie nahm edle und ehrbare Frauen mit sich und ging auf die Wartburg zur Frau ihres Sohnes. Sie wurde von dieser freundlich empfangen. Als sie sich gesetzt hatten, sagte Frau Sophia: »Meine liebe Tochter, [102r] sei tapfer und mache dir keine Sorgen, was Gott deinem Gemahl, meinem Sohn, hat widerfahren lassen.« Aber sie konnte nicht aussprechen, dass er tot sei. Da antwortete Sanct Elisabeth voller Hoffnung: »Ist mein Bruder«, wie sie ihn zu nennen pflegte, [B 61, 34>] [B 62, 1<] »gefangen, so mag er mit Gottes und unserer Freundes Hilfe wohl befreit werden.« Da sagte die Schwiegermutter: »Er ist tot.« Als sie das hörte, faltete sie ihre Hände, fiel [102v] auf die Knie und sagte traurig: »Er ist tot, er ist tot, und mir soll nun alle Welt tot sein.« Dann stand sie weinend auf und ging schnell längs des Palastes zur Mauer. Da blieb sie stehen und war wie nicht mehr bei sich. Die Anwesenden liefen zu ihr, führten sie von der Mauer, weinten alle mit ihr. Sie vergossen heiße Tränen um den Tod ihres lieben Herrn und aus Mitleid mit der verlassenen Frau, die ohne leibliche [103r] Freude zurück geblieben war. Aber sie wurde getröstet vom heiligen Geist, der Waisen empfängt und die Herzen der Witwen tröstet, und er stärkte sie mit seiner milden göttlichen Gnade. [B 62, 15>]

Von der gedult die Sanct Elysabeth hatt do si vertriben wart von ir burge und von einem un-danckberen und frevelen wib gegen die heilige Elysabeth.

Nit lange zit dor noch etlich dienstlút des verscheidenen herren die do sinen [103v] brûder Heinrich solten verwësen die wurdent vergëssen Gottes vorcht und der gerechtikeit ir eigenen wiszheit. Die meretend der fröwen schmërtzen und leid und tribend si von ir burg und us allen iren gütern und besitzung. Do gieng ab den des edlen kúnges tochter betrübt und weinende und gieng ab den hohen bërg mit iren gesinde in den marckt der under der burg gelëgen waz do wart si geherberget in einem huse eins win schëncken, do beleib [104r] si die nacht mit grosser fröide (am oberen Rand: in einer fërle stigen.) Und do es wart ze mitter nacht do stůnd si uff und gieng zů der metti der brüder Sancti Francisci und batt die daz si Gott ze lob singen den lob gesang Te deum laudamus. Domit erfröwte si sich und dancket Gott in ir betrübnisse. Und do si nieman getorst herbergen do namm si zůflucht zů únserem Herren Jesus Christo und gieng mit iren jungfröwen in die kilchen und beleib dor inne lange zit sitzende. Und do man ir [104v] noch brocht ire kleinen kindli von der burg in grosser kelti. Do wiste si nit wo hin si keren solt mit inen oder wo hin si die legen solt. Dorumb zwang si di not dor zů daz si gieng in eins priesters huse do generte si die iren und sich selbes ërmklich won si pfand versëtzen mûst. Es waz in dem stëttli einer der ir gedienet hatt der hatt ein wonung mit vil kleinen gemachen. Von des selben wirtes geheisse zoh si zů im und wonet mit allen irem gesinde in einem [105r] kleinen gemëchlin do selbes erbot ir der wirt und sin husz gesinde nit gůtet der liebi sunder vil vigentlicher beschwërung.

Von der Geduld der Sankt Elisabeth, als sie von ihrer Burg vertrieben wurde, und von einer undankbaren frevlerischen Frau.

De paciencia, quam miserabiliter iecta exhibuit. (IV) c. VII. [L 940<]

Kurze Zeit danach vergaßen einige Dienstleute des Herren, die für seinen [103v] [minderjährigen] Bruder Heinrich die Geschäfte führen sollten, die Gottesfurcht und die Gerechtigkeit. Sie mehrten den Schmerz und das Leid der Frau und trieben sie von der Burg, aus ihren Gütern und ihrem Besitz. Da ging die edle Königstochter betrübt und weinend mit ihrem Gesinde hinab in die Stadt, die darunter gelegen ist. Sie fand dort eine Herberge im Ferkelstall des Hauses eines Weinschenken, [104r] dort blieb sie mit großer Freude über Nacht. Um Mitternacht stand sie auf und ging zur Mette der Franziskusbrüder und bat sie, Gott zu loben mit dem Gesang *Te deum laudamus*. Daran erfreute sie sich und dankte Gott. Da es niemand wagte, sie zu beherbergen, nahm sie in ihrem Kummer Zuflucht bei unserem Herrn Jesus Christus, ging mit ihren Jungfrauen in die Kirche und blieb dort lange sitzen. Als man ihr dann [104v] bei großer Kälte ihre Kinder von der Burg brachte, wusste sie nicht, wo sie hin sollte und wo sie die [Kinder] hinlegen konnte. In ihrer Not ging sie in das Haus eines Priesters, wo sie sich und die ihren kümmerlich ernährte, wofür sie [Einiges] versetzen musste. In dem *stättli* [Städtchen] lebte ein früherer Diener, der hatte eine Wohnung mit vielen kleinen Zimmern. Auf dessen Wunsch zog sie mit allem ihrem Gesinde zu ihm in ein [105r] kleines Kämmerlein. Sein Gesinde war jedoch nicht gut oder freundlich, sondern voller Feindschaft. Des-

Dorumb zoh si us der herberg und danckete inen weinende und sprach: »Die lút wolt ich gern gesëgnen hette ich sach worumb ich daz tůn solt.« Dor noch kamm si wider in ein unreines húslin do si vor gewonet hatt won si kein anders gehaben mocht. O wie ein wunderbare und erbermkliche wandlung und ein unversehene bewegung. O [105v] leider wie trugenthaft und itel ist die selikeit diser wëlt. Sih die do vor in einem palast wonet und mocht gebieten anderen lúten die můss nun herberg bëttlen und mag die nit erwerben. O daz ist ein wundersamme und unerkante ordnung Gottes daz die do pflag die kindli der armen zů erneren als ein můter die zwingt nun die armůt daz si die kind irs eigenen libes durch narung willen von ir senden můss in frömde land und an verre stette. [106r] Also leid si die armůt und daz wening daz si haben mocht entzoh si irem eigenen mund und gab es armen lúten. Zů derzit waz do selbest ein armen fröwe alt und kranck und Sanct Elysabeth kamm zů hilff ir armüt mit allmüsen der kranckheit und mit artzenye irem alter und mit trost und dienstberkeit. Aber es waz in der statt ein enger wege. Do hatt man durch die tieffe des bochtes stein geleit, do die lút uff gon möchtend. In dem wëg begegnet zů einer [106v] zit die vorgenante wittwe ir wöl tëterin der fröwe Elysabeth und wolt ir uff dem engen wëg nit wichen und hatt vergëssen ir gůtet. Und also stiess daz unedel und frëvel wib die edel senftmütig Elysabeth daz die dienerin Gottes viel in die tieffe unreinikeit und wart mit allen iren kleidern beflëcket und verunreiniget. Das vertrůg si mit grosser gedult und senftmütikeit. Und do si wart uff gehebt do lachete si und wůsch ire kleider frölich in [107r] einem wasser. Aber ir unschuldige sel wůsch si in dem blůt des lambes

halb zog sie wieder aus, dankte ihm weinend und sagte: »Die Leute würde ich gerne segnen, hätte ich einen Grund es zu tun.« Danach kam sie wieder in das schmutzige *hüslin* [Häuschen], in dem sie zuvor gewohnt hatte, weil sie kein anderes finden konnte. [>L 993] O wunderliche und erbarmenswürdige Änderung und unvorhersehbare Wendung [des Schicksals]. O [105v], leider, wie trügerisch und eitel ist die Freude dieser Welt. Siehe, die da zuvor in einem Palast wohnte und über andere Leute Macht hatte, muss nun ohne Erfolg um Herberge betteln. O, das ist eine wundersame und verborgene Führung Gottes, die sie, die die *kindli* der Armen wie eine Mutter gepflegt und ernährt hatte, zwang, [L 995<] ihre leiblichen Kinder in fremde Lande und ferne Städte zu senden [106r].[>L 998] [L 998<] So erlitt sie die Armut, das Wenige, was sie hatte, sparte sie sich vom Munde ab und gab es armen Leuten. [>L 1000]

De quodam proterva vetula et ingrata. (IV) c. VIII.

[L 1000<] Es war damals eine arme, alte und kranke Frau in der Stadt, der Sankt Elisabeth mit Almosen, Arznei, Trost und Pflege geholfen hatte. In der Stadt gab es einen engen Weg, voll mit tiefem *bocht* [Modder, Schlamm], in den man Trittsteine gelegt hatte. In dieser Gasse begegnete [106v] diese Witwe ihrer Wohltäterin, der edlen Frau Elisabeth. Die Witwe vergaß die früheren Wohltaten und wich nicht aus. Das unedle und frevelhafte Weib stieß die edle sanftmütige Elisabeth in den tiefen Schmutz, sodass ihre Kleider voll Flecken und Dreck waren. Sie ertrug es mit großer Geduld und Sanftmut. Als sie aufgehoben wurde, lachte sie und wusch fröhlich ihre Kleider [107r] in einem Bach. [>L 1015] Aber ihre unschuldige Seele wusch sie im Blut des

Christi. Dis kamm alles úber si und si hatt Gottes nit vergéssen noch hatt nit unrechtes gewúrcket. Sunder ie me sich erhúben betrúbtnisse je me si trost hatt von góttlichem in sprechen mit dem si téglich besehen wart von únserem Herren Jesus Christus won si waz in irem gebétt tag und nacht.

Gotteslammes. Dies geschah ihr, aber sie vergaß Gott nicht und tat kein Unrecht. Je mehr Unglück sie erlebte, desto mehr Trost erfuhr sie von Gottes Zuspruch, den sie Tag und Nacht in ihrem Gebet zu Jesus Christus erhielt.

Von dem göttlichen trost den Sanct Elysabeth hatt und wie noch ir gesendet wart von der eptissin von Kytzingen.

[107v] In der zit in den tagen der vasten zů einer stund do die dienerin Gottes noch ir gewonheit waz gegangen zů der méss do wart si entzúndet mit hitz der andacht und knúwet geneigt zů der wande, und wart in iren gedencken erhebt úber sich selber und ein lange zit hielt si die ögen gekert gegen dem altar. Des namm war die edel und andéchtig fröw Ysentrud die do aller heimlichest waz der heiligen fröwen Elysabeth. Die sůchte dor noch [108r] mússliche zit und batt si flisseklich daz si ir offenbarete die gesicht die si gesehen hette do man uff hůb den fronlychamen únsers Herren. Do antwirt die selig Elysabeth: »Die ding die ich do erkante von offenbarung únsers Herren ist nit not zů sagend den lúten. Aber ich wil es dir nit verschwigen. Won wiss das min sel begossen wart mit einer süssen fröide und mit wunderlicher heimlicheit beschöwete ich Gott mit den innren ögen mins gemütes.« Dor noch do si [108v] von der kilchen kamm in ir einvaltiges húsli do nutzete si gar ein wenig spise und nach dem éssen won si gar kranck waz, dorumb beleib si allein mit der vorgenanten Ysentrud und neigte sich in ir schosz récht als si schloffen wölte und kart die ögen zů der wand. Und úber ein wile do wart ir angesicht clor und liecht und mit fröiden wart si süsseklich lachende. Dor noch

Von dem göttlichen Trost, den Sankt Elisabeth erfuhr, und von der Botschaft der Äbtissin von Kitzingen.

De consolacionibus et divinis revelacionibus ei factis. (IV) c. IX.

[L 1016<] [107v] In der Fastenzeit ging die Dienerin Gottes zu früher Stunde wie gewohnt zur Messe. Da versank sie in tiefer Andacht, kniete der Wand zugewandt, wurde über sich selbst erhoben und heftete lange Zeit ihre Augen auf den Altar. Das bemerkte die edle und fromme Frau Ysentrud, ihre liebste Vertraute. Die wartete [108r] eine passende Zeit ab und bat sie [Elisabeth] inständig, ihr zu offenbaren, was sie während do man uff hueb den fronlychamen ünsers herren [der Wandlung] gesehen habe. Die fromme Elisabeth antwortete: »Die Dinge, die ich durch die Offenbarung unseres Herren sah, soll den Leuten nicht gesagt werden. Aber dir will ich es nicht verschweigen. Wisse, dass meine Seele mit süßer Freude erfüllt wurde, und wunderbar heimlich sah ich mit den inneren Augen meines Gemütes Gott.« Als sie danach [108v] aus der kilchen in ihr einfaches hüsli kamen, da nahm sie nur ein wenig Speise zu sich. Nach dem Essen war sie sehr krank, blieb allein mit ihrer Ysentrud, legte sich in deren Schoß, als ob sie schlafen möchte. Sie kehrte ihre Augen zur Wand, nach einer Weile wurde ihr Gesicht klar und hell und sie lachte voll süßer Freude. Da-

über ein gůte stund beschloss si die ögen zů, usz dënen vergoss si trëhen on zal und [110r] aber úber ein klein zit tett si di ögen uff und erschein frölich als vor und lachete gůteklich und also mit zů getonen ögen weinet si und mit uff getonen ögen lachet si. Daz wërete ein gůte wil biss ze complet zit. Doch also dáz si me fröid hatt denn betrübtnisse. Noch diser gesichte wart si mit begirde sprechen dise wort: »Jo Herre du wilt sin mit mir und ich wil sin mit dir und wil nitt scheiden von dir.« Die wort hort Ysentrut won si ir in der [110v] zit in der schosz lag und si sere verwunderet und batt si mit flisse daz si ir die heimlicheit offenbaren wölte. Aber die demütig Elysabeth hette daz gern verborgen. Doch von liebi wëgen wirt si erbëtten daz si ir antwirt und sprach: »Ich sah den himmel offen und min süsser Herre Jesus neigte sich zů mir und troste mich in maniger ley ängsten und nöten die mich umb gëben und wenn ich in denn an sach so wart ich erfröwt und lachet. Aber wenn er sich umb kerte als er von [111r] mir wölte scheiden so weinet ich und do er sich úber mich erbarmet do kert er zů mir sin liechte angesicht und sprach: ›Wilt du sin mit mir? Ich wil sin mit dir.‹ Do antwirt ich: ›Jo Herre du wilt sin mit mir, ich wil gern sin mit dir und wil niemer gescheiden von dir.‹« O wie ein selige starcke gelúpte und ein gantz vertrúwen. O wie ein danckněme einvaltikeit dieser fröwe zů der sich geneigt hett der gewalt des aller höchsten. O hittzige liebe der gesicht sich bewiset [111v] die göttlich gegenwirtikeit. O lutere andacht die getröstet wart mit göttlicher süssikeit. O wie ein heilige betrübtnisse dëren uff geschlossen wart die himmelsch fröide. Den schatz lerte die heilige fröwe flisseklich beschliessen daz nit der winde der ytelkeit zerströwte daz die gnod der heilikeit gesamnet hatt. Meister

nach, während einer guten Stunde, hielt sie die Augen geschlossen und vergoss unzählige Tränen. [110r]. Wenig später öffnete sie die Augen wieder, war fröhlich wie zuvor und lachte glücklich. Mit geschlossenen Augen weinte sie also und mit offenen Augen lachte sie. Das blieb so bis zur Komplet [Abendgebet]. Aber in allem war sie mehr fröhlich als traurig. Nach dieser Vision sprach sie inständig diese Worte: »Ja Herr, willst du mit mir sein, so will ich sein mit dir und will nicht scheiden von dir.« Diese Worte hörte Ysentrud, in deren [110v] Schoß sie während dieser Zeit lag, und sie wunderte sich sehr darüber. Sie bat [Elisabeth] inständig, dass sie ihr das Geheimnis verraten solle. Aber Elisabeth, voll Demut, wollte es verborgen halten. Doch um ihrer *liebi* [zu Ysentrud] willen gab sie nach und antwortete: »Ich sah den Himmel offen und mein süßer Herr Jesus neigte sich zu mir und tröstete mich in meinen vielfältigen Ängsten und Nöten, die mich umgeben. Wenn ich ihn ansah, freute ich mich und lachte. Aber wenn er sich abwandte, als ob er von [111r] mir scheiden wolle, so weinte ich, und da er sich meiner erbarmte, kehrte er sein helles Angesicht zu mir zu mir und sprach: ›Wilt du sin mit mir, Ich wil sin mit dir.‹ Da antwortete ich: ›Jo herre Du wilt sin mit mir, Ich wil gern sin mit dir und wil niemer gescheiden von dir.‹« [>L 1069]. [E<] O welch frommer, starker und ganz treuer Glaube, o welch dankbare Einfalt dieser Frau, zu der sich der Allmächtige geneigt hat, o welch tiefe Liebe, der sich [111v] Gott offenbarte, o lautere Andacht, die mit göttlicher Milde getröstet wurde, o welch fromme Trauer, der die himmlische Freude zu Teil wurde [>E]. [L 1082<] Diesen Schatz verbarg die fromme Frau, dass nicht eitler Wind zerstreue, was die heilige Gnade gesammelt hatte]. [>L 1085] [E<]

Albertus sprichet: »Ich gelöb daz die heilig trivaltikeit wer in irem hertzen won Gott so vil wunderer wurckte mit siner andechtigen dienerin und hittzigen [112r] lieb haberin.« Dor noch do die edel und geistlich fröwe die eptissin von Kytzingen die do waz noh geborn Sanct Elysabet, die erbarmet die gross armůt der heiligen fröwen und schickte noch ir und brochte si erlich zů dem byschoff von Bobenberg der do waz der dienerin Gottes Elysabeth geborner öhi und der enpfieng si gütlich und ersamklich und hielt si früntlich und lieplich. Aber der ersam byschoff gedoht daz Sanct Paulus schribet: Ich wil daz iung wittwen man [112v] nemmen. Dorumb gedocht er wie er si gäbe einem fúrsten zů der ee. Und daz wart ir nit verborgen und do ir noch volgerin und ir jungfröwen die mit ir kúschekeit hattend gelobt wurdent mit ir weinende do von reden. Do antwirt si mit starckem gemüt und mit einem gantzen getrúwen irs hërtzen: »Gott der Herre der do ist ein bekenner der hërtzen und der verborgenen ding der weiss wöl min gelúpte der kúschikeit die do geschëhen ist bi dem lëben mins gemahlen. [113r] Die ich hab geton mit einem lutern und einvaltigem hërtzen und nit mit einem gedichtem gelöben noch mit under scheid sunder si waz willig und schlëcht. Also daz ich noch dem tod mines lieben herren kúschikeit halten wölte durch die ere Gottes mins schöpffers. Und dorumb getrúwe ich wöl der erbarmherzikeit Gottes daz es vermúglich sige daz Gott nit beware min kúschikeit wider aller lút red und getot. Und ob man mich zů der ee geben wolt so wölte ich do wi- [113v] derston mit worten und mit willen und ob ich dem anders nit engon möchte, ich wölte mich heimlich miner eigenen nasen beröben daz mich umb die ungestalt die lút wurden fliehen.« Dor noch

Meister Albertus spricht: »Ich glaube, dass die heilige Dreifaltigkeit in ihrem Herzen war, [112r] weil Gott so viele Wunder mit seiner frommen Dienerin und andächtigen Anbeterin vollbrachte.« [>E]

Incipit Quintus de reductione ossium eius in Thuringiam et sepultura eius solempni.

Qualiter beata Elysabeth adducta sit ad episcopum Babenbergensem. c. I

[L 1080<] Dann erbarmte sich die Äbtissin, ihre Tante, der großen Armut der Sankt Elisabeth, schickte nach ihr und brachte sie ehrbar zu dem Bischof [Ekbert] von Bamberg, der Elisabeths Oheim war. Er empfing sie gnädig und ehrenvoll und behandelte sie freundlich und liebevoll. [>L 1093] Aber der ehrsame Bischof bedachte, dass Sankt Paul schreibt: »Ich will, dass junge Witwen [112v] wieder heiraten.« [L 1096<] Deshalb plante er, sie einem Fürsten zur Ehe zu geben. Das blieb ihr nicht verborgen. Ihr Gesinde und ihre Jungfrauen, die zusammen mit ihr Keuschheit gelobt hatten, weinten wegen dieser Absichten. Da sagte sie mit kräftigem Mut und aus tiefstem Herzen: »Gott, der Herr, der Herzen und Geheimnisse kennt, der weiß wohl, dass ich mein zu Lebzeiten meines Gemahls abgelegtes Gelübde der Keuschheit [113r] mit lauterem und einfältigem Herzen gemacht habe, weder mit falschem Glauben noch Vorbehalt, sondern freiwillig und ehrlich. Es besagt, dass ich nach dem Tod meines lieben Herren keusch leben will zur Ehre Gottes, meines Schöpfers. Ich vertraue auf das Erbarmen Gottes, dass es möglich sei, dass Gott mir meine Keuschheit wider alle Reden und Taten bewahre. Wenn man mich verheiraten will, werde ich widerstehen [113v] mit Worten und Willen, und wenn ich nicht anders könnte, wollte ich mir heimlich die eigene Nase abschneiden, damit die Leute mein Ungestalt fliehen.« Danach befahl der Bi-

der vorgenant byschoff gebot daz man die dienerin Gottes fûrte uff ein burg die heisset Potenstein do solt si beliben mit irem gesinde also lange biss man si wurde einem fúrsten geben won der byschoff hatt einen tag gemacht umb si und umb einen fúrsten. Do zoh die [114r] dienerin Gottes uff die burg Potenstein betrübt und unwillig won si hatt ervaren die meinung des byschoffes mit ir und dorumb vorchte si schaden und floh zû Gott, und siner beschirmung bevalh si ir kúschekeit mit gebätt und mit weinen. Do erhort Gott ir stimme mit siner erbarmherzikeit und wandlet ir weinen und betrübtnisse in ein trost und fröide und fûgte daz ir und irem öhin dem byschoff brief komen, man brëchte iren toten herren. Do gieng der tag ab. [114v] Und sih ze hand kamm der bott des byschoffes und hiess si varen gegen Babenberg.

Wie man brocht daz gebein des edlen fúrsten lantgrof Ludwygs und wie die edlen billgerin und daz gebein des fúrsten enpfangen wurdent zû Bobenberg.

Do tod waz in dem land Apulya der durchlúchtend fúrst lantgrof Ludwig von Túringen do worent edel herren und erber lút die mit im gewandlet hattend. Die umb leiten den [115r] lychamen mit zimlichen und starcken tüchern und begrûbent den ersamklich. Und noch dem als si volbrochtend ir vart do wart der lycham usz gegraben. Do erschein daz gebein wisz als der schne und wart geleit in ein reinen schrin und beschlossen und erlich gedëcket und geleit uff ein bor und wart von dannen gefürt. Und uff die lyche leitend si ein crútze von silber und edlen gestein als

schof, dass man sie auf die Burg Pottenstein führe, dort solle sie mit ihrem Gesinde bleiben, bis man sie einem Fürsten [zur Ehe] gäbe. [>L 1130]

De reductione ossium lantgravii defuncti. (V) c. II

Der Bischof hatte bereits eine Verabredung [*tag*] mit einem Fürsten geschlossen. [L 1131<] Da zog die [114r] Dienerin Gottes auf die Pottenstein, traurig und widerwillig, weil sie die Absicht des Bischofs erfahren hatte. Sie fürchtete, Schaden zu erleiden, floh mit Beten und Weinen zu Gott und seinem Schirm, dass er ihre Keuschheit beschütze. Gott hörte ihre Stimmen, erbarmte sich ihrer und verwandelte ihr Weinen und ihre Sorgen in Trost und Freude. Er fügte es, dass zu ihr und dem Bischof, ihrem Oheim, Briefe kamen, man brächte ihren toten Gemahl. Da ging der *tag* vorbei [114v] und sofort kam der Bote des Bischofs, sie solle nach Bamberg reisen. [>L 1138]

Wie man die Gebeine des edlen Fürsten, des Landgrafen Ludwig, brachte und wie die edlen Pilger und das Gebein des Fürsten zu Bamberg empfangen wurden.

[B 62, 18<] Als der durchlauchte Fürst Landgraf Ludwig von Thüringen in Apulien starb, waren viele edle Herren und ehrbare Leute bei ihm, die mit ihm gezogen waren. Die hüllten den [115r] Leichnam mit würdigen und festen Tüchern und begruben ihn mit allen Ehren. Als sie ihre Heerfahrt beendet hatten, gruben sie den Leichnam wieder aus [fehlt: Sie kochten ihn sorgfältig ab und entfernten das Fleisch]. Das Gebein erschien weiß wie der Schnee; sie betteten sie in einen reinen, verschlossenen und ehrbar bedeckten Schrein, legten ihn auf eine Bahre und führten ihn hinweg. Auf die Leiche legten sie ein silbernes, mit Edelsteinen geschmücktes Kreuz, die guten Christen

gůt cristen und getrúwe lieb haber irs Her-
ren. [115v] Und in weler statt oder gegin si
belibent über nacht do satztend si daz gebein
in die kilchen und schůffend daz die gantz
nacht wart gehalten gebētt und vigilgen von
gelerten und andēchtigen personen und des
morgens liessen si mēss halten und gebent
ir opffer und dor noch wandletend si virbass.
Und ze gelicher wise totend si an den ande-
ren stetten öch also. Und wo in einr statt
waz ein tům oder ein convent do gobent si
vir die sele des toten ein purperin oder ein si-
din [116r] tůch do si daz gebein mit gedeckt
hattend. O wie ein erliche begengnisse und
wie getrúwe und gůt lút die söliches amptes
pflēger worent. Do si aber nohetend der statt
Bobenberg do verkunten si dem byschoff die
zůkunft des gebeines. Do hiess der byschoff
kummen die tochter siner schwester die die-
nerin Gottes Elysabeth die verweisete wittwe
daz si solt engegen ziehen und empfohen den
toten lychamen irs herren. Und der wyse by-
schoff ordnet ir ze [116v] eren und ze trost
daz si hatt bi ir wirdig und edel lút in der ge-
genvart des gebeines die si stercken soltend.
Und do gieng der ersam byschoff mit gros-
ser menige pfaffen und geistlicher lút us der
statt gegen der lyche mit gebētt und mit be-
trübtem gesang und enpfiengent si mit aller
erwirdikeit und mit dem ton der gloggen und
wart gesamnet viel volck die do lob gesang
sungen. Und also giengent si zů der kilchen
des bystůms won heilig und nútze ist daz ge-
[116r] bētt vir die toten.

und treuen Verehrer ihres Herren. [B 62, 32>]
[B 63, 1<] [115v] In jeder Stadt oder Gegend, in
der sie übernachteten, brachten sie das Gebein
in eine Kirche, sorgten dafür, dass die ganze
Nacht von Priestern und frommen Menschen
Gebete und Vigilien stattfanden, und morgens
ließen sie eine Messe halten, opferten und zo-
gen fürbass. So hielten sie es auch in ande-
ren Städten. Wenn in einer Stadt ein Bistum
oder ein Kloster war, gaben sie für die Seele
des Toten ein purpurnes oder seidenes [116r]
Tuch, womit sie das Gebein zugedeckt hatten.
O welch ehrenvolles Leichenbegängnis und
welch treue und gute Leute, die diese Pflicht
wahrnahmen. [B 63, 11>]

Qualiter in Bamberch suscepti sunt. (V)
c. III.

[B 63, 15<] Als sie sich der Stadt Bamberg nä-
herten, kündigten sie dem Bischof die An-
kunft des Gebeins an. Er hieß die Tochter sei-
ner Schwester, die Dienerin Gottes und ein-
same Witwe Elisabeth, sie solle kommen und
den toten Leichnam ihres Herren empfangen.
Der kluge Bischof ordnete an, dass sie, um sie
zu [116v] ehren und zu trösten, würdige und
edle Leute begleiteten und sie in Gegenwart
der Gebeine stärken sollten. So ging der ehr-
same Bischof mit vielen Pfaffen und Geistli-
chen aus der Stadt, und mit Gebet und Gesang
zogen sie der Leiche entgegen. Sie empfingen
sie unter dem Geläut der Glocken, und viele
hatten sich eingefunden, die das Lob Gottes
sangen. Sie gingen in den Dom des Bistums,
in dem das [116r] Gebet für die Toten heilig
und heilsam ist. [B 63, 33>]

Wie sich die betrübte Elysabeth hielt in der gegenwirtikeit des toten lantgrofen und wie si mit den edlen byllgerin wider kert von Bobenberg gegen Túringen.

Do nun gesetzet wart die lyche in gegenwirtikeit der ersammen wittwen Elysabeth do wart geoffnet der schrin und ir wart gezeiget daz gebein. Aber wie grosser schmertz do in irem hértzen wer daz erkant allein der der do ist ein [117v] bekenner aller hértzen won ernúweret wart ir betrúbt und ir erschrockent ire gebein do si sah zerströwet und gesunderet die bein des lychamen den si hatt lieb gehebt. Und in so grossem leide wart si Gottes gedencken und enpfieng ein kraft und sprach: »Ich danck dir Herre Jesus Christe daz du diner dienerin erfúllet hest die grosse begirde die ich hatt zů sehen die gebein mins brůders und hest min gepingete sel erbarmhertzeklich getröstet. Mir [118r] ist nit leid daz er sich selber geoffferet hett ze hilff dinem heiligen lande. Aber nun wil ich in und mich bevelhen dinem göttlichen willen. Öch wölte ich in nit ob es múglich wer mit einem wort heischen zů dem lében wider dinen willen.« Und noch der red hort si uff weinen und gieng usz der kilchen sitzen an einem statt ze rǔwen. Und batt ze ir ze kummen die edlen billgerin von Túringen die do broht hattend daz gebein des fúrsten. Und do si zů ir koment do en- [118v] pfieng si si ersamklich und demüteklich und rett mit inen frúntlich und under anderer red klagte si inen ir leid und unrecht daz ir geschehen waz. Dor noch rette der byschoff mit den selben edlen herren das si wider erkriegen soltend die morgen gob der wittwen und daz man ir pfle-

Wie sich die betrübte Elisabeth in der Gegenwart des toten Landgrafen verhielt und wie sie mit den edlen Pilgern von Bamberg nach Thüringen zurückkehrte.

Qualiter in aspectu ossium viri se habuit. (V) c. IV.

[B 64, 4<] Als die Bahre in Gegenwart der ehrsamen Witwe Elisabeth niedergesetzt war, wurde der Schrein geöffnet und sie sah das Gebein. Wie groß der Schmerz ihres Herzen war, als ihre Trauer erneuert und sie bis ins Mark erschreckt wurde, als sie die zerstreuten und getrennten Gebeine des Körpers sah, den sie geliebt hatte, das weiß nur der allein, [117v] der alle Herzen kennt. In diesem großen Leid dachte sie an Gott, der ihr Kraft verlieh, und sagte [L 1143 lacrimans dixit<]: »Ich danke dir, Herr Jesus Christus, dass du deiner Dienerin den heißen Wunsch erfüllt hast, die Gebeine meines Bruders zu sehen, und du hast meine gepeinigte Seele barmherzig getröstet. Es ist mir [118r] nicht leid, dass er sich selbst für die Hilfe deines Heiligen Landes geopfert hat. Ich empfehle mich und ihn deinem göttlichen Willen. Auch wollte ich nicht, selbst wenn es möglich wäre, ihn wider deinen Willen ins Leben zurückrufen.« [>L 1161] Nach diesen Worten hörte sie auf zu weinen, ging aus der Kirche und setzte sich ruhig nieder. Sie bat die edlen Thüringer Pilger, welche die Gebeine des Fürsten gebracht hatten, zu ihr zu kommen [B S. 64>34] [B S. 65< 2] und begrüßte [119v] sie in allen Ehren und voll Demut. Sie redete freundlich mit ihnen und klagte ihnen ihr Leid und das Unrecht, das ihr angetan worden war. [B 65, 7>]

Qualiter de Bamberch egressi in Thuringiam venerunt. (V) c. V.

[B 65, 12<] [L 1166<] Danach redete der Bischof mit denselben edlen Herren, sie sollten die Morgengabe der Witwe erstreiten. Sie solle

gen solt zimlich und wirdeklich daz schůff der byschoff getrúwlich. Und die herren geloptend dem byschoff daz si sy wöltend halten als ir rechte fröwen und ir ze hëlffen zů allen [119r] iren rëchten won anders wollte der byschoff die heilig fröwen nit lossen von dannen füren. Und do si den sëgen von dem byschoff enpfiengent do zugent si in dem nammen úsers Herren Jesus Christus etlich in ir land, etlich zugend gegen Túringen mit der seligen Elysabethen und dem gebein des toten fúrsten. Und do si trureklich komment daz wart geseit in Túringen und do wart bewegt das gantz land und geschach grosse klag und weinen aller lút. Und zugend [119v] inen engegen grofen und ritter und usz stetten und dörffern man und fröwen gar ein grosse menge. Und do si nun koment zů eim closter daz ist genant Reinhardis brunn do gieng inen engegen ein grosse samnung pfaffen und geistlicher lút und enpfiengend die lych mit grosser andacht und wirdikeit, mit gebëtt und mit gesange.

Wie der lantgrof begraben wart zů Reinhardys brunn und wie die fúrsten giengen zů dem lantgrofen Heinrich mit Sanct Elysabet.

[120r] *Dor noch do vollbrocht wurdent vigilg gebëtt und allmůsen mëss und opffer und alle ding die do gehörent zů gezierd einr lych und zů selikeit der sel gentzklich und andëcteklich do nomend si daz edel gebein und bestattetend das ersamklich in dem grab siner vorderen. Do waz gegenwirtig fröwe Sophya sin můter und fröw Elysabeth sin gemahel und Heinrich und Cůnrat des fúr[120v]sten brüder die in alle weinetend und klagtend mit betrübtnisse. Diser fúrst ist gestorben in dem ior noch Gottes gebúrt m cc und xxvij ior in dem monat septembeŕ in*

geziemend und würdig behandelt werden, das verlangte der Bischof voll Vertrauen. Die Herren gelobten dem Bischof, sie als ihre Herrin zu ehren und ihr zu allen [119r] Rechten zu helfen, sonst hätte der Bischof die fromme Frau nicht mit ihnen ziehen lassen. [>L 1172] Sie empfingen den Segen des Bischofs und zogen im Namen unseres Herrn Jesus Christus in ihre Länder oder zusammen mit der frommen Elisabeth und den Gebeinen des toten Fürsten nach Thüringen [B 65, 23>]. [B 65, 29<] Als die traurige Ankunft in Thüringen bekannt wurde, waren alle tief bewegt, klagten und weinten. Die Leute zogen [119v] ihnen entgegen, Grafen, Ritter aus Städten und Dörfern, Männer und Frauen in großer Zahl. [L 1162<] Als sie dann zum Kloster Reinhards­brunn kamen, ging ihnen eine große Zahl Pfaffen und Geistliche entgegen. [B 65, 33>] [>L 1166] [B 66, 5<5] Sie empfingen die Lei­che mit Andacht und Würde, mit Gebet und Gesang. [B 66, 6>]

Wie der Landgraf begraben wurde und wie die Fürsten mit Sankt Elisabeth zu Landgraf Heinrich gingen.

De solempni receptione reliquiarum et sepultura earum. (V) c. VI.

[120r] [B 66, 13<] Als die Vigilien und Almosen, die Messe und das Opfer und alle Dinge, die zu einer geziemenden Leich und zur Seligkeit der Seele gehören, zur Gänze und in Andacht vollzogen waren, da nahmen sie das edle Gebein und bestatteten es ehrenvoll im Grab seiner Vorfahren. Anwesend waren seine Mutter, Frau Sophia, seine Gemahlin Frau Elisabeth und des Fürsten Brüder, Heinrich und Konrad, [120v] die ihn alle voll Trauer beweinten und beklagten. Dieser Fürst starb im September des Jahres 1227 in der Stadt Otranto

dem land Sicylia in einer statt genant Or-
trant. Dor noch in dem anderen ior ist er
begraben in einem closter Sanct Benedictus
ordens genant Reinhardis brunn. Do rûwet
er in dem frieden des Herren. Und noch dem
daz geschëhen waz die begegnisse der lych
und aller mennlich zů [121r] husz kamm, do
worent do die erberen herren und ritter die
mit dem lantgrofen gewandlet hatten und
sin gebein brocht hatten die besorgetend die
fröwen Sanct Elysabeth und wurdent geden-
cken der gelûbde die si dem byschoff von Bo-
benberg geton hattend. Und giengen zů dem
lantgrofen Heinrich des toten fúrsten brůder.
Und dis sint ir nammen Růdolf von Varilla,
Ludolf von Bylestein, Hartung von Erpha,
Walther von Varilla die alle worent [121v]
eren wirdig und geziert mit wiszheit.

Wie der brůder des toten fúrsten weinet do er ge-
stroffet wart und wie die heilig Elysabeth beleib
bi irem schwoger ettliche zit.

Under denen der erste Růdolf von Varilla
gieng zů dem iungen fúrsten mit den ande-
ren und rette also zů im: »Wir habent gehört
und sint do von betrübt und haben úns des
geschemmet daz söliche ungerëchtikeit und
untrúwe in dir [122r] funden ist. O min herre
waz hestu geton dines brůders fröwen eins
edlen kúnges tochter die du trösten und eren
soltest die hest du on sach us herberg und gü-
tern unerlich getriben als ob si bös were und
hest si gelon bëttlen. Und die weysen dins
brůders kind die du beschirmen soltes hestu
von ir můeter gescheiden. Wo waz do brů-
derliche liebi? Waz möcht ein krancke fröw
ein verlossene betrübte und ellende wittwe

in Sizilien. Im folgenden Jahr wurde er im Be-
nediktiner Kloster Reinhardsbrunn begraben.
Dort ruht er im Frieden des Herrn [B 66, 33>].

[Fehlt: De miraculis circa sepulcrum lant-
gravii factis. (V) c. VI A].

**Qualiter Henricum fratrem defuncti cum
beata Elysabeth adierunt. (V) c. VII.**

[B 67, 7<] Als das Leichenbegängnis vorüber
war und alle nach [121r] Hause kamen, sorgten
sich die ehrbaren Herren und Ritter, die mit
dem Landgrafen ausgezogen waren und sein
Gebein zurück gebracht hatten, um die Frau
Elisabeth. Sie bedachten, was sie dem Bischof
von Bamberg versprochen hatten, und gingen
zu dem Landgrafen Heinrich, dem Bruder des
toten Fürsten. Es waren Rudolf von Varilla,
Ludolf von Bilstein, Hartung von Erffa und
Walter von Varilla, sie alle waren [121v] ehr-
würdig und weise. [B 67, 14>]

Wie der Bruder des toten Fürsten weinte, als er geschimpft wurde, und wie die heilige Elisabeth einige Zeit bei ihrem Schwager blieb.

**Qualiter reprehensus frater defuncti fuerit.
(V) c. VIII.**

[B 67, 17<] Der Anführer der Edelleute, Ru-
dolf von Varilla, ging mit den anderen zu dem
jungen Fürsten und redete so mit ihm: »Wir
haben gehört und sind darüber betrübt, ja wir
schämen uns dessen, dass solche Ungerechtig-
keit und Untreue dir [122r] zugerechnet wird.
O mein Herr, was hast du getan, du hast dei-
nes Bruders Frau, eine edle Königstochter, die
du trösten und ehren solltest, die hast du aus
ihrem Besitz und aus ihrem Haus und Hof
vertrieben, als ob sie schlecht wäre, und du
hast sie betteln gehen lassen. Die Waisen dei-
nes Bruders, die du beschützen solltest, hast
du von ihrer Mutter getrennt. Wo war da die
brüderliche *liebi*? [B 67, 34>] [B 68, 1<] Wie
hätte eine kranke Frau, eine verlassene, trau-

die heilig fröwe dir schaden ge- [122v] tůn. Leider du hest Gott erzürnt, din person hestu geuneret und Türinger land hestu geschändet, din lümet hestu geminret und ich vörcht Gott werd dich und din land plogen. Es sy denn daz du genůg tůgest der heiligen fröwen.« Und es wunderet alle die do gegenwirtig worent daz der stët und streng man eim fürsten so getürsteklich zů rette und es waz billich won ein erkante tugend sol stroffen die unwisen. Der iung fürst wunderet sich do er dise red hort und wart [123r] sere ze weinen und sprach: »Mir ist leid daz es geschehen ist und dorumb daz ich gnod vinde in iren ögen so wil ich tůn alles daz do begert min schwester Elysabeth und daz wil ich noch irem willen erfüllen noch aller miner macht.« Do antwirt der vorgenant herre: »Des ist zů mol not diner gerëchtikeit wiltu engon dem zorn Gottes und wilt vergelten den schaden den du geton hest.« Und do der heiligen Elysabeth dise red geseit wart antwirt si: »Bürge stett und land mit [123v] den man kümernisse haben müss wil ich nitt sunder daz mir von recht gevellet von morgen gob daz bitt ich von gnod mins brůders und daz ich das bruchen und usz geben möge zů miner notdurft und ze trost der sele mins lieben gemahlen.« Do di gůt fröwe daz rett do sůchte si die ding die ob ir worent und nit die uff der erden. Und ir gedenck wurdent erhebt ze verschmohen zergenglichen ding und ze begeren ewiger. Zů almůsen der armen und erbarmherzikeit [124r] der notdurftigen. Und die selig Elysabeth beleib etliche zit bi irem schwoger. Und wie lang si bi im wonet do bewiste er sich ir zůchteklich

erende und elende Witwe, eine fromme Frau dir schaden können? [122v] Leider hast du Gott erzürnt, deine Person hast du entehrt, Thüringen hast du Schande gemacht, deinem Leumund hast du geschadet, und ich fürchte, Gott wird dich und dein Land mit Plagen überziehen. Es sei denn, du leistest der frommen Frau Genugtuung.« Alle Anwesenden wunderten sich, dass der treue und strenge Mann einem Fürsten so drohend zuredete. Aber es ist recht und billig, dass ein in Tugend Bewährter die Törichten tadeln soll. Der junge Fürst wunderte sich über diese Rede, weinte [123r] und sagte: »Es tut mir leid, was geschehen ist. Um Gnade in ihren Augen zu finden, bin ich bereit, alles zu erfüllen, was meine Schwester Elisabeth wünscht und will, alles, was in meiner Macht steht.« Da antwortet Rudolf: »Um der Gerechtigkeit willen und um dem Zorn Gottes zu entgehen, musst du den entstandenen Schaden wieder gut machen.«

Quomodo cum sororio Elysabeth mansit et recessit. (V) c. IX.

Als der frommen Elisabeth dies berichtet wurde, sagte sie: »Burgen, Städte und Ländereien, [123v] mit denen man Ärger hat, will ich nicht, sondern das, was mir von meiner Morgengabe rechtens zufällt. Dazu erbitte ich die Erlaubnis von meinem Bruder, dass ich es brauchen und ausgeben möge für meinem Lebensunterhalt und zum Trost der Seele meines Gemahls.« Mit diesen Worten [B 68, 34>] [B 69, 1<] strebte die gute Frau nach himmlischem und nicht nach irdischem Besitz. Sie gedachte, vergängliche Dinge zu verschmähen und ewige Dinge zu verlangen, sie wollte den Armen Almosen geben und den Notdürftigen ihr Erbarmen [124r] schenken. [B 69, 3>] [B 69, 7<] Die fromme Elisabeth blieb einige Zeit bei ihrem Schwager. So lange sie bei ihm wohnte, behandelte er sie nach höfischer Sitte,

und liess ir gütlich pflëgen und ersamklich. Aber die gnod Gottes machte si erkennen das daz wöl lëben hohfart und richtům des fürsten ettwenn kummet von abziehung und beschwërung armer lút. Dorumb erwalt si lieber gepinget ze werden mit dem volck Gottes und daz si zů den gemeinen lúten gezelt wurde denn daz si [124v] belibe in den kúnglichen lústen. Dor noch geschah es daz sy grosse armůt leid als si öch vor gelitten hatt.

Von dem verschmëhen daz di heilig fröw Elysabeth gelitten hett von den edlen von Túringen und wie si sich kert von allen irdenschen dingen. Und do die edlen und wöl gebornen diser welt sohent daz die heilig fröw Elysabeth die wëlt und ir ere verschmohet und nút achtet do vernich- [125r] *tetend si die dienerin Gottes also sere daz si ir nit an sëhen noch zů reden wolten und vertruckend si und rettend úbel von ir und heissen si torecht und unwise umb daz daz si verschmohet richtům und ere der wëlt. Die bösen wort und schmocheit leid si durch Gott mit frölichem můt und also gütlich daz si von ir retten si hette vergessen des todes irs herren und si fröwte sich wenn si sich betrüben sölte. Und die armen wistend nit daz si hatt fröide die den súndern nit ge-* [125v] *gëben wirt. Si fröwte sich nit daz si hette vergëssen des todes irs gemahlen sunder si gedocht Christus irs Herren der do ist ein brútgom und ein gemahl in dem ewigen lëben. Sy hatt fröide in betrübtnisse won si wiste daz es nieman gegeben wirt denn die Gott lieb habent daz si kúnnent in betrübtnisse fröid haben. Si fröwte sich öch und danckete Gott dorumb daz si wirdig waz ze*

Güte und Ehre. Aber die Gnade Gottes ließ sie erkennen, dass Wohlleben, Hochmut und Reichtum des Fürsten letztendlich den armen Leuten abgenommen und abgepresst wurden. Deshalb wollte sie lieber Pein erleiden mit dem Volk Gottes. Sie wollte zu den gemeinen Leuten gezählt werden und nicht bei ihrem Schwager [124v] in königlicher Wollust leben. So geschah es, dass sie große Armut litt, wie sie sie auch zuvor schon gelitten hatte. [B 69, 16>]

Von den Schmähungen, welche die heilige Frau Elisabeth von den Edelleuten in Thüringen erlitt, und wie sie sich abkehrte von allen irdischen Dingen.

De contemptu, quem a nobilibus Thuringie sustinuit. (V) c. X.

[L 1216<] Als die Edlen und Adligen dieser Welt sahen, wie die heilige Frau Elisabeth die Welt und ihre Ehre verschmähte und missachtete, [125r] da verfolgten sie die Dienerin Gottes, wollten sie nicht sehen, nicht mit ihr reden, unterdrückten sie, redeten schlecht von ihr und nannten sie töricht und dumm, weil sie Reichtum und Ehre dieser Welt verachtete. Die bösen Worte und die Schmach ertrug sie, unterstützt durch Gott, mit fröhlichem Herzen und guter Laune, so dass sie ihr nachsagten, sie habe den Tod ihres Gemahls vergessen [>L 1232] und sie freue sich, wo sie doch betrübt sein solle. Die Armen wussten nicht, dass sie die Freude erfuhr, die Sündern nicht [125v] gegeben wird. Aber sie war nicht etwa froh, weil sie den Tod ihres Gemahls vergessen hätte, sondern weil sie an Christus, ihren Herren, dachte, der Bräutigam und Gemahl im ewigen Leben ist. Sie freute sich in der Trauer, weil sie wusste, dass denen, die Gott liebt, gegeben ist, sich in der Trauer zu freuen. Sie freute sich auch und dankte Gott, dass sie

liden böse red umb daz si kúschekeit gelopt hatt. Die red leid si von den [126r] lieb habern der wĕlt won wölte si der welt gelĕbt han si hette funden die wirdigesten diser wĕlt und herschaft und richtŭm und ere. Aber si achtet me der armŭt Christi denn des richtŭms von Egypten land. Und vir weltliche fröide erwalte si daz crútz Christi. Doch wart si geeret von gŭten und von wisen lúten den si ein gŭt bild waz won der heilig vatter und bobst Gregorius der núnde troste si mit sinen briefen und seit ir vor daz lĕben der heiligen und gelopt ir daz ewig [126v] lĕben und vermanet si ze behalten kúschikeit und under wiste si vĕtterlich und gütlich ze behaltend stĕtikeit und gedult. Ir person und ir gŭt hielt der bobst sunderlich under siner bĕbstlichen beschirmung. Und öch meister Cŭnrat der do waz ein andĕchtiger priester und gerĕcht vor Gott und vor den lúten dem bevalhe er si in sinen briefen und satzd in ir zŭ einem beschirmer. Aber die dienerin Gottes Elysabeth kerte sich von allen irdenschen dingen und begert allein [127r] Gott ze gevallen, dorumb namm si rot zŭ dem vorgenanten meister der úber si gewalt hatt von dem bobst wie si anvohen sölte ir lĕben und achtet in irem gemüt einsydel und closner lĕben und der anderen ordentlichen leben lon und verdienen. Aber under den allen erwalt si irem hĕrtzen daz si gern wölte ein rechte armŭt liden und wölte offenlich von hus ze hus noch brot gon. Und do si von meister Cŭnrat dor zŭ urlob hatt mit weinen und grosser demütikeit, [127v] do stroffete si der wise man gar herteklich won er bekant iren adel und kranckheit. Und do die diene-

würdig war, böse Nachrede zu erleiden, weil sie Keuschheit gelobt hatte. Diese Rede erlitt sie von den [126r] Genießern der Welt, die sie wieder verheiraten wollten; sie hätte Fürstentümer, Reichtum und Ehre erlangt. Aber sie schätzte die Armut in Christus höher als alle Reichtümer Ägyptens. Statt weltlicher Freude wählte sie das Kreuz Christi. Sie wurde jedoch von guten und weisen Leuten geehrt, denen sie ein gutes Vorbild war. [L 1233<] Der heilige Vater und Papst Gregor IX. tröstete sie mit seinen Briefen, stellte ihr das Leben der Heiligen vor Augen, versprach ihr das ewige [126v] Leben und ermahnte sie, ihre Keuschheit zu bewahren. Er wies sie väterlich und freundlich an, Stetigkeit und Geduld zu bewahren. Ihre Person und ihr Gut stellte der Papst insbesondere unter seinen päpstlichen Schirm.[12] Dem Meister Konrad, der, wie bekannt, ein frommer Priester war, gerecht vor Gott und den Menschen, dem empfahl er sie in seinen Briefen und den setzte er zu ihrem Vormund ein. [>L 1241]

Incipit Sextus de transitu beate Elyzabeth a Thuringia in Marburch.

Qualiter desideravit et preelegit omnimodam et publicam mendicatem. c. I.

[S. V.<] Elisabeth aber kehrte sich von allen weltlichen Dingen ab und wünschte, nur [127r] noch Gott zu dienen. Sie beriet sich mit dem Meister, ihrem vom Papst eingesetzten Vormund, wie sie ihr Leben einrichten solle. Sie schätzte am Höchsten ein Leben als Einsiedlerin oder Klausnerin, oder ein anderes ordentliches Leben, wofür sie Lohn und Arbeit suchen sollte. Am liebsten wollte sie ihrem Herzen folgen und öffentlich von Haus zu Haus betteln gehen. Als sie vom Meister Konrad mit Weinen und in Demut die Erlaubnis erbat, [127v] tadelte sie der weise Mann hart, weil er ihren Adel und ihre Kränklichkeit kannte.

rin Gottes sah daz der priester nit wolt lossen dar gon iren willen und ir nit erlöben wolt daz si volbrёchte die rёte des ewangelij do sprach si zů im: »Vatter ich wil daz anvohen oder tůn daz du nit wider reden macht.« Und do die tag komen daz man begoth die marter únsers Herren Jesu Christi vor ostren do waz die dienerin Christi in einem stёttli do wonetend Sanct Fran- [128r] ciscus brüder in einem closter daz die heilige fröw Elysabeth gestifftet hatt. Und an dem fritag des lidens únsers Herren Jesu Christi do man ze einer gedёchtnisse únsers erlösers und behalters Jesu Christi hatt entblötzet und entdecket die ёlter als únser Herre entblötzet wart. Und do was gegenwirtig meister Cůnrat und etlich ander brüder in einer capellen. Do gieng die dienerin Gottes Elysabeth und leit ir hende uf den blossen altar und wider seit irem eigenen willen iren [128v] vorderen kinden magen und fründen und aller hochfart und gezierd diser welt und leit ir kleid von ir zů einem zeichen daz si dem nackenden Christo in liebi und armůt noch folgen wölt und do si alles ir gůt öch lossen wolt do wider stůnde ir der wisz man meister Cůnrat und wolt daz si behübe ir morgen gob oder ir lib gedinge. Des solt si bruchen und armen lúten do von almůsen gёben.

Als die Dienerin Gottes sah, dass er nicht ihren Willen erfüllen wollte und ihr nicht erlauben wollte, dem Rat des Evangeliums zu folgen [Der reiche Jüngling], da sagte sie zu ihm: »Vater ich werde das anfangen und das tun, dem du nicht widersprichst.« Am Karfreitag, der Tag der Marter unseres Herren, ging die Dienerin Christi in ein *stettli*, in dem ein von ihr gestiftetes Franziskaner- [128r] Kloster lag. Am Karfreitag, als man die Altäre entblößt hatte zum Gedächtnis an die Blöße und die Leiden unseres Erlösers und Retters, ging Elisabeth, die Dienerin Gottes, in die Klosterkirche. In Anwesenheit des Meisters Konrad und etlicher anderer Brüder ging sie nach vorne und legte die Hände auf den bloßen Altar und entsagte ihrem eigenen Willen, ihren [128v] eigenen Kindern, Verwandten und Freunden, und allem Hochmut dieser Welt. Sie legte ihr Kleid ab als Zeichen, dass sie dem entblößten Christus in *liebi* und Armut folgen wollte. Aber als sie auf all ihr Gut verzichten wollte, da widerstand ihr der weise Mann, Meister Konrad, und wollte, dass sie ihre Morgengabe und ihr Leibgeding behalten solle und davon den armen Leuten Almosen geben. [>S.V.]

Wie Sanct Elysabeth zů Marckburg zoh und wie si erwarb von Gott daz ver- [129r] schmohen aller ding.

Do daz also geschёhen waz do vorchte si die betrübtnisse und die unrůwe diser wёlte. Und nit lange zit dor noch liesse si Túringer lande in dem si mit irem herren erlich gelёpt hett und zoh gegen Marckburg und volgete dem rot meister Cůnrat. Und do si do hin kamm do mocht si do nit beliben von durechtung willen etlicher lút. Dorumb zoh si in

Wie Sankt Elisabeth nach Marburg zog und sie mit Gott erreichte, [129r] alle Dinge zu verschmähen.

De transitu eius in Marpurch. (VI) c. II.
[L 1173<] Nach diesem Geschehen fürchtete sie die Last und Unruhe dieser Welt und verließ kurz darauf Thüringen, in welchem Land sie mit ihrem Gemahl in Ehren gelebt hatte, und zog nach Marburg, wie ihr Meister Konrad geraten hatte. Aber dort mochte sie nicht bleiben, wegen der Rechthaberei einiger Leute.

ein armes dörffelin und dorumb [129v] daz si nieman schwär were do kamm si in einen wüsten hofe und do si kein zimlichere statt vinden mocht do leit si sich under ein stägen einr kammeren und vor der sunnen bedackte sy sich ärmiklich und ass öch ärmliche spise als si do gehaben mocht und danckete Gott. Do leid si frölich die hitz der sunnen des windes stürmen und di pin des röches der iren ögen schwär waz. In der zit wart ir ze Marckburg gebuwen ein einvaltiges hüslin [130r] von holtz und von leym dor in kamm si und wonet do mit ir gesellschaft in grosser demůt und gedult. Und die demütig dienerin Christi Elysabeth dienet dick iren mägte und wůsch häfen und schüsslen und reingete pfannen und ander kuchi geschirre. Und daz si die vorgenanten verworffen erbeit fridlich möchte getůn, dorumb so sante si zů der zit ir dienerinnen us dem huse. Und wenn si her wider komen so sohent si daz si es tett oder geton hatt vil und dicke. [130v] Und öch mit iren jungfröwen bereitet si ettwenn un-schmackhafte und ungesaltzene spise und bruchte dor zů weder kost noch bereitschaft. Und dick nutzete si můsz oder köl gekochet in schlehtem wasser von grosser armůt. Und wenn die ärmlich spise von ir versúmnisse etwenn verbrant schmachte, dorumb leid si frölich der mägte bestroffung und hatt si zů ziten etwaz lustliches zů ässen daz entzoh [131r] si irem mund und gab es armen lúten die in ir herberg mit ir wonetend. Und meister Cůnrat dem der bobst bevolhen hatt si ze leren und ze regieren der waz sorgvältig umb ir heilikeit und riet ir daz verschmohen aller irdenschen ding. Do die dienerin Gottes daz marckte daz sy von eigenen kreften daz nit volbringen mocht do kert si sich zů únserem

Deswegen zog sie in ein armes Dörflein, weil [129v] sie niemandem zur Last fallen wollte. Sie fand ein leeres Gehöft, in dem legte sie sich unter die Stiegen einer Kammer, weil sie keine geziemende Stelle finden konnte. Gegen die Sonne schützte sie sich kärglich und sie aß auch ärmliche Speise, für die sie Gott dankte. Sie erlitt fröhlich die Sommerhitze, die stürmischen Winde und den schmerzenden Rauch in ihren Augen. Dann wurde für sie in Marburg ein einfaches Häuschen [130r] aus Holz und Lehm gebaut. [>L 1193] Dort lebte sie mit ihren Begleiterinnen demütig und duldend. [L 1982<] Die demütige Dienerin Christi, Elisabeth, diente oft ihren Mägden, wusch Töpfe und Schüsseln, reinigte Pfannen und anderes Geschirr. Um diese niederen Arbeiten in Ruhe machen zu können, schickte sie ihre Dienerinnen weg. Wenn diese wieder kamen, sahen sie sehr oft, was sie [Elisabeth] machte oder getan hatte. [>L 1992] [L 1386<] [130v] Mit ihren Jungfrauen kochte sie schlecht schmeckendes und ungesalzenes Essen, sie brauchte dazu weder Geld noch Gerätschaft. Oft hatten sie, wegen ihrer großen Armut, Mus oder Kohl, nur in schlechtem Wasser gekocht. Falls die kärgliche Speise, wegen ihres [Elisabeths] Versäumnisses, auch noch angebrannt schmeckte, ertrug sie fröhlich den Tadel der Mägde. Wenn sie aber etwas Wohlschmeckendes zu essen hatten, sparte sie das [131r] von ihrem Munde ab [>L 1396] und gab es armen Leuten, die mit ihr im Haus wohnten.

Qualiter contemptum omnium a domino impetravit. (VI) c. III.

[L 1250<] Meister Konrad, der dem Papst verpflichtet war sie zu lehren und zu leiten, der sorgte sich um ihre Heiligkeit und riet ihr, alle irdischen Dinge zu verschmähen. Als die Dienerin Gottes merkte, dass sie das nicht aus eigener Kraft vollbringen konnte, wandte sie sich

*Herren Jesu Christo und erwarb mit gebëtt ir
begerung. Won zů einr zit hatt si ir andëch-
tiges gebëtt zů [131v] Gott gesant. Do sprach
si heimlich zů iren lieben jungfröwen: »Der
Herre hett erhort min gebëtt und sehent alle
wëltliche besitzung und richtům die ich vor
lieb gehebt hab sint nun von mir als ein un-
flot geachtet. Und die aller liebsten kindli
mins libes die ich hërtzklich lieb hatt die sëhe
ich nun an als ander cristen als Gott weiss
dem ich si geopfferte und befolhen han. Er
richte si us und volbring mit inen sin [132r]
willen. Und öch in bösen reden der lút die
von mir beschëhen hab ich lust und fröide.
Und kein creatur sunder allein hab ich lieb
den schöpffer aller ding.« O wie ein edle sel
die nit mocht geneigt werden mit begirlicheit
des gůtes, mit süssikeit der kind noch mit bit-
terkeit des scheltens und des spottes. O wie
ein luter gebëtt und andëchtiges daz verdie-
net hett so grosse gnod ze erwerben. O wie
ein sunderliche liebi die so grosse tugend mit
[132v] den wercken volbringen mocht.*

Wie si stifftet den spittal zů Marckburg und wie meister Cůnrat vernamm iren gůten fúrsatz und si dor zů fúrderet.

*Und dorumb wo die liebi erfúlt die gedächt-
nisse do pfliget sy grosse wërcke ze wúrckent.
Hier umb hůb si an ze buwen ein spittal in
dem wolt si samnen die krancken gelider
Christi und wolt do Christo dem Herren die-
nen und sich üben [133r] in der erbeit und
umb daz das sy sich bewiste ein dienerin
Christi. Dorumb enpfieng si von dem meis-
ter Cůnrates ein einvaltiges kleide ein her-
tes und verworffenes daz waz tunckel oder
gröwe an der varwe und unkostlich und mit
ir kleidete sich die jung jungfröw Judit ir ge-
trúwe dienerin und noch volgerin. Dor noch*

an unseren Herrn Jesus Christus und bekam
mit ihrem Gebet ihren Wunsch erfüllt. Sie
hatte einmal ihr frommes Gebet [131v] zu Gott
gesandt und sagte im Vertrauen zu ihren lie-
ben Jungfrauen: »Der Herr erhörte mein Gebet,
und seht, nun bedeutet aller weltliche Besitz
und Reichtum, den ich einmal liebte, für mich
nur noch Unflat. Meine eigenen, allerliebsten
kindli, die ich von Herzen liebte, die sehe ich
nun nicht anders an als andere Christen, wie
Gott weiß, dem ich sie gegeben und anbefoh-
len habe. Er leite sie und lasse an ihnen seinen
[132r] Willen geschehen. Auch an den üblen
Reden über mich habe ich Lust und Freude.
Keine [andere] Kreatur, nur Gott allein habe
ich lieb, den Schöpfer aller Dinge.« [>L 1273]
O welch edle Seele, die sich nicht beugen lässt
von der Gier nach Besitz, von süßen Kindern
oder der Bitterkeit der Schelte und des Spot-
tes. O wie ein lauteres und andächtiges Gebet
es verdient hat, so große Gnade zu erlangen.
O welch besondere *liebi*, die es mit ihren [132v]
Werken zu solcher Tugend brachte.

Wie sie das Spital in Marburg stiftete und wie Meister Konrad ihren guten Vorsatz bemerkte und sie darin bestärkte.

De institucione hospitalis in Marpurch et de abiectione vestium. (VI) c. IV.

Wenn die *liebi* den Menschen erfüllt, kann er
große Werke vollbringen. Deshalb fing sie an
ein Spital zu bauen, in dem sie die kranken
Glieder Christi sammeln wollte. Dort wollte
sie dem Herrn Christus dienen und sich [133r]
mit eigener Arbeit als Dienerin Christi erwei-
sen. [L 414, 1194<] Sie erhielt von dem Meis-
ter Konrad ein einfaches Kleid, das war dun-
kel oder grau gefärbt, es war billig. Mit die-
sem kleidete sich auch ihre getreue Dienerin
und Nachfolgerin, die Jungfrau Judith [Guda].
[>L 416, 1195] Danach betete die Dienerin Got-

die dienerin Gottes Sanct Elysabeth was stё-
tes an irem gebёtt und übte die wёrck der
liebi und der erbarmherzikeit und die men-
schen [133v] die aller ermst und krёnckest
woren die samnete si in ir herberg und die-
net inen selber mit grosser demütikeit. Und
do meister Cůnrat sah daz si zů irem tische
satzd sölich verworffen und ёrmlich lút, do
stroffete er si dorumb und do erzalte si im
ir vorderes lёben und sprach: »Wir müssent
mit widerwertigen dingen die súnde bútzen.«
Und sprach das si von den sunderlich gnod
enpfienge. Öch marckte der andёchtig pries-
ter meister Cůnrat daz die dienerin Gottes
Sanct Elysabeth zů der [135r] höhi der ob-
resten volkommenheit stigen wolt. Dorumb
benamm er ir alles daz si geziehen mocht
von dem fúrsatz und schůff ir waz si dor zů
fúrderen mocht. Dorumb alles ir gesinde
treib er ein zit von ir von denen si vor ge-
tröst wart. Dor noch treib er von ir die erber
fröw Ysentrut die sie gar lieb hatt. Und ze
lest jungfröwe Junite die von kintheit mit ir
waz gewёsen namm er öch von ir. Dorumb
si sere weinet. Und also beröbet der heilig
priester die dienerin Gottes aller menschli
[135v] geselschaft und trostes das offenbar
wurde die stёtikeit ir gehorsammen und daz
si allein Gott dienen möchte.

Von der grossen armůt so die heilig Elysabeth
gelitten hett und wie noch ir gesendet wart von
irem vatter dem kúng von Ungern und nit kum-
men wolt.
Dor noch beleib die arme Elysabeth Gott al-
lein gelassen und leid in demütikeit grosse
armůt und liess sich benügen an dem aller
schnödesten [136r] kleid und spise. Narung

tes, Sankt Elisabeth, stetig und übte die Werke
der *liebi* und Barmherzigkeit. Die [133v] aller-
ärmsten und schwer kranken Menschen nahm
sie in ihr Haus auf und diente ihnen in großer
Demut. Als Meister Konrad sah, dass sie solch
verkommene und arme Leute an ihren Tisch
setzte, schalt er sie deswegen. Da erzählte sie
ihm von ihrem vorigen Leben und sprach:
»Wir müssen mit widerwärtigen Dingen für
unsere Sünden büßen« und sagte, dass sie da-
von besondere Gnade empfinge.

[fehlt: Qualiter suspicionem falsam a se
amovit. (VI) c. IV A.]

De amocione familie dilecte. (VI) c. V.
Der fromme Priester, Meister Konrad, merkte,
dass die Dienerin Gottes, Sankt Elisabeth, zu
[135r] höchster Vollkommenheit aufsteigen
wollte; da nahm er ihr alles, was sie an diesem
Vorsatz hindern möge, und legte ihr nahe, was
sie darin fördern möge. [L 1274<] Deswegen
vertrieb er ihr Gesinde, das sie immer getrös-
tet hatte. Er vertrieb auch die ehrbare Jungfrau
Ysentrud, die sie sehr liebte. Zuletzt nahm er
ihr auch die Jungfrau Junite [Guda], die von
Kindheit an mit ihr gewesen war. Darüber
weinte sie sehr. So beraubte der heilige Pries-
ter sie aller menschlichen [135v] Gesellschaft
und allen Trostes, so dass sie ihren andauern-
den Gehorsam und ihren Willen, allein Gott
zu dienen, zeigen konnte. [>L 1292]

Von der großen Armut, an der die heilige Eli-
sabeth litt, und wie Gesandte von ihrem Vater,
dem König von Ungarn, kamen, sie aber ihnen
nicht folgte.

De paupertate magna, quam sustinuit. (VI)
c. VI. [gekürzt, das fehlende
> [118–119] oben]
Danach lebte Elisabeth gottverlassen und litt
in Demut große Armut. Sie begnügte sich mit
ärmlichster [136r] Kleidung und Speise.

gewan si mit den wércken ir hende als ein erbeiterin. Flachs kund si nit spinnen aber wollen broht man ir von der jungfröwen closter Altenburg die span si und namm do von minre denn si solt und generte sich des. Öch waz ir kleid schnöde und scharpff der mantel waz gröwer varwe und kurtz und waz erlénget mit tůch einer anderen varwe. Die zerissenen ermel irs rockes hatt si gebesseret mit tůch öch einr [136v] anderen varwe. Dor zů namm si verworffen und bös tůch wo si daz vand. Und wenn in ir kuchi der hérd zerbrochen waz den maht si selber wider wie si mochte. Und ir zerissen kleid besseret si öch selber wie wöl si wenig nëyen gelert hatt. Es geschach zů einer zit daz der méchtig kúng von Ungern der armen Elysabethen vatter sante einen ersamen botten den grofen Panian mit vil volckes daz er zů sinem land bringen solt sin tochter Elysabeth. Won [137r] der ersam und rich kúng gehört hatt daz sin tochter in grosser armůt lëbte und beröbet wer alles trostes. Do der vorgenant grofe zů Marckburg kamm mit sinen dienern do vand er sins herren des kúnges tochter sitzen und an einer kunckelen wollen spinnen. Und von wunder macht er vir sich ein zeichen des crútzes und sprach mit luter stimme: »Nie me hab ich gesehen eines kúnges tochter wollen spinnen.« Und do versůchte der edel herre wie er möchte iren můt ge- [137v] biegen daz sie zů dem vatter ziehen wölte in daz kúngrich von dannen si búrtig waz. Aber Sanct Elysabeth achtet der armůt Christi vir den kúnglichen sale irs vatters und erwalt daz ellend únsers Herren

De tenuitate victus et vestium vilitate. (VI) c. VII.

[L 1782<] Ihren Unterhalt gewann sie durch ihrer Hände Arbeit. Da sie keinen Flachs spinnen konnte, brachte man ihr von dem Frauenkloster in Altenburg [in dem ihre Tochter Gertrud lebte] Wolle zum Spinnen. Sie nahm dafür weniger, als sie sollte, und lebte davon. [>L 1787] [L 1833<] Ihr Kleid war ärmlich, ihr Mantel hart. Der war grau und kurz und verlängert mit Stoffen anderer Farbe. Die zerrissenen Ärmel ihres Kleides hatte sie noch mit hässlichen, schlechten Tüchern [136v] einer anderen Farbe ausgebessert, und sie nahm die, die sie irgendwo fand. Wenn in ihrer *kuchi* der Herd zerbrochen war, machte sie ihn selbst wieder heil, so gut sie konnte. Ihre zerrissenen Kleider besserte sie selbst aus, obwohl sie wenig *näyen* [nähen] gelernt hatte. [>L 1838]

Quod revocata ad regem, patrem suum, redire rennuit. (VI) c. VIII.

[L 1813<] Zu der Zeit sandte der mächtige König von Ungarn, der Vater der armen Elisabeth, einen ehrbaren Boten, den Grafen Pania, mit großem Gefolge [nach Marburg], dass er seine Tochter wieder in sein Land bringen sollte. [137r] Der ehrsame und reiche König hatte gehört, dass seine Tochter in großer Armut lebte und aller Zuversicht beraubt war. Als der Graf mit seinen Dienern nach Marburg kam, fand er seines Herren Tochter mit einer *Kunkel* [Spinnrocken] Wolle spinnen. Verwundert schlug er das Kreuz und sagte mit lauter Stimme: »Noch nie sah ich eine Königstochter Wolle spinnen.« Der edle Herr versuchte mit aller Kraft, ihren Willen [137v] zu beugen, sodass sie wieder in ihr Heimatland in das Königreich ihres Vaters ziehen möge. Aber Sankt Elisabeth schätzte die Armut Christi höher als den königlichen Saal ihres Vaters, und sie wählte das Elend unseres

vir den sal ir geburt. Und si mocht des nitt
über wunden werden daz si mit irs vatters
botten hein keren wölte. Und do zugend si
wider in ir lande. Aber die selig arbeiterin
Sanct Elysabeth satzte sich zů ir kunckelen
und namm ir spinnlen und sůchte [138r] na-
rung mit iren henden. Und mit sölichen flisz
tett si daz werck daz si dick siech waz und
doch zů bett liegende wollen span. Und so
ir die jungfröwen die kunckelen nomend so
zockete si die wollen daz si nit müssig belibe.

Von der demütigen mittwonung die fröw Elysa-
beth hatt mit iren mégten und von den stéten und
unverdrossenen wercken der miltikeit die si ge-
übt hett.

Aber wie süsseklich und demüteklich si sich
gehalten hab [138v] gegen irem gesinde daz
kan nieman völleklich usz gespréchen won
von der kintheit biss zů dem ende irs lébens
hett sy mit einvaltigen demütigen und ar-
men lúten gern geselschaft und gekösz ge-
hebt. Und ze lest do si daz kleid gewandlet do
wolt si nit liden von iren mégten die do arm
und unedel worent daz si sy fröw hiessent
sunder si wolt sich bi irem nammen lossen
nemmen als gewonheit ist under gemeinen
lúten. Mit den jungfröwen pflag si [139r] ze
reden und mit inen ze éssen und si můstend
an ir siten ob dem tische sitzen und mit ir
usz der schüsslen éssen. Und die ein jung-
fröw die genant waz Irmegart die wunderet
so grosser demütikeit von des edlen kúnges
tochter fröwe Elysabeth und sprach zů einer
zit zů ir: »Du merest din lon mit úns und
merckest wenig uff únseren schaden daz wir
úns lihte des über haben mögent daz wir mit
dir éssen und bi diner siten sitzen.« Do ant-
wirt die demütig Elysabeth [139v] Gottes
dienerin und sprach: »Sih du můst in min
schosz sitzen,« und zwang si dor zů daz si

Herrn statt ihr Geburtshaus. Sie konnte nicht
überzeugt werden, mit den Boten ihres Vaters
heim zu kehren. Da zogen sie wieder in ihr
Land. [>L 1832] Die fromme Arbeiterin, Sankt
Elisabeth, setzte sich an ihre *Kunkel*, nahm die
Spindel und suchte [138r] Nahrung mit ihren
Händen. [L 1796<] Sie arbeitete so fleißig, dass
sie oft krank war, aber noch im Bett liegend
spann sie Wolle. Da nahmen ihre Jungfrauen
ihr die Kunkel weg, dann zupfte sie die Wolle,
damit sie nicht müßig sei. [>L 1802]

Von der Demut der Frau Elisabeth im Umgang
mit ihren Mägden und von der steten und un-
verdrossenen Mildtätigkeit, die sie ausübte.
De humili et dulci conversatione eius cum
ancillis. (VI) c. IX.
Aber wie freundlich und demütig sie sich
gegen [138v] ihre Gesinde verhalten hat, ist
schwer zu beschreiben. Von ihrer Kindheit an
bis zu ihrem Lebensende war sie gern mit ein-
fältigen, demütigen und armen Leuten zusam-
men und sprach gerne mit ihnen. [L 1963<]
Und am Ende, als sie ihr Gewand gewechselt
hatte, wollte sie nicht, dass ihre Mägde, die
ja arm und nicht adelig waren, sie mit Frau
anredeten, sondern sie sollten sie mit ihrem
Namen ansprechen, wie es Sitte ist unter ein-
fachen Leuten. Mit den Jungfrauen [139r] un-
terhielt sie sich, aß mit ihnen, sie mussten mit
ihr am Tisch sitzen und sie mussten mit ihr
aus einer Schüssel essen. Eine der Jungfrauen,
Irmingard, wunderte sich über die große De-
mut der edlen Königstochter, Frau Elisabeth,
und sagte einmal zu ihr: »Du erhöhst deine
Verdienste mit uns, aber du merkst nicht, wie
du uns schadest, dass wir nämlich überheb-
lich werden, wenn wir mit dir essen und an
deiner Seite sitzen.« Da antwortete die demü-
tige Elisabeth [139v]: »Sieh, du musst auf mei-
nem Schoß sitzen« und zwang sie, das zu tun.

das můst tůn. Und also lëpte si mit inen
gütlich und lieplich und senftmüteklich mit
frölicher und süsser rede und mit fruchtbe-
ren nützen göttlichen worten. Won mit nút
mochte si geliden daz ieman in ir gegenwer-
tikeit volbrëchte unwirtsche oder zornige red.
Und ob si etwenn ein sölich wort hort daz be-
stroffet si ze hand güteklich und sprach: »Wo
ist nun der Herre Jesus won die von únse-
[140r] rem Herren reden dënen wil sin ge-
genwirtikeit erzöigen.« Und die selig Elysa-
beth gieng öch dick mit iren dienerinnen zů
den húsern der armen lút und brocht inen
brot und fleisch und mël und ander notdurft
der narung und gab es selber den armen und
beschöwete flisseklich ire kleider und ire bett.
Und heimlich verköfte si guldine vingerlin
und sidin schleyger und andere kleinoter und
gab es den armen. Und waz inen notdurf-
tig waz daz schůff si inen mit allem [140v]
flisz und öch wess die siechen begerten. Und
zů einer zit begert ein siecher mensch visch
ze ëssen, do begert si im ze erfüllen sin be-
girde und růft an únseren Herren und gieng
zů einem brunnen wasser ze schöpffend do
kein vische inne worent und ze hand do si
hein kamm do vand si ein grossen vische in
irem geschirre von der gob Gottes. Den gab
si dem krancken ze ëssen. Dis und vil ande-
rer wunder wërcke hett der allmëchtig Gott
mit ir ge- [141r] wúrcket in irem lëben die
die demütig Elysabeth flisseklich bedackte. Ir
můter waz vor langer zit iemerlich ermúrdet
und erschein ir zů einer zit in dem schlof mit
gebogenen knúwen und sprach: »Min einige
tochter bitt Gott vir min schmërtzen den ich
noch lide, dorumb daz ich versúmklich gelëbt
hab und ich hoff du vermögest es wöl.« Und
do Sanct Elysabet erwachete do bëttet si an-
dëcteklich vir si mit grossem weinen. Und

[>L 1981] So lebte sie mit ihnen in Güte, Liebe
und Sanftmut, mit fröhlichen und freundli-
chen Gesprächen und dem fruchtbaren Nut-
zen des Wort Gottes. [L 2011<] Sie litt es nicht,
dass jemand in ihrer Gegenwart unwirsche
oder zornige Reden führte. Falls sie solche
Reden hörte, dann tadelte sie sie freundlich,
aber sofort, und sagte: »Wo ist nun unser Herr
[>L 2101] Jesus, wo doch denen, die von unse-
rem [140r] Herren reden, er sich zeigen will.«

**De indefessis exerciciis operum pietatis. (VI)
c. XI.**

[L 2011<] Die fromme Elisabeth ging oft mit
ihren Dienerinnen in die Häuser der armen
Leute und brachte ihnen Brot, Fleisch, Mehl
und andere nötige Nahrungsmittel. Sie gab es
selbst den Armen und besah sich gründlich
ihre Kleider und Betten. [>L 2018]. [L 1702<]
Heimlich verkaufte sie goldene *vingerlin*
[Ringe], seidene Schleier und andere Klein-
ode und gab das Geld den Armen. [>L 1705]
Sie machte das mit allem [140v] Eifer und gab,
was sie begehrten. Einmal wollte ein sieher
Mensch Fisch zu essen haben. Da versuchte
sie, diesen Wunsch zu erfüllen, rief unseren
Herrn an und ging zum Brunnen, um Wasser
zu schöpfen. In dem Brunnen waren keine Fi-
sche, aber als sie heim kam, fand sie in ihrem
Geschirr einen großen Fisch. Von dieser Gabe
Gottes gab sie dem Kranken zu essen. Diese
und viele andere Wunder vollbrachte der all-
mächtige Gott mit ihr [141r] in ihrem Leben,
wofür sie, Elisabeth, sich demütig und eifrig
bedankte. Ihre Mutter war vor langer Zeit
jämmerlich ermordet worden. Sie erschien ihr
eines Nachts im Schlaf mit gebeugten Knien
und sagte: »Meine einzige Tochter, bitte Gott
für mich. Ich leide für mein sündiges Leben
Schmerzen. Ich hoffe, du vermagst das.« Als
Sankt Elisabeth erwachte, betete sie andäch-
tig für sie [ihre Mutter] mit vielen Tränen.

dor noch entschlieff [141v] si wider und die
mûter waz do zů dem anderen mol und dan-
ckete ir (am oberen Rand: daz si ir gnod umb
Gott erworben hatt) und sprach si wer erlö-
set und ir gebĕtt sol behilfflich sin allen de-
nen die si anrůftend. Und dor noch gieng si
zů Altenburg do rûfte ir ein armer mensch
noch und sprach: »Ich bin beheft ietz in dem
zwölften ior, loss mich dinen söm berüren so
můss de bös geist von mir varen.« Do knůwet
si nider uff der strosse und kusste daz arm
mensch. Do fůr der bös geist von dem men-
schen. [142r] Und under anderen wercken
der erbarmherzkeit namm zů ir die dienerin
Christi Elysabeth ein kint daz hatt das ge-
gichte und die rot sucht, daz hatt nit vatter
noch mûter die es erzugend. Daz kint trůge
si in iren henden und wüsch es etwenn in
einer nacht sechs molen oder me von siner
unfletikeit wĕgen. Do daz gestarb do namm
si zů ir ein ussetzige iungfröwen die behielt
si heimlich in irem huse und volbrocht an ir
alle werck der erbarmherzikeit und der liebi.
Und nit allein daz si ir [142v] dienet mit ĕs-
sen gĕn mit betten und mit wĕschen. Me die
heilige kúnglich fröwe zoh ir die schůh ab de-
můteklich. Dise iungfröwe benamm ir meis-
ter Cûnrat. Dor noch namm si zů ir ein armes
kint daz waz lychig und hatt kein hor uff
sinem höbt, dem tett si artzenye. Ich weiss
nit wo si daz gelernet hatt. Und einer zit do
wolt si zů der kilchen gon do vand si einen
gar unsuferen menschen den fůrt si hein und
wüsch im [143r] sin hend und füss, do gieng
im als unsufer dor ab daz ir don von gruset.
Do sprach si zů ir selber: »O du unreiner sack
wie wider stot es dir. Es ist ein heiliger ge-
schmack.« Und tranck es und sprach: »Herre
du trunckt an dem heiligen crútz essich und
gallen durch mich des sag ich dir gnod und
danck.«

Sie schlief wieder [141v] ein; da erschien ihre
Mutter zum zweiten Mal und dankte ihr, dass
sie von Gott Gnade für sie erworben habe. Sie
sagte, sie sei erlöst. Ihr [Elisabeths] Gebet solle
allen helfen, die sie darum anrufen würden.
[E >] Später, auf dem Weg nach Altenburg, rief
ihr ein armer Mensch nach und sagte: »Ich
bin besessen seit zwölf Jahren, lasse mich den
Saum [deines Kleides] berühren, so muss der
böse Geist von mir fahren.« Da kniete sie auf
der Straße nieder und küsste den armen Men-
schen, und da fuhr der böse Geist aus dem ar-
men Menschen [> E]. [L 1707<] [142r] Unter
anderen Werken der Barmherzigkeit nahm die
Dienerin Christi, Elisabeth, ein Kind zu sich,
das an Gicht und Rotlauf litt und das weder
Vater noch Mutter hatte, die es aufzogen. Das
trug sie in ihren Händen, wusch es in einer
Nacht sechs oder mehr Mal wegen seiner Un-
flat. [>L 1714] Als das Kind starb, [L 1732<]
nahm sie eine aussätzige Jungfrau zu sich, ver-
steckte sie in ihrem Haus und pflegte sie barm-
herzig und liebevoll. Sie gab ihr [142v] nicht
nur essen, sie bettete und wusch sie nicht nur,
die heilige königliche Frau zog ihr auch demü-
tig die Schuhe aus. [>L 1743] Diese Jungfrau
nahm ihr Meister Konrad weg. Dann nahm
sie ein armes Kind zu sich, das war lychig und
hatte alle Haare verloren. Dem gab sie Arz-
nei. Ich weiß nicht, wo sie das gelernt hatte.
[E <] Einmal, auf dem Weg zur kilchen, fand
sie einen sehr schmutzigen Menschen, den
führte sie heim und wusch sein [143r] Hemd
und seine Füße. Da lief so ein Dreck von ihm
ab, dass es ihr davor grauste. Da sagt sie zu
sich selbst: »O du unreiner Sack, wie wider-
steht das dir. Es ist ein heiliger Geruch«, und
sie trank es und sagte: »Herr, du trankst am
heiligen Kreuz Essig und Galle für mich, dafür
sage ich dir Gnade und Dank.« [> E]

Ein red zů der seligen Elysabeth.

»Ich red zů dir getrúwlich o du edle und hei-
lige fröw Elysabeth, waz arbeitestu [143v]
kúngliche tochter. Worumb verunreinigestu
dich mit sölichen dingen. Du bist erzogen in
adel und in saffran, worumb handelestu daz
bocht. Du verschmohest den sal und hest lieb
ein kleines húsli. Antwirt mir des bitt ich
dich.« Die antwirt: »Loss dich nit wunderen
die werck die ich tůn, die wúrcket in mir die
gnod Gottes. Die wërck sint nit bös sunder si
sint die wunder Gottes. Es sint nit unreini-
keit sunder si sint der sitten [144r] artzenye.
Nit heiss daz boht daz geheiligen mag den lib.
Ich hab verschmohet der wëlt palast won ich
sůch daz rich der himmel. Ich hab erkorn ein
lëben daz mich daz aller schnödest dunkte
sin und wer noch ein ërmlichers ich wölte
das erwellen. Won in dem engesten wëg goth
man zů den grösten eren.«

Wie Sanct Elysabeth hiess usz rüffen umb die
statt Marckburg bi xij milen allen armen men-
schen almůsen ze geben und von den milten
almůsen daz eins tages gegeben wart.

[144v] Noch dem tod des durch lúchten
fúrsten seligen gedëchtnisse des lantgrofen
Ludwigs von Túringen die ersam und heilig
Elysabeth etliche zit als vor geschriben ist
fůrt ein ërmliches und schwëres lëben mit
fröiden und mit grosser gedult. Dor noch von
geheiss meister Cůnrates den ir der bobst
Gregorius der núnde zů ein- [145r] nem be-
schirmer geben hatt der namm der dienerin-

Eine Rede an die heilige Elisabeth.

Allocucio

Ich spreche zu dir vertrauensvoll: »O du edle
und heilige Frau Elisabeth, was tust du [143v],
Königstochter. Warum beschmutzt du dich
mit solchen Dingen. Du bist adelig in Safran
[Luxus] erzogen, warum fasst du diesen *bocht*
[Dreck] an. Du verschmähst den Saal und
liebst ein kleines Haus. Antworte mir bitte.«
Die Antwort: »Wundere dich nicht über die
Werke, die ich tue, die bewirke ich durch Got-
tes Gnade. Die Werke sind nicht schlecht, son-
dern sie sind die Werke Gottes. Es sind keine
Unsauberkeiten, sondern die [144r] Arznei für
die Sitten. Nenne nicht *bo(c)ht*, was den Leib
zu heiligen vermag. Ich habe die Paläste der
Welt verschmäht, weil ich das Himmelreich
suche.

Wie Sankt Elisabeth im Umkreis von 12 Mei-
len um Marburg ausrufen ließ, dass sie allen
armen Menschen Almosen gäbe, und von den
milden Almosen, die sie an einem Tag austeilte.

**Incipit Septimus de perfectione virtutum ip-
sius et operum humilitatis.**

**Qualiter beata Elysabeth quandam pensio-
nem acceperat pro dote sua. c. I.**

Ich erkor ein Leben, das mich als das allernied-
rigste dünkte, und gäbe es noch ein Niedrige-
res, ich wollte das erwählen. Denn auf dem
engsten Weg geht man zu den größten Eh-
ren.« [144v] Nach dem Tod des durchlauchten
Fürsten seligen Angedenkens, des Landgrafen
Ludwig von Thüringen, führte die heilige Eli-
sabeth, wie zuvor beschrieben, ein ärmliches
und schweres Leben mit Freude und großer
Geduld. [L 1238,1481<] Ihr von Papst Gre-
gor IX eingesetzter [145r] Vormund, Meister
Konrad, nahm für die Dienerin Gottes einen

nen Gottes ein teil gëltes ze zinsen von dem lantgrofen Heinrichus irs gemahlen brůder. Der selb fürst waz ein gütiger man und andëchtig und waz meister Cůnradis under ton. Das gelt namm die wise und getrúwe fröw und grůb des nit nicht under die erden noch verbarg nit daz gelt irs herren sunder gab es zů dem tisch und zů gewin. Und dise wore júngerin Christi waz gelert die rët des ewangelij und dem [145v] volgete si. Und verköffte alles daz si hatt und gab bewegenlich gůt und unbewegenliches won si erkant sich bewegenlich von des todes wegen. Und betrachtet oder arbeitet mit dem bewegenlichen gůt ze gewinnen daz unbewegenlich ewig gůt. Dorumb noch dem ewangelio wolt si armen lúten geben. Und liess usz rüffen umb die statt Marckburg von zwölff milen allen armen lúten. Und umb daz nieman beschlossen wurde die gnode diser miltikeit, dorumb [146r] wart allen den die do kummen woltend ein nëmliche statt gezöiget und genant. Und do samnetend sich in der statt und an den gesetzen tag armer lút krancker blinder und lammer ein unzaliche mënige man und fröwen. Und do worent starck knëcht die daz volck stillen soltend und die schar bestellen ordenlich und weren oder spüren der gitikeit des gemeinen volckes. Öch wart do bestëtiget ein gesetzd und gesetzet ein pen ob ieman von siner statt uff stůnde oder ze [146v] schaden den anderen zů dem anderen mol almůsen nëme. Dem sölte man sin hor ab schniden. Öch so worent do erber lút gesetzd ze geben die spënde. Und waz öch do ein grosse mënige des volckes die do sehen woltend das do geschah. Und enmitten dises volckes stůnd die ersam kúngin Sanct Elysabeth mit einem frölichen hërtzen und

Geldbetrag als Zinsen [>L 1243, 1482] von dem Landgrafen Heinrich, dem Bruder ihres Gemahls. Dieser Fürst war ein gütiger frommer Mann und hörte auf den Meister Konrad. Das Geld nahm die weise und getreue Frau, grub es nicht unter die Erde, noch verbarg sie das Geld ihres Herrn, sondern sie gab es auf den [Wechsler-] Tisch [Gottes] und machte Gewinn. Diese wahre Jüngerin Christi hatte die Ratschläge des Evangeliums gelernt und [145v] folgte ihnen. Sie verkaufte alles, was sie hatte. Sie gab bewegliches und unbewegliches Gut hin, weil sie sich wegen des Todes als bewegliches Gut erkannt hatte. Sie betrachtete und arbeitete mit dem beweglichen Gut als Mittel, um das ewige, unbewegliche Gut zu gewinnen. Gemäß dem Evangelium gab sie den armen Leuten. [L 1484<] Sie ließ im Umkreis von 12 Meilen um Marburg ausrufen, dass alle armen Leute an dieselbe Stelle kommen sollten, [146r] damit niemand von der Gnade dieser milden Gabe ausgeschlossen werde.

De large elemosina una die distributa (VII) c. II.

Da sammelten sich in der Stadt und am festgesetzten Tag arme Leute, Kranke, Blinde und Lahme in unzähliger Menge, Männer und Frauen. Sie hatte starke Knechte eingesetzt, die für Ruhe sorgen sollten, die Schar ordentlich aufstellen und der Gier des gemeinen Volkes wehren und steuern. Sie hatte eine Vorschrift erlassen, und [für den Fall der Übertretung] eine Strafe festgesetzt, dass niemand von seiner Stelle weg gehe oder [146v] zum Schaden der anderen zum zweiten Mal das Almosen annähme. Dem [Übeltäter] sollte man die Haare abschneiden. Zum Verteilen der Spende wurden ehrbare Leute eingesetzt. Es kam auch eine große Menge Volkes, die sehen wollte, was da geschah. Inmitten dieses Volkes stand die ehrsame Königin Sankt Elisabeth mit

mit einem begirlichen antlit und gab usz er-
barmherzeklich und einvalteklich und gieng
ge- [147r] gúrtet under den armen lúten, die
trösterin der armen und fröwte sich in der
schar der armen des edlen fúrsten tochter
und sah gern die frömden armen und die
weysen. Die milt wirtin gab und verspengte
als si vor gedoht hatt nit mit leide won si
wiste wöl daz Gott ein frölichen géber lieb
hatt. Und do daz usz geben geschehen waz
so grosse schatzes fúnf hundert marck silber
uff einen tag do gieng zů daz volck und lob-
tend Gott in siner dienerin Elysabeth. Und
[147v] in der nacht beliben der krénckesten
lút fúnf in den winckeln und do die ersah
die erbarmherzig Elysabeth do liess si si in ir
husz tragen und inen ein fúr machen und és-
sen geben und etlichen die fúss wéschen und
salben und hiess iecklichem geben vj pfen-
ning, do wurdent ire hértzen erfúlt mit frö-
iden und ir mund mit lob und húbent an ze
singen und do Sanct Elysabeth daz hort do
fröwte si sich mit inen. Nun sag mir daz bitt
ich dich wenn hett ie kein keyser kúng oder
fúrste oder heilig so milte all- [148r] můsen
uff einen tag und an einer statt vergeben so
vil tusend armer menschen. Wérlich in diser
gnode ist ir gelich nit funden. Dorumb sol ir
almůsen billich gedencken die samnung der
heiligen cristenheit.

Von der besserung einer juncfröwen umb irs hores
willen und wie meister Cůnrat verbot die über
flússikeit der almůsen die Sanct Elysabeth gab
An dem tag do so milte almůsen fúnf hundert
marck sylbers vergeben [148v] wart, do ge-
schah es daz ein jungfröwe mit gar schönem
hor geantwirtet wart ze gericht der fröwen
Sanct Elysabeth als ein úber trétterin des ge-

fröhlichem Herzen und huldvollem Antlitz,
gab barmherzig und schlicht, [147r] gegürtet
schritt die Trösterin der Armen, [>L 1502] die
edle Fürstentochter, freudig durch die Menge
und sah gern die fremden Armen und die Wai-
sen. Die milde Herbergsmutter gab und spen-
dete, wie sie es sich gedacht hatte, nicht leidend,
weil sie wohl wusste, Gott liebt den fröhlichen
Geber. [L 1551<] Als das Verteilen des großen
Schatzes von 500 Mark Silber an einem Tag
zu Ende war, da ging das Volk fort und lobte
Gott für seine Dienerin Elisabeth. [147v] In
der Nacht blieben fünf der kränksten Leute
in [irgendwelchen] Winkeln zurück. Als Eli-
sabeth sie sah, ließ sie diese in ihr Haus tra-
gen, für sie ein Feuer machen, zu essen geben
und einigen die Füße waschen und salben. Sie
hieß jedem sechs Pfennige zu geben, darüber
wurden ihre Herzen mit Freude und ihr Mund
mit Lob erfüllt, sie fingen an zu singen, und als
Elisabeth das hörte, freute sie sich mit ihnen.
[>L 1581] Nun sage mir, ich bitte dich, wann
hat je ein Kaiser, König, Fürst oder ein Heili-
ger so milde [148r] Almosen an einem Tag und
in einer Stadt an so viele tausend Menschen
vergeben? Wahrlich, in solcher Gnade ist ihr
keiner gleich. Darum soll die gesamte heilige
Christenheit dieses Almosen im wohlwollen-
den Gedächtnis bewahren.

Von der Bekehrung einer Jungfrau um ihres Haares Willen und wie Meister Konrad das Übermaß der Almosen, die Sankt Elisabeth vergab, einschränkte.

De conversione puelle et precisione capillo-rum eius. (VII) c. III

An dem Tag, als die 500 Mark Silber als groß-
zügiges Almosen verschenkt wurden, [148v]
[L 1502<] da kam eine Jungfrau mit sehr schö-
nen Haaren vor das Gericht der Frau Sankt

setzten rechtes. Do Sanct Elysabeth gesah die gezierd des hores an diser jungfröwe do hiess si daz ab schniden. Do hueb die jungfröwe an mit luter stimme sere ze weinen. Nun sprocheten etlich ir were unrecht geschehen won si waz kummen ze sehen ir krancke schwester und nit durch almůsens willen. Do sprach Sanct Elysabeth: [149r] »Ir ist wöl beschëhen won mit disem hor goth si virbass nit me zů dem tantze.« Dor noch frogete si Sanct Elysabeth ob si ie hette willen gehebt ir lëben ze besseren. Die juncfröwe antwirt: »Vor langer zit hett ich in einem orden Gott gedienet, hett ich so grossen lust nit gehebt in der schonheit mins hores.« Sih wie beschwerte si daz hor wërlich si möcht mit der zierlicheit des hores zů dem tod sin kummen, hette es ir únser Herre durch sin dienerin Elysabeth nit benomen. [149v] Und die lieb haberin der kúschikeit sprach zů ir: »Dorumb fröwe ich mich me der verlust dins hores denn ob min sun römscher keyser werden sölte.« O wie ein wort der gnoden und ein kúngliche red die do gieng us einem brunnen einer luteren liebi. Und do namm die milt fröw Sanct Elysabeth die juncfröwen und wandlet ir wëltlich kleid und gab si in den spittal daz ir lëben do Gott solt dienen. Und do daz geschah do wolt die dienerin Gottes daz úberig gelt von irem lip ge- [150r] dinge öch geben ze gelicher wise in den nutz der liebi und der erbarmhertzikeit won ir hertz waz gebreitet und ir hend uff geton und usz gestrecket zů den armen menschen. Dorumb pflag si nit wenig sunder milteklich und vil armen menschen ze geben. Daz vernamm meister Cůnrat und verbot ir úbrige vergebung der almůsen won si wolt über al nichtes

Elisabeth. Sie hatte das Gesetz übertreten. Als Sankt Elisabeth den Haarschmuck der Jungfrau sah, befahl sie, es abzuschneiden. Die Jungfrau fing an, bitterlich zu weinen. Nun sagten einige, es wäre ihr Unrecht geschehen, denn sie wäre gekommen, um ihre kranke Mutter und ihre Schwester zu sehen, und nicht wegen des Almosens. Da sagte Sankt Elisabeth: [149r] »Ihr ist Recht geschehen, weil mit diesem Haar geht sie nicht mehr zum Tanze.« Dann fragte Sankt Elisabeth sie, ob sie daran gedacht hätte, ihr Leben zu bessern. Die Jungfrau antwortete: »Vor langer Zeit hatte ich in einem Orden Gott gedient, ich hatte aber keine große Lust wegen meiner schönen Haare.« Siehe, wie das Haar sie belastete, wahrlich, sie wäre mit der Zierde ihres Haares zu Tode gekommen, hätte unser Herr es ihr durch seine Dienerin Elisabeth nicht genommen. [149v] Die Freundin der Keuschheit sagte zu ihr: »Der Verlust deines Haares freut mich mehr, als wenn mein Sohn römischer Kaiser werden sollte.« O welch Wort der Gnade und welch königliche Rede kamen da aus dem Brunnen einer lauteren *liebi*. Da nahm die gütige Frau Elisabeth die Jungfrau und tauschte ihr weltliches Kleid aus und sandte sie in das Spital, dass sie dort mit ihrem Leben Gott diene. [>L 1543]

De nimia elemosinarum effusione per magistrum Conradum restricta. (VII) c. IV.
Nun wollte die Dienerin Gottes das übrige Geld ihres Leibgedinges [150r] in gleicher Weise zum Nutzen der *liebi* und Barmherzigkeit weggeben. Ihr Herz war gereift, ihre Hände offen und ausgestreckt nach den armen Menschen. Sie gab deshalb nicht weniger, sondern großzügig ihre Almosen an viele arme Menschen. Als Meister Konrad das hörte, verbot er ihr, das Übrige als Almosen zu vergeben *won si wolt über al nichtes nicht behalten* [sie wollte nichts, aber auch gar nichts, behal-

nicht behalten. Dorumb satzte er zů ir etlich scharpff fröwen von dënen leid si gross gedrëng in gedult durch Christum, und die hieltend [150v] sich gegen ir herteklich und beklagend si stëteklich gegen dem meister wie daz si nit hielte gehorsamme sunder si gebe ze vil den armen lúten. Dorumb můste si dick hert schleg lieden von dem meister. Also daz er ir hals schlege gab. Die begert si ze liden in der gedëchtnisse der hals schlege únsers Herren Jesu Christi. Aber in grossen und schwëren dingen hielt si willig und stete gehorsamme won wie verre über land si geheischen wart von dem meister, so kamm si on uff zug. Und öch [151r] giengen zů ir zů ziten fröwe Ysentrud und jungfröw Judit die ir aller liebst und heimlichest worent, denen getorst si nút geben noch mit inen reden on urlob. Öch in erbarmherzikeit zů armen lúten hielt si gar wisklich ir undertenikeit. Won ir waz gebotten daz si nit me denn einen pfennig eim armen menschen geben sölt und so gab sie daz emesziklichen daz si mit ein ander nit geben getorst. Dor noch wart ir verbotten gelt zů geben und erlöbt allein brot ze geben. [151v] Und ze gelicher wise hielt si gehorsamme mit brot geben als mit den phennigen. Dor noch verbot ir der meister gantze brot ze geben, do gab si stúckli. In allen dingen wart gehorsammen gehalten von der demütigen Elysabeth und die undertenikeit und wart gereitzet die erbarmherzikeit. Won wenn ir der meister verbot almůsen ze geben so pflag si die ussetzigen und die unreinen und krancken ze baden. Und dick wart si siech von innrer pin des mit [152r] lidens mit armen und krancken lúten.

ten]. [L 1302<] Deshalb setzte er einige strenge Frauen zu ihr, die ihr hart zusetzten. Sie erlitt es geduldig um Christi Willen. Die Frauen verhielten [150v] sich hart und meldeten Meister Konrad, dass sie nicht gehorsam sei, sondern zu viel den armen Leuten gäbe. [>L 1312] [L 1331<] Dafür musste sie viele harte Schläge des Meisters erleiden. Er gab ihr oft Ohrfeigen. Sie wollte es aber erleiden im Gedenken an unseren Herrn Jesus Christus. Aber in großen und wichtigen Dingen war sie stets willig und gehorsam und ging auch ohne Verzug weite Wege, wenn der Meister es wünschte. [>L 1337]. [L 1337<] Manchmal [151r] kamen auch Frau Ysentrud und Jungfrau Judit [Guda], die ihr am liebsten und vertrautesten waren, zu ihr; sie wagte nicht, mit ihnen zu reden oder ihnen ohne Erlaubnis etwas zu geben. Auch in ihrer Barmherzigkeit gegenüber den armen Leuten verhielt sie sich mit Klugheit [List] untertänig. [L< 1341.] [L 2013<] Ihr war verboten, mehr als einen Pfennig den armen Menschen zu geben. So gab sie stückweise, was sie auf einmal nicht zu geben wagte. Als ihr verboten wurde, Geld zu geben, sondern nur Brot [151v], da hielt sie den Gehorsam ebenso schlau wie mit den Pfennigen. Dann verbot ihr der Meister ganze Brote zu geben, da gab sie *stückli*. In allen Dingen war die demütige Elisabeth gehorsam und untertänig, aber immer bereit zur Barmherzigkeit. [>L 2038]. [L 1317<] Wenn ihr der Meister verbot, Almosen zu geben, pflegte sie Aussätzige und badete die Unreinen und Kranken. Oft war sie selbst krank von dem inneren Schmerz des Mitleides. [>L 1324]

Von der hitzigen liebi so die heilig fröw Elysabeth hatt zů den selen der krancken menschen und von der gůtet die si bewiste einr schwangeren fröwen.

Do nun der meister Cůnrat der gerächte man sach daz Sanct Elysabeth von hittziger liebe ir selber nit enachtet und alle irdensche ding als ein unflot verschmohet und der meister vorchte daz die zartheit irs adels möchte [152v] verletzet werden von der ussetzikeit und anderer siechtům. Dorumb verbot er ir sölicher lút dienste won si begreiff und kuste die selben siechen und hatt flisz zů den schmeckenden und unmenschlichen armen, und trůg zů denen wunderliche und ewige ungehörte liebi von gnoden des Heiligen Geistes. Und tett gegen inen ungelöpliche wercke mit handlen und mit tragen und ir usz ze wartend. Won si trůg daz wort alle zit in irem herzen das Christus sprichet: »Waz ir dem minsten [153r] tůnd in minem nammen daz hand ir mir geton.« Und sprach: »Herre ich kan dir der wirdikeit nit gedancken daz ich din lieben fründ bi mir in der herberg han.« Und öch verbot ir meister Cůnrat almůsen ze geben die die dienerin Gottes gab won si gerůcht nit ir notdurft ze behaltend und er achtet daz nit zimlich daz ein sölicher fröwe irem mund also vil ab bräche daz si selber von kraft këme und ander lút sterckte. Doch lert si von dem in sprechen des Heiligen Geistes daz si dem volget waz ir der meister riet. [153v] Und die andächtig Gottes dienerin dienete in dem spittal ze baden die siechen. Si macht inen ir bett und trueg si und leit si und bedahte si und sprach denn zů iren mëgten: »Wie ist úns so wöl daz wir únseren Herren Jesum Christum also baden und decken.« Und zů einem mol antwirt der jungfröwen eine: »Jo fröw

Von der innigen liebi der heiligen Frau Elisabeth für die Seelen der kranken Menschen und von ihrer Güte gegenüber schwangeren Frauen.

De fervore et zelo erga animas infirmorum. (VII) c. V.

[L 1322<] Als Meister Konrad, der redliche Mann, merkte, dass Sankt Elisabeth wegen ihrer innigen Liebe [für Andere] auf sich selbst nicht achtete und dass sie alle irdischen Dinge als Unflat verschmähte, da fürchtete er, dass sie wegen ihres zarten Adels [152v] von dem Aussatz oder anderen Krankheiten befallen werden könne. Er verbot ihr, diesen Leuten zu dienen, weil sie die Siechen anfasste und küsste. [>L 1330] Es zog sie auch hin zu diesen übel riechenden und unmenschlichen Armen und sie trug zu ihnen die wunderbare, ewige und unerhörte *liebi* des Heiligen Geistes. Sie vollbrachte an ihnen unglaubliche Dienste, sie behandelte sie, trug sie und wachte bei ihnen. Sie trug immer das Wort Christi im Herzen: »Was ihr den Geringsten [153r] tut in meinem Namen, das habt ihr mir getan.« Sie sagte: »Herr, ich kann dir nicht genug danken, dass ich deinen lieben Freund bei mir im Haus habe.« [L 1324<] Meister Konrad verbot ihr auch Almosen zu geben, wenn die Dienerin Gottes nicht bedachte, für ihre eigene Nahrung genug zu behalten. Er erachtete es nicht angemessen, dass eine solche Frau so viel von ihrem Munde absparte, dass sie selbst von Kräften fiel, während sie andere Leute stärkte. [>L 1329] Sie lernte aber von der Zusprache des Heiligen Geistes, dem Rat des Meisters zu folgen. [153v] [L 1716<] Die fromme Dienerin Gottes diente im Spital, sie badete die Siechen, sie machte ihre Betten, trug [sie dort] hin, legte sie [hinein] und deckte sie zu. Sie sagte zu ihren Mägden: »Wie gut geht es uns, so unseren Herrn Christus zu baden und zuzudecken.« Einmal antwortete eine ihrer Jung-

dir ist wöl mit dem. Ich weiss aber nit ob den anderen öch also wöl do mit ist.« O wie ein wundersam ding und daz wöl ze achten ist. Kein geschrift rett von [154r] einem heiligen der sölichen flisz und liebi gedienet hab so unreinen krancken menschen. Und also mit unverdrossenem hertzen volbrocht habe alle werck der erbarmherzikeit biss in sinen tod. Dorumb sol si billich erschinen bi dem Vatter der erbarmherzkeit mit einr gob einer sunderlichen ere. Won die erbarmherzikeit Gottes ist über alle sine werck. Und die dienerin Gottes pflag nit allein der krancken lüt mit liplicher hilffe. Sunder si waz flis [154v] sig wie si mit geistlicher vermanung nütz möchte sin allen menschen und si vermanete gütlich die lüt daz si nit versumten mit dem töff die kindli. Und die krancken lüt under wiste si krefteklich mit worten und wercken daz si enpfohen söltend die sacrament der cristenheit. Zů einer zit vermanet si ein arme fröwen daz si bichten sölte und daz halff nicht won die arm lag slofferig und trëg und die lieb haberin der selen schlůg sy [155r] wöl mit einer růten und wackte si und brochte si also zů der bicht. Dise und andere werck der miltikeit und erbarmherzikeit waz si stëte volbringen. Dorumb geviel si wöl dem göttlichen gewalt aber den wëltlichen missviel si und dorumb wonet si nun mit den heiligen und lúchtet als die sunne. Zů einer zit herberget Sanct Elysabeth ein arme tragene fröwen und behielt si bi ir und pflag ir mit allem gemach und do daz kindli geborn und getöft wart do [155v] hiess si im geben den nammen Elysabeth und alle tag gesah si die müter und sëgnet si und generte si süsseklich etliche zit. Dor noch namm die

frauen: »Ja, Frau, dir ist wohl damit, ich weiß aber nicht, ob den anderen auch so wohl damit ist.« [>L 1731] O welch wundersame Sache, die sehr zu achten ist. Keine Schrift berichtet [154r] von einem Heiligen, der mit solchem Eifer und mit solcher *liebi* so unreinen Kranken gedient hat, der mit unverdrossenem Herzen bis zu seinem Tod alle Werke der Barmherzigkeit vollbrachte. Darum ist es billig, dass sie bei dem Vater der Barmherzigkeit erscheinen wird und eine besondere Ehre empfangen wird. Die Barmherzigkeit ist das größte Werk Gottes. [L 1757<] Die Dienerin Gottes half den Kranken nicht nur in körperlichem Leid, sondern sie war auch eifrig [154v] dabei, sie geistlich zu belehren, was gut ist für alle Menschen, und sie ermahnte sie in Güte, ihre Kinder zu taufen. Die kranken Leute wies sie nachdrücklich mit Wort und Tat an, zur Kommunion zu gehen. Einmal ermahnte sie eine arme Frau, sie solle zur Beichte gehen. Als das nichts half, die Arme lag schläfrig und träge danieder, schlug [155r] die Freundin der Seelen sie mit Ruten, weckte sie auf und brachte sie so zur Beichte. [>L 1773] Die mildtätigen und barmherzigen Werke vollbrachte sie stetig zum Wohlgefallen der göttlichen Macht, aber sie missfiel den weltlichen [Mächten], weshalb sie jetzt bei den Heiligen wohnt und leuchtet wie die Sonne.

[Fehlt: De quodam puero surdo et muto ab ipsa restituto. (VII) c. V A.]

De pietate, quam pauperculæ pregnanti exhibuit. (VII) c. VI.

[L 1582<] Einmal beherbergte Sankt Elisabeth eine arme, schwangere Frau, behielt sie bei sich, pflegte sie mit Hingabe, bis das *kindli* geboren wurde und getauft war. [155v] Sie ließ es auf den Namen Elisabeth taufen und jeden Tag besuchte sie die Mutter, segnete sie und gab ihr zu essen. Das ging einige Zeit, dann

fröw von der heiligen fröwen Elysabeth ein
mantel und schůch, die si zoh von iren heili-
gen füssen und schleiger und xij pfennig und
andere narung. Und des eben des danckete si
ir wöltēterin. Aber des morgens liess si das
kindli und lüff von dannen mit einem man
und des selben tages sprach Sanct Elysabeth
zů [156r] ir dienerin: »Die wurtzen die ich
hab die bring der armen fröwen daz si sich
do mit stercke.« Und do si dar kamm do vand
si daz kind allein on die můter. Do die milt
Elysabeth daz hort do sprach si: »Gang schier
und bring daz kint har daz es nit versumt
werde.« Und bevalhe es einer fröwen zu ne-
ren. Dor noch gebot si dem richter der statt
daz er über al sůchen hiesse die můter des
kindes und do die nit funden ward do sprach
ein dienerin zů ir: »Fröw bitt Gott daz er úns
erzöige die můter des [156v] kindes.« Won
die jungfröw vorcht den zorn des meister
Cůnratz, do sprach Sanct Elysabeth: »Ich kan
nit bitten denn daz der wille Gottes volbrocht
werde.« Und sih noch kurtzer zit kamm der
man und viel vir die fröwen Elysabeth und
batt umb gnod, und die fröw kam öch und
batt umb vergebung der undanckberkeit und
der súnde. Und die bede bekanten offenlich
daz si nit virbaz gon möchtend und müstend
wider keren, ze gelicher wise als si gezwun-
gen werent. Und der undanckberen [157r]
fröwen namm si den mantel den si ir geben
hatt und gab den einer jungfröwen die do
ze hand verhiess in kúschikeit Gott ze die-
nen und die schüh gab si einer armen witt-
wen. Und doch erbarmet sich Sanct Elysa-
beth úber die fröwe und hiess ir ander schůh
geben. Do namm die fröw ir kind und gieng
von dannen. Nun sich und mercke wie die
gnod úber treit die natur daz dise gnoden-
riche fröwe frömde kindli zů ir nimet durch
Gott und sendet [157v] ir eigenen kind von ir

bekam die Frau von der heiligen Frau Elisabeth
einen Mantel und Schuhe, die diese sich von
den heiligen Füßen zog, sowie einen Schleier
und 12 Pfennige und andere Nahrung. Dafür
dankte sie ihrer Wohltäterin. Aber eines Mor-
gens ließ sie ihr Kind zurück und lief mit einem
Mann davon. Am selben Tag sagte Sankt Eli-
sabeth zu ihrer [156r] Dienerin: »Die Kräuter
[Gebäck], die ich hier habe, bringe der armen
Frau, dass sie sich damit stärke.« Als sie dahin
kam, fand sie das Kind allein ohne Mutter. Als
die gütige Elisabeth das hörte, sagte sie: »Gehe
sofort und bringe das Kind her, damit es ver-
sorgt werde.« Sie gab es einer Frau, die es näh-
ren sollte. Dann befahl sie dem Richter, überall
in die Stadt die Mutter des Kindes zu suchen.
Als sie nicht gefunden wurde, sagte eine der
Dienerinnen zu ihr: »Frau, bitte Gott, dass er
uns die Mutter des [156v] Kindes zeige.« Die
Jungfrau fürchtete nämlich den Zorn Meister
Konrads. Sankt Elisabeth sagte. »Ich kann nur
darum bitten, dass der Wille Gottes geschehe.«
Siehe, nach kurzer Zeit kam der Mann, fiel
Frau Elisabeth vor die Füße und bat um Gnade.
Die Frau kam auch und bat um Vergebung der
Undankbarkeit und der Sünde. Die Beiden be-
kannten öffentlich, dass sie nicht davongehen
konnten, sie mussten zurückkehren, wie wenn
sie dazu gezwungen wurden. Der undankba-
ren [157r] Frau nahm sie den Mantel ab, den sie
ihr gegeben hatte, und gab ihn einer Jungfrau,
die gerade versprochen hatte, Gott in Keusch-
heit zu dienen. Die Schuhe gab sie einer ar-
men Witwe. Da erbarmte sich Sankt Elisabeth
und befahl, ihr andere Schuhe zu geben. Da
nahm die Frau ihr Kind und ging von dannen.
[>L 1689] Nun siehe und merke, wie die Gnade
die Natur überwindet, so dass die begnadete
Frau um Gottes Willen fremde *kindli* zu sich
nimmt und [157v] ihre eigenen Kinder fort

und vergisset deren und öch hatt si ein kindli
daz anderhalb ierig das sant si verre von ir,
dorumb daz si im nit ze grosse liebi bewiste
und sich nit an geistlicher übung verhinde-
rete.

*Von der wunderlichen kraft irs gebëttes und von
der andëchtigen ere die Sanct Elysabeth dem
heiltům der heiligen erbot.*

Noch dem das wir geseit haben wie die ar-
beitende [158r] sorgvëltige und erbarmher-
zige Martha Elysabeth sich gehalten hett in
hilff der armen und der krancken so wel-
lent wir öch schriben wie si Gott gesalbet
hett mit geistlichen gnoden und göttlichen
goben. Und won ein gerüwiges und beschö-
wliches lëben ee vor im můss gehebt han ein
gerechtes würcklicheres lëben. Dorumb fleiss
sich dise sëlige beschöwerin an demütigen
und milten wërcken der erbarmherzikeit
und wenn si von denen gieng so gab si sich
zů irem andëch- [158v] tigen und stëten ge-
bëtt. Und gross waz öch die kraft irs gebëttes
daz man des empfinden mocht und nit allein
geistlich sunder öch liplich. Won zů einer zit
kamm zů ir ein edle fröwe genant Gertrut
von Leinbach und mit ir ein iüngling genant
Berhtolt der waz wëltlich gekleidet. Zů dem
sprach Sanct Elysabeth: »Mich dunket du
lëbest unwiszklich, worumb dienestu nit di-
nem schöpffer?« Do antwirt der iüngling: »O
min fröwe, ich beger daz ir Gott vir mich
bittend daz mir únser [159r] Herre sin gnod
gebe im ze dienen.« Do sprach Sanct Elysa-
beth: »Wiltu daz ich bitte vir dich?« Und er
antwirt: »Jo.« Do sprach si: »Es ist not daz
du dich bereitest zů der gnod und öch bëttest.
So wil ich gern vir dich bitten.« Und zů hand
liess si sich uff die knú in einer kilchen ge-
nant Werde do si waz zů der zit und hůb an

sendet und sie vergisst. [L 2049<] Sie hat auch
ein anderthalb-jähriges *kindli* [Gertrud] weit
von sich gesandt, um ihm große *liebi* zu erwei-
sen und es nicht an einem geistlichen Leben zu
hindern. [>L 2054]

**Von der wunderbaren Kraft ihres Gebetes und
welch andächtige Ehre Sankt Elisabeth dem
Heiligtum der Heiligen [Reliquien] erwies.**
**De ammiranda virtute oracionis eius. (VII)
c. VII:**

Nachdem wir gesagt haben, wie die fleißige,
[158r] sorgfältige Martha Elisabeth es mit der
Hilfe für die Armen und Kranken gehalten
hat, so wollen wir auch darüber schreiben,
wie sie Gott mit geistlicher Gnade und gött-
lichen Gaben gesalbt hat. Einem ruhigen und
beschaulichen Leben muss ein gerechtes und
tätiges Leben voran gehen. Deshalb bemühte
sich diese fromme Beterin um demütige und
milde Werke der Barmherzigkeit, und betete
erst [158v] lang und andächtig, wenn sie mit
diesen Werken zu Ende war. [L 1408<] Groß
war die Kraft ihres Gebetes, das man nicht
nur geistlich, sondern auch körperlich spüren
konnte. Es kam einmal eine edle Frau, Gertrud
von Leinbach, mit einem Jüngling Berthold zu
ihr, der war weltlich gekleidet. Zu ihm sagte
Elisabeth:

»Mir scheint, du lebst unklug, warum dienst
du nicht deinem Schöpfer?« Da antwortete der
Jüngling: »O meine Frau, ich wünsche, dass ihr
Gott für mich bittet, unser [159r] Herr möge
mir die Gnade erweisen, ihm zu dienen.« Da
sagte Sankt Elisabeth: »Willst du, dass ich für
dich bitte?« Da antwortete er: »Ja«. Da sagte
sie: »Es ist nötig, dass du dich für die Gnade
bereit machst und auch betest, so will ich
gern für dich bitten.« Sofort kniete sie nie-
der in einer *kilchen* in Werder [bei Marburg],
wo sie gerade war, und fing an für den Jüng-

ze bëtten vir den júngling und er waz von verrem do bi und bëttet öch. Und do si bede etliche zit gebëttetend do hůb an der júngling mit luter stimme und sprach: »O min [159v] fröw hörent uff mit dem gebëtt.« Und si bëttet noch hitzeklicher, do růft er aber mit noch lúter stimme und sprach: »O min fröw hörent uff, mir ist omëchtig.« Won er waz entzúndet mit grosser hitze úber allen sin lib und warff sin arm hin und her als ein unsinniger. Do lúffent zů die jungfröwen der fröwen Elysabeth und hůbend in und funden in gar erhitziget und sine kleider nass von schweisse. Und zů lest sprach er: »In dem namen únsers Herren bitt ich úch daz ir uff höret mit dem gebëtt, [160r] won ich ietzund verbrinne.« Und die in hůbend die mochtend kum liden die hitze an iren henden. Und zů hand do si uff hort mi dem gebëtt do wart er kalt als vor. Dis wunder geschah ein ior vor dem tod Sanct Elysabeth. Öch wart der júngling also berüft von Gott won er kamm in den orden der brüder Sancti Francisci. Öch wider für daz me lúten vir die si batt. Nun merckent wie hitzig die waz in der liebi Gottes die mit ir erwerbung trúcknete den flusse der wëltlichen be- [160v] gerung und entzunte zů der liebi der ewigen selikeit. In göttlichen diensten und heimlicheit waz gegenwirtig Gottes dienerin Sanct Elysabeth mit grosser ersamkeit und mit einem andëchtigen hërtzen. Und die hochgezit der heiligen eret si mit grosser miltikeit und daz heiltům der heiligen kusste sy und erete daz süsseklich und wirdeklich und dem ze eren brante si kertzen und wyröch. Und die pfennig die si opfferet zů dem altar Gott zů eren und den heiligen die verdienet si [161r] mit iren henden. Und stëteklich behielt si Gott in irem herzen. Und zů einer zit kamm si zů geistlichen lúten die arm sin soltend und worent

ling zu beten. Er betete, etwas weiter entfernt, ebenfalls. Als beide einige Zeit gebetet hatten, da rief der Jüngling mit lauter Stimme und sagte: »O meine [159v] Frau, hört auf mit Beten.« Sie betete noch inniger weiter. Da rief er mit noch lauterer Stimme und sagte: »O meine Frau, hört auf, ich werde ohnmächtig.« Ihm war so heiß geworden am ganzen Körper und er schwenkte seine Arme wie irre hin und her. Da liefen die Jungfrauen der Frau Elisabeth hinzu, hielten ihn fest, fanden ihn erhitzt und seine Kleider nass vom Schweiß. Schließlich sagte er: »Im Namen unseres Herrn bitte ich euch, hört auf mit dem Gebet, [160r] weil ich jetzt verbrenne.« Die ihn hielten, konnten seine Hitze kaum an ihren Händen ertragen. Sogleich als sie aufhörte zu beten, war er wieder kalt wie zuvor. Dieses Wunder geschah ein Jahr vor dem Tod der Sankt Elisabeth. Der Jüngling war von Gott berufen und trat in den Orden der Franziskaner ein. Das widerfuhr noch mehr Leuten, für die sie betete. [>L 1479] Nun merkt, wie innig die *liebi* zu Gott war, mit der sie den Fluss der weltlichen [160v] Wünsche austrocknete und zur *liebi* der ewigen Seligkeit entzündete.

De veneracione devotissima misteriorum et reliquiarum. (VII) c. VIII.

Gottesdiensten und Andachten wohnte die Dienerin Gottes mit großer Ehrfurcht und frommem Herzen bei. [L< 2019] Die Feste der Heiligen ehrte sie mit großer Mildtätigkeit, die Reliquien küsste sie, ehrte sie freudig und würdig und entzündete zu ihren Ehren Kerzen und Weihrauch. [>L 2022] [L 1789<] Die Pfennige, die sie auf den Altar zu Ehren Gottes und der Heiligen legte, verdiente sie [161r] mit ihrer Hände Arbeit. [>L 1791] Stets behielt sie Gott in ihrem Herzen. [L 2072<] Einmal kam sie zu geistlichen Leuten [Kloster], die arm sein sollten und Geweihte waren. Da sah sie

priester. Do sah si in einer kilchen bilde die
worent also köstlich vergúldet. Do sprach si
zů den die do gegenwirtig worent: »Dise kost
möchtend ir nützklicher angeleit haben won
die worheit diser bild söllent ir ze vorderest
in úweren hêrtzen beschriben haben. Die
worheit diser bilde daz ist der heiligen lëben
noch den die bild gemacht sint.«

*[161v] Von der beschöwlicheit do die selig Elysa-
beth stëteklichen inne waz Gott ze lob und wie
si iren tod vir seit.*

Und stëteklichen wenn die andëchtige Gottes
dienerin Sancta Elysabeth uff hort mit den
wêrcken der miltikeit und der erbarmherzi-
keit so gab si sich zů irem andëchtigen ge-
bëtte und beschöwlicheit und wenn si allein
waz so kert si ir ögen hend *[162r]* und hêrtze
uff zů Gott únserem Herren und vergosz die
trëhen milteklich. Aber niemer wart ir an-
gesicht von den trëhen entstelt noch ver-
moszget als ander lúten beschicht wie wöl
die tropffen der trëhen flussent als usz ei-
nem brunnen und beleib doch ir antlit gelich
schön und frölich. Öch waz si in betrübt-
nisse frölich und ir selbes tröstlich. Also daz
man niemer gemercken mocht wenn si liden
und betrübt hatt. Und öch erschein in der
seligen Elysabeth liepliche mittwonung mit
[162v] denen die bi ir worent und erschinent
öch in ir demütige werck und ein verschmëh-
tes kleid, heilige begirde, luter gedenck, ein
rein hertze, gůte gewissne, ein schlëhte ver-
nunft, worer gelöb und ein unúberwintli-
ches getrúwen, ein volkommene liebe, ein
unvermoszget lëben und ein stëte andacht
und beschöwlicheit. Und nit wunder dich
des won es waz allen lúten offenbar. Öch so
wart si dick in dem geist verzucket und daz
beschach nit selten noch wërete nit kurtze
zit *[163r]* sunder lang und vil. Und in dem

[161v] **Von der Kontemplation der frommen
Elisabeth, die stetig Gott lobte, und wie sie
ihren Tod vorhersagte.**

**De gracia contemplacionis, in qua diu per-
stitit. (VII) c. IX. [L 2000<]**
Immer, wenn die fromme Dienerin Gottes,
Sankt Elisabeth, ihre mildtätigen Werke be-
endet hatte, begab sie sich zu ihrem andäch-
tigen Gebet und widmete sich der Kontemp-
lation. Wenn sie allein war, kehrte sie Augen,
Hände *[162r]* und Herz zu Gott unserem Herrn
[>L 2003] und vergoss huldvoll Tränen. [L 904,
2055<] Aber niemals war ihr Gesicht von den
Tränen entstellt oder verzerrt wie bei ande-
ren Leuten; obwohl die Tränentropfen wie aus
einem Brunnen flossen, blieb doch ihr Ant-
litz gleichmäßig, schön und fröhlich. [>L 913,
2067] Sie war auch im Unglück fröhlich und
tröstete sich selbst. So merkte niemand, ob sie
Leid oder Unglück hatte. Sie erstrahlte durch
freundliches Beisammensein *[162v]* mit allen,
die mit ihr wohnten, durch ihre Werke der
Demut, ihr schlechtes Kleid, frommes Ver-
langen, reine Gedanken, reines Herz, gutes
Gewissen, schlichte Vernunft, wahrer Glaube,
unerschütterliche Treue, vollkommene Liebe,
maßvolles Leben, stete Andacht und Kontem-
plation. Wundere dich nicht, dass es allen Leu-
ten offenbar war. [L 2224<] Sie war oft ver-
zückt, gar nicht selten, *[163r]* sondern oft und

göttlichen liecht wart si getröstet und gelert daz do von söliche volkommenheit us flosz. Won von dannen flüsset kraft der menschlichen kranckheit do mit si leben mag wiszklich starcklich mësseklich und gerëchteklich. In dem selben hatt si engelsche besehung und hatt verdienet zů haben tag und nacht vil göttlicher offenbarung und die verbarg si mit allem flisse. Öch erzögte sich ir únser Herre Jesus Christus mit einer grossen mënige der [163v] heiligen der si süsseklich troste und starckte. Und dorumb wenn sy gieng usz ir beschöwlicheit usz irem gemach so wart gesehen ir angesicht schinen mit grossem liecht. Und als von der sunnen giengen glantz us iren ögen und denn wart ir antlit liecht schinende won si der Herre besehen hatt. Und etlich die des wirdig worent ze sehen die wunderet daz sere. Und als vor gesprochen ist wenn si etliche stund also erhaben wart in dem geist, dor noch lange namm si kein lipliche spise won [164r] si wart gespiset mit einer ungesichtlichen kost der sele. Öch betrachtet si dick únsers Herren urstende in irem hërtzen und fröwte sich daz únser Herre sin blůt nit me vergiessen solte und begert dick daz si ir blůt dur Gott vergiessen sölte und sprach: »Herre bereit mich dir allein und gib mir gedult und kraft in allen liden und in aller erbeit.« Vil anderer ding möchten und söltend wir schriben von diser usserwelten fröwen Sanct Elysabeth. Aber in allen reden ist [164v] ze vörchtend daz die lengi bring verdrossenheit. Öch mag man nit wöl usz gesprechen die höhi ir geburt, die demütikeit, ir mittwonumg, irs lëbens heilikeit, daz verschmohen der wëlt, gedult, liden, miltikeit, almůsen, ire wunder wercke, und ir tugend. Doch so habent wir dis kúrtzlich geschriben zů nutze der daz in crystenheit daz in Sanct Elysabeth gelobt

lang. Vom göttlichen Licht empfing sie Trost und Lehre, woraus ihre Vollkommenheit floss. Von da her rührte ihre Kraft, mit der menschlichen Schwäche klug, stark, maßvoll und redlich zu leben. Engel besuchten sie, und bei Tag und Nacht hatte sie Offenbarungen, die sie aber geflissentlich geheim hielt. Unser Herr, Jesus Christus, zeigte sich ihr oft zusammen mit vielen [163v] Heiligen, die sie freundlich trösteten und stärkten. Wenn sie also nach ihrer Versenkung aus ihrer Kammer kam, sah man ihr Gesicht hell erstrahlen. Ihre Augen glänzten wie die Sonne und ihr Antlitz leuchtete, wenn sie der Herr besucht hatte. [>L 2229] Einige, die würdig waren, das zu sehen, wunderten sich sehr. Wie eben gesagt, wenn sie einige Stunden verzückt war, aß sie danach lange nichts, weil [164r] sie gesättigt war von der unsichtbaren Kost der Seele. Sie betrachtete oft unseres Herren Auferstehung in ihrem Herzen und freute sich, dass unser Herr nie mehr sein Blut vergießen sollte. Sie wünschte sich oft, dass sie ihr Blut für Gott vergießen möge, und sprach: »Herr, rüste mich für dich allein, gib mir Ausdauer und Kraft in allen Leiden und in aller Arbeit.« [L 2102<] Noch vieles Anderes könnten und sollten wir schreiben über die auserwählte Frau, Sankt Elisabeth. [>L 2103] Aber bei allen Reden [164v] ist zu befürchten, dass die *lengi* [Länge] zur Langeweile führt. Man kann auch nicht wirklich die *höhi* ihrer Geburt darstellen, [L 2103<] ihre Demut, ihr heiliges Leben, ihr Verschmähen der Welt, Ausdauer [>L 2108, fehlt: Klugheit], Leiden, Milde, Almosen, ihre Wunderwerke und ihre Tugend. So haben wir nur kurz geschrieben zum Nutzen der Christenheit, dass in Sankt Elisabeth gelobt sei unser Herr Jesus Christus, der sie gebenedeit hat, von Ewigkeit zu Ewigkeit. Amen.

werde únser Herre Jesus Christus der sy ge-
benedyet von ewen zů ewen. Amen. Do die
heilig Elysa- [165r] beth von der armůt di-
ser wëlt solt gon zů der ewigen ere do er-
schein ir únser Herre Jesus Christus und lůde
si süsseklich und sprach: »Kumm min liebe
und usserwelte fründin zů dinen genossen
in die wonung die dir von ewikeit bereit is.
Min vatter wil dich mit grossen eren setzen
uff den stůl der selikeit den er dir selber be-
reit hatt.« Und zů der zit waz sich der die-
ner Gottes meister Cůnrat von Marckburg
der priester und hatt schwër liden in siner
kranckheit. Dorumb gieng zů [165v] im die
dienerin Gottes Sanct Elysabeth in ze trös-
ten. Es geschach daz si retten mit ein ander.
Do froget si der kranck priester und sprach:
»Min fröw und tochter wie wiltu noch mi-
nem tod din lëben bestellen?« Die dienerin
Gottes antwirt im und sprach: »Ir sterbent
ietz nit, ir werdent erst wider die këtzer bre-
digen so ich gestirb, und werdent úwer blůt
vergiessen.« Meister Albertus sprichet: »Er
wer ein reine magt und ein süsser lerer und
ein grosser marterer.« Und si seit im [166r]
daz sie selber stërben sölte, das hette si be-
kant von eroffnung des Herren. Und sehent
an dem vierden tag dor noch viel die diene-
rin Gottes in ein kranckheit (am oberen Rand:
die man nennet febrisz) in deren si genomen
wart von diesem lëben zů dem ewigen lëben.

Incipit Octavus. De morte, canonisacione,
translacione et miraculorum multitudine
beate Elysabeth. Qualiter mortem suam
predixit. c. I.

Als die heilige Elisabeth [165r] aus der Armut
dieser Welt zur ewigen Ehre gehen sollte, da
erschien ihr unser Herr Jesus Christus, lud
sie freundlich ein, und sagte: »Komm, meine
liebe und auserwählte Freundin, zu den Dei-
nen in die Wohnung, die ewig für dich bereit
ist. Mein Vater will dich mit großen Ehren auf
den Stuhl der Seligkeit setzen, den er für dich
bereitet hat.« Zu der Zeit erkrankte der Die-
ner Gottes, Meister Konrad von Marburg, der
Priester, und litt schwer an seiner Krankheit.
Deshalb ging sie zu [165v] ihm, die Dienerin
Gottes Sankt Elisabeth, um ihn zu trösten. Sie
redeten mit einander und der kranke Priester
fragte sie: »Meine Frau und Tochter, wie willst
du nach meinem Tod dein Leben führen?«
[E <] Die Dienerin Gottes antwortete ihm und
sagte: »Ihr werdet jetzt nicht sterben, ihr wer-
det erst wider die Ketzer predigen, wenn ich
sterbe, und dann werdet ihr euer Blut vergie-
ßen.« Meister Albertus spricht: »Er führte ein
enthaltsames Leben, er war ein freundlicher
Lehrer und ein großer Märtyrer.« [> E] Sie
sagte ihm, [166r] dass sie selbst sterben würde,
wie es ihr der Herr offenbart hätte. Und seht,
vier Tage danach befiel die Dienerin Gottes
eine Krankheit, die sie von diesem Leben zu
dem ewigen Leben nahm.

*Von der lesten kranckheit der seligen Elysabeth
und von dem zeichen ir grossen und innigen an-
dacht.*

Und do die dienerin Gottes gelag xij tag in
ir kranckheit do sass an einem tag eine bi
[166v] ir von iren mëgten die hort ein süsse
stimme in der kelen Sanct Elysabeth. Und
noch einr wile kert si sich zů der magt und die

**Von der letzten Krankheit der frommen Elisa-
beth und von dem Wunder ihrer großen und
innigen Andacht.**

De egritudine extrema beate Elyzabeth.
(VIII) c. II.

Nach 12 Tagen Krankenlager saß [L 2113<]
eine ihrer Mägde bei ihr [166v] und hörte eine
süße Stimme aus der Kehle der Sankt Elisa-

froget si und sprach: »O min fröwe wie süss hestu gesungen.« Do sprach Sanct Elysabeth: »Hestu nút gehört.« Und si antwirt: »Jo.« Do sprach Sanct Elysabeth: »Ich sag dir daz zwúschent mir und der wande ein vögili lustlich sang und von der süssikeit wart ich bewegt öch ze singen won sin gesang erkickte mich.« Und an dem dritten tag vor irem tode [167r] liess si von ir gon alle wéltlichen lút und wölt öch nit zů ir lossen die edlen die si pflogen ze gesëhen und trösten und sprach si tëte daz dorumb daz si wolte betrahten von dem strengen gericht und von irem allmëchtigen richter. Und noch dem achtenden tag Sancti Martini tett si ir bicht dem vorgenanten priester und daz rein hërtz und die luter gewissne kund nit erdencken daz si nit mit maniger rúwe gereinget hette. O wie ein selige gewissne die nit hett uff ge- [167v] zogen zů der lesten stunde ir búss. Und do die heilig fröw Sanct Elysabeth ir bicht volbrocht do froget si der priester waz man mit irem gůt tůn sölte. Do sprach si: »Alle ding die ich lang gehebt hab die sint gewisse armer lút.« Und schúff daz man durch Gott gebe alles daz do waz on allein ein bösen rock do man si inne begrůbe. Kein testament satzd, si kein erben wolt si haben won Christum. Öch gedocht si nit von der hochfart der lyche noch von dem [168r] hochgezit der begrebde. Sunder allein sůcht si ein sach des fridens, ein unzergenglich erbteil, ein untötlich kleide, die geselschaft der engel und daz ewig lëben. Und do si daz gerette mit dem meister dor noch ze prim zit batt si ir ze bringen den wirdigen fronlychamen únsers Herren Jesu Christi des si mit grosser andacht begert. Und wie

beth. Nach einer Weile kehrte sie sich zu der Magd, und die fragte sie und sagte: »O meine Frau, wie hast du süß gesungen.« Da sagte Sankt Elisabeth: »Hast du das gehört?« Und sie antwortete: »Ja«. Da sagte Sankt Elisabeth: »Ich sage dir, dass zwischen mir und der Wand ein *vögeli* lustig sang, und von der Süße war ich bewegt, auch zu singen, weil sein Gesang mich so erquickte.« [>L 2129]. [E<] Am dritten Tag vor ihrem Tod [167r] ließ sie alle weltlichen Leute von ihr gehen. Sie wollte auch die Edlen, die zu sehen und zu trösten pflegten, nicht zu sich lassen. Sie sagte, sie täte das, um über das strenge Gericht und über ihren strengen Richter nachzudenken. Nach dem achten Tag, Sankt Martin, beichtete sie dem Priester. Das reine Herz und das lautere Gewissen konnte nichts finden, dass nicht schon durch tiefe Reue vergeben war. O welch frommes Gewissen, das nicht bis [167v] zur letzten Stunde die Buße verschoben hatte.

De signis eximie devocionis. (VIII) c. III.
Als die heilige Frau Elisabeth gebeichtet hatte, fragte sie der Priester, was man mit ihrem Eigentum tun solle. Sie sagte: »Alles, was ich lange gehabt habe, gehört schon armen Leuten. Sie verfügte, dass man alles, was da war, um Gottes willen [den Armen] gäbe, bis auf einen einfachen Rock, in dem man sie begraben solle. Sie setzte kein Testament auf, außer Christus wollte sie keinen Erben haben. Sie wollte auch keine hoffärtige Leich [Leichenzug] [168r] oder ein feierliches Begräbnis. Sie suchte allein den Bund des Friedens, das unvergängliche Erbteil, das Gewand der Unsterblichkeit, die Gemeinschaft der Engel und das ewige Leben. Als sie das mit dem Meister besprochen hatte, bat sie zur Prim [erste Stunde], ihr den *fronlychamen* [Brot und Wein, Fleisch und Blut] unseres Herrn zu bringen. Sie verlangte danach mit großer Frömmigkeit, mit

mit grosser liebi, reinikeit der gedenck, mit
begirde des hёrtzen und grosser geistlicher
frӧide si enpfieng die [168v] ewig sṻss spise
daz mag nieman vӧlleklich betrachten won
der den si namm in der spise zṻ einem fṻr
man und geleiter des wёges den si gon solt.
Doch bi dem usseren zeichen mocht man er-
kennen die inner gnode. Dor noch ein gant-
zen tag rett si daz wort der worheit von dem
daz si in der predig gehört hatt. Und also
giengent usz irem herzen gůte wort und die
gesetzde der miltikeit wart gehört von ir
zungen. Und den gantzen tag biss ze vesper
beleib si in [169r] grosser andacht won si waz
teilhaftig worden des himmelschen tisches
und waz getrёncket mit dem cloren win der
Christus selber ist. Ӧch gedocht si des wie
únser Herre getröst hatt die heiligen schwes-
teren Mariam und Martham do der Laza-
rum iren brůder erkickte von dem tod und
wie únser Herre weinet mit den selben ob
dem toten. Und also gedocht si der süssikeit
únsers Herren und do worent etlich lút do bi
do die horten die wort der gnoden, do wur-
dent si sere [169v] weinend. Zṻ denen sprach
die dienerin Gottes Elysabeth die wort die
únser Herre sprach do er zṻ dem tod gieng:
»Ir tӧchteren von Ierusalem, nit weinend
úber mich sunder weinent úber úch.« Do si
daz gesprach do schweig si. Nun ist daz wӧl
ze wunderen won es wart gehört ein süsser
klang in ir kёlen und gelich stille hielt si den
mund und do die gegenwirtigen frogetend
waz daz were do sprach Sanct Elysabeth:
»Habent ir nit etlich gehört mit mir singen?«
Hie sol kein cristen mensch zwiflen do sig
gegen [170r] wirtig gewёsen ein grosse schar
der engel die habent süsseklich gesungen ir
ze verkúnden die süsse der ewigen frӧide die
si so bald enpfohen solt. Mit dёnen hett si
ӧch gesungen lob und ere únserem Herren.

großer *liebi* und mit reinen Gedanken. Mit
ihres Herzens Wusch und großer Freude ih-
rer Seele empfing sie [168v] die ewige, liebli-
che Speise. Das kann niemand ermessen, au-
ßer dem, den sie als Fuhrmann und Beglei-
ter für den Weg erwählte, den sie gehen sollte.
Von den äußeren Anzeichen konnte man die
innere Gnade erkennen. Noch einen ganzen
Tag lang sprach sie das Wort Gottes, das sie
in der Predigt gehört hatte. Aus ihrem Her-
zen kamen so gute Worte, und die Gesetze der
Barmherzigkeit verkündigte ihre Zunge. Den
ganzen Tag bis zur Vesper verblieb sie [169r] in
tiefer Andacht, da sie am himmlischen Tisch
gegessen und vom klaren Wein, der Christus
selbst ist, getrunken hatte. Sie dachte auch oft
daran, wie unser Herr die heiligen Schwes-
tern Maria und Martha getröstet hat, als er ih-
ren Bruder Lazarus vom Tod erlöste, und wie
unser Herr weinte mit ihnen um den Toten.
Ebenso dachte sie an die Liebe unseres Herrn.
Einige Leute, die dabei waren, hörten die Gna-
denworte und mussten heftig [169v] weinen.
Zu ihnen sagte die Dienerin Gottes Elisabeth
die Worte, die unser Herr sprach, als er in den
Tod ging: »Ihr Töchter Jerusalems, weint nicht
über mich, sondern weint über euch.« Nach
diesen Worten schwieg sie. Es war nun sehr
verwunderlich, als man einen süßen Klang aus
ihrer Kehle hörte und sie gleich wieder ver-
stummte. Die Anwesenden fragten sogleich,
was das sei. Da sagte Sankt Elisabeth: »Habt
ihr nicht einige mit mir singen hören?« Da
sollte kein Christenmensch zweifeln, da war
[170r] eine große Schar Engel, die haben so süß
gesungen, um ihr die ewige Freude zu verkün-
den, die sie so bald empfangen sollte. Mit die-
sen hatte sie zu Lob und Ehre unseres Herrn
gesungen. [>E]

Von dem usz gang irer heiligen sele und von dem erwirdigen dienst der do geschach bi dem heiligen lychamen.

Dor noch von dem obend lag si frölich mit grosser andacht biss zů dem han krot. [170v] Und die zit nohete do sprach Sanct Elysabeth als ein mensch daz sich sicher weiss zů den die bi ir sossend: »Waz wöltend wir tůn ob sich úns erzögte der vigend des menschlichen geschlëchtes.« Dor noch ze hand sprach si mit luter stimme: »Flůh, flůh!« Recht als ob si den vigend von ir tribe. Dor noch do Sanct Elysabeth hort den ersten han krot do sprach si: »Sehent nun ist úns gegenwirtig die stund dor inne ein jungfröwe gebar. Nun wellent wir reden von Gott und von dem [171r] kindli Jesus won es ist mitte naht, als geboren ist Jesus und in ein kripffen geleit. Und als er geschůff ein sternen mit siner allmëchtikeit der vor nie gesehen wart.« Und do si daz gerette dor wart si frölich als si nit kranck wëre. Doch sprach si: »Ich bin kranck aber ich valle in kein schmërtzen.« Dor noch alle die gegenwirtigen bevalh si Gott mit grosser andacht. Und also die gantz nacht und den gantzen tag als vor geseit ist waz si erhebt zů Gott mit [171v] begirde und rette stëteklich von Gott. Und zů leste gab si sich frölich ze růwe. Und di kúngin der himmel die wirdig můter Gottes erschein ir an irem ende und die gesegnete frucht irs libes haben ligen an ir brust. Und Sanct Elysabeth sprach: »O Maria nun kumm mir ze hilff und biss min geleit.« Und gelich als ob si schlieffe neigte si daz höbt und gab uff die heilig sele in die hend irs geminten Herren. Und also waz si gelidiget von dem schmërtzen des todes und ir komen engegen [173r] die scharen der engel und der heiligen und mit denen flög sy zů dem rich der himmel. Und wart do ein

Vom Ausgang ihrer heiligen Seele und von dem ehrwürdigen Gottesdienst für ihren Leichnam.

Vom Abend ab lag sie fröhlich in tiefer Andacht, bis der Hahn krähte. [170v] [L 2138<] Als diese Zeit nahte, fragte Sankt Elisabeth wie ein Mensch, der sich sicher fühlt, alle, die bei ihr saßen: »Was wollten wir tun, wenn sich uns der Feind des Menschengeschlechtes zeigen würde?« Danach rief sie mit lauter Stimme: »Fliehe, Fliehe«, so als ob sie den Feind von sich triebe.

De extrema expiracione eius. (VIII) c. IV.
Als Sankt Elisabeth danach den ersten Hahnenschrei hörte, sagte sie: »Seht, nun naht die Stunde, in der eine Jungfrau [ein Kind] gebar. Nun wollen wir von Gott und von dem [171r] kindli Jesus reden, denn es war Mitternacht, als Jesus geboren und in eine Krippe gelegt wurde. Da schuf er mit seiner Allmacht einen Stern, der nie zuvor gesehen wurde.« Nach diesen Worten war sie fröhlich, als ob sie nicht krank wäre. Doch sagte sie: »Ich bin krank, aber ich spüre keine Schmerzen.« [>L 2156] Danach empfahl sie alle Anwesenden Gott mit tiefer Andacht. [L 2164<] Die ganze Nacht und den ganzen Tag, wie zuvor gesagt, war sie zu Gott erhoben, [>L 2166] [160] wonach sie sich [171v] sehnte. Sie redete ständig von Gott. Zuletzt legte sie sich fröhlich zur Ruhe. Die Königin der Himmel, die ehrwürdige Mutter Gottes, erschien ihr an ihrem Ende mit der gesegneten Frucht ihres Leibes an der Brust. Sankt Elisabeth sagte: »O Maria, komme zu meiner Hilfe und sei mein Geleit.« [L 2166<] Und gleich, als ob sie schliefe, neigte sie ihr Haupt und gab ihre Seele in die Hände ihres geliebten Herrn. [>L 2168] So war sie befreit von den Todesschmerzen, und Scharen [173r] von Engeln und Heiligen kamen ihr entgegen, mit denen sie zum Himmelreich flog. [L 174<]

gůter süsser geschmack daz alle die gester-
cket wurdent und mit sunderer gnod getrös-
tet die bi ir worent. Und do si verschied do
waz si in dem fúnf und zwentzgesten ior irs
alters[11]*. Do nomend ir jungfröwen und an-*
der andächtig fröwen den heiligen lychamen
und leitend im an ein rock als si begert hatt.
Dor noch wart si getragen von geistlichen
lúten pfaffen [173v] und anderem volck in
ein kappellen mit gesang und gebett und mit
grossem weinen. Und do der tod der seligen
Elysabeth offenbar wart do samnetend sich
von vil stetten Sanct Bernhartz múnch und
ander örden lút und pfaffen und vil volckes
rich und arm mit andacht und ersamkeit zů
einem sölichen heiligen libfil. Und vil an-
dächtiger lút nomend von dem heiligen ly-
chamen Elysabeth etlich daz hor etlich die
vinger und ir nëgel und orlappen und etlich
stúck von [174r] irem gewande und behiel-
tend daz vir heiltům. Und do waz grosser
schmërtz und weinen der armen lút und ze
vorderest der krancken ze gelicher wise als
ir aller můter gestorben were. O wie grosse
glory und ere hett úber kommen die aller se-
ligest Elysabeth vir wor si ist so vil grösser
als vil si sich hie alle zit demütiger gehalten
hatt. Ir seliges stërben hatt ŏch geeret ir lie-
ber Herre Jesus mit manigen loblichen wun-
der zeichen won als ir erwirdiger lycham zů
der kilchen getragen waz, do hatt ein [174v]
unzallliche mënige der aller húbschesten vö-
gelin daz tach der kilchen bedecket, die so
maniger ley süss und ungehört stimmen des
gesanges usz liessen daz si alle die, die si
hortend zů einer beschöwung und einer vast
grossen verwunderung bewagtend. Daz si
alle mit ein ander schruwend und sprochent
die vögeli wërent on zwifel die heiligen engel.
Nit allein ir heiligen sele sunder irem heili-
gen lychamen ze eren von Gott dem Herren

Da war ein guter Duft, so dass alle, die bei
ihr waren, gestärkt und mit besonderer Gnade
getröstet wurden. [>E 176] [<E] Als sie ver-
schied, war sie 25 Jahre alt und im Witwen-
stand. Da nahmen ihre Jungfrauen und andere
fromme Frauen ihren Leichnam und zogen ihr
den Rock an, wie sie es gewünscht hatte. Dann
trugen sie geistliche Leute, Pfaffen [173v] und
anderes Volk unter Gesang und Gebet und
heftigem Weinen in eine Kapelle.

De exequiis circa corpus eius sacrum exhibi-
tis. (VIII) c. V.

Als der Tod der seligen Elisabeth bekannt
wurde, sammelten sich aus vielen Städten
Mönche von St. Bernhard und andere Ordens-
leute, Pfaffen und viel Volk, reich und arm,
mit Andacht und Ehrsamkeit zu einem solch
heiligen *libfil* [Trauerfeier].[>E] [L 2177<]
Viele fromme Leute nahmen von dem heiligen
Leichnam der Elisabeth Haare, Finger, Finger-
nägel, Ohrläppchen oder Stücke von [174r] ih-
rem Gewand und behielten es als Heiligtum.
Es war großer Schmerz und viele weinten, vor
allem die Armen und die Kranken, als wenn
ihre Mutter gestorben wäre. [>L 2198]

[E <] O welch großer Ruhm und welche
Ehre fielen der allerseligsten Elisabeth zu, viel
mehr als sie im Leben demütig war. Ihr seliges
Sterben wurde auch von ihrem lieben Herrn
Jesus geehrt, da sich viele Wunder ereigneten,
[L 2199<] als ihr ehrwürdiger Leichnam zur
kilchen getragen wurde. Da hat eine [174v] un-
zählige Menge hübschester *vögelin* das Kir-
chendach bedeckt. Sie sangen mit mancherlei
süßen und nie gehörten Stimmen, dass alle,
die sie hörten, ganz verzückt und sehr ver-
wundert waren, und alle miteinander riefen
und sagten, die *vögeli* wären ohne Zweifel
heilige Engel, die nicht allein ihrer heiligen
Seele wegen, sondern auch, um ihren heili-
gen Leichnam zu ehren, von Gott geschickt

engegen geschicket dor an öch gantz [175r]
kein zwifel ze habent ist. Und wart öch do
in den lúfften gehört mit einer aller süsse-
ten melodyen oder getön daz respons gesang
Regnum mundi: Ich hab verschmohet daz
rich der wëlte und alle ir gezierde et cetera.
Als man pfligt ze singen von den jungfröwen.
Und von bëtt des volckes liess man den hei-
ligen lychamen Sanct Elysabeth biss an den
vierden tag ston uff der erden in einer gros-
sen menige die do sungen und losen Gottes
lob. Won der lycham waz nit ein vorcht sun-
der ein ere. Nit schúlich sunder [175v] lie-
plich won er kein zeichen des todes hatt denn
allein daz er bleich waz. Und umb daz das
der heilig lycham nit waz noch ist ein unrei-
ner geschmack der súnden. Sunder er ist und
sol werden ein appotecke göttlicher gnoden
und ein alabaster der tugend, dorumb gieng
von im kein böser röche sunder ein wun-
derbarer süsser röch und ein lustlicher ge-
schmacke als edel kosper wurtzen riechung
daz alle die do gegenwirtig worent in dem
lib und in dem geist do von erkicket wurent.
Söli- [176r] che gúte riechung und gesmack
on zwifel ir aller liebster gemahel der Herre
Jesus Christus siner kúschen gesponsen über
natúrlich in gegossen hatt úns zú einer er-
zöigung in wie grosser luterkeit der kúschi-
keit si ir fleisch mit dem geist behütet hatt.
Dorumb wer wolt die gegenwirtikeit eines so
wöl riechenden lychamens nit begeren und
wën wölte eins so reinen toten libs nit ge-
lusten.

Von dem betrübten bestatten des heiligen lych-amens Sancte Elysabeth.

[176v] An dem vierden tag do volbroht wart
andëckteklich und erlich die heilig mëss, do
trügent si ze grab den reinen balsamen in si-
nem vësslin und leiten den túren edlen stein

waren, [175r] daran könne niemand Zwei-
fel haben. Aus den Lüften war auch eine al-
lersüßeste Melodie oder ein Tönen zu hören,
[>L 2209] nämlich das *Responsorium Regnum
Mundi*: »Ich habe verschmäht das Reich der
Welt und alle ihre Zierde«, wie man es von den
Jungfrauen zu singen pflegt. [> E]. [L 2169<]
Auf Bitten des Volkes ließ man den heiligen
Leichnam der Sankt Elisabeth bis zum vierten
Tag offen liegen inmitten einer großen Menge,
die sang und Gottes Lob hörte. Der Leich-
nam war nicht zum Fürchten, er war ehrsam,
nicht abscheulich, [175v] sondern lieblich, weil
er keine Zeichen des Todes trug noch bleich
wurde. Um den heiligen Leichnam ist kein un-
reiner Geruch der Sünde, sondern er ist und
wird eine Apotheke Gottes und ein Alabaster
[-Gefäß] der Tugend. Deshalb ging von ihm
kein Gestank, sondern ein wunderbarer, sü-
ßer Duft aus, [>L 2177] [E<] so wie kostbare
Kräuter duften, so dass alle Anwesenden an
Leib und Seele erquickt wurden. Solch guten,
übernatürlichen Geruch und Duft hat ohne
Zweifel ihr allerliebster Herr Jesus Christus
über seine keusche Gefährtin ausgegossen,
um uns zu zeigen, in welch großer, lauterer
Keuschheit sie ihren Leib mit dem Geist behü-
tet hatte. Wer wollte deshalb nicht nach solch
einem wohl riechenden Leichnam verlangen
und nicht einen so reinen, toten Leib begehren.

Von der traurigen Bestattung des heiligen Leichnams der Sankt Elisabeth.

De venerabili et lacrimosa sepultura. (VIII) c. VI.

[176v] An dem vierten Tag, als eine andäch-
tige und ehrenvolle, heilige Messe gehalten

under ein verworffenen stein. Und under des geschach ein gross vergiessen der trëhen und súnfzen und weinen. Den súndern wart gegebene rûwe den gůten andacht. [177r] Und die alle mit ein ander lobten und danckten Gott mit gebëtt und erwirdikeit. Dise ding sint beschehen in Hessen lande bi der statt Marckburg in einer capellen eines spitals, daz des edlen kúnges tochter und dienerin Christi Sanct Elysabeth mit irem eigenen kosten oder gúlt gebuwen hatt. Und do worent und gegenwirtig vil ëpte und geistlicher lút und ein grosses volcke die von Gottes willen und ordnung dar gesamnet worent. Und die volbrochtend [177v] die begegnisse der lych so ersamklich und mit grosser cristenlicher heilikeit. Dis beschach in dem ior noch Gottes gebúrt m cc und xxxj in dem monat november an dem vierden tag noch dem als die heilig fröw Sanct Elysabeth von disem armen lëben brocht wart zů der richen rûwe des ewigen lëbens. Dor zů helffe úns durch irs gebëttes willen Gottes sun únser Herre Jesus Christus der sy gebenedyet in ewikeit. Amen.

[178r–204v] Dis sint etliche wunder und zeichen die Gott durch sin andëchtige dienerin Sanct Elysabeth hett gewúrckt.

war, trugen sie den reinen Balsam in seinem *vässlin* [Fässlein] zu Grabe und legten den kostbaren Edelstein unter einen einfachen Stein. Dabei wurden viele Tränen vergossen, es wurde viel geseufzt und geweint. Die Sünder verspürten Reue, die Frommen Andacht, [177r] und alle miteinander lobten und dankten Gott mit Gebet und Ehrerbietung. Diese Dinge ereigneten sich in Hessen bei der Stadt Marburg in der Kapelle des Spitals der edlen Königstochter und Dienerin Jesu Christi, welches Sankt Elisabeth mit ihrem eigenen Geld oder Gold gebaut hatte. Es waren da viele Äbte und Geistliche und viel Volk nach Gottes Willen und Ordnung versammelt. Sie vollzogen das Leichenbegängnis [177v] ehrenvoll und mit großer christlicher Frömmigkeit. Es geschah im Jahr 1231 nach der Geburt unseres Herrn im Monat November, am vierten Tag, nachdem die heilige Frau Elisabeth von diesem Leben zur reichen Ruhe des ewigen Lebens gebracht war. Dazu helfe uns um ihres Gebetes willen unser Herr Jesus Christus, der gebenedeit sei in Ewigkeit, Amen. [>E]

[Es folgen einige Kapitel über die Wunder [178r–204v] an ihrem Grab und an anderen Orten, die nicht bearbeitet werden.]

Diskussion der Legende des Dietrich von Apolda

Über den edlen Stamm ihrer Vorfahren …

Mit den Ahnenlisten (siehe Anhang 1) der Vorfahren von Elisabeth von Ungarn und Ludwig IV. von Thüringen, der Sophie von Wittelsbach, des Hermann I. von Thüringen, der Gertrud von Meranien und des Andreas II. von Ungarn ist der Stand der Elisabeth und der Landgrafensöhne zu erklären. Die Generation der Eltern hat die Ehe (vermutlich) zwischen dem ältesten Sohn Hermann (* vor 1200, † 31.12.1216), dessen Lebensdaten allerdings umstritten sind, oder zwischen Ludwig und Elisabeth ausgehandelt. Zur Ebenbürtigkeit gehörten mindestens 16 ritterbürtige Vorfahren sowie eine nicht zu nahe Verwandtschaft, da diese eine kirchliche Eheschließung verbot.

Die Familien waren alle miteinander versippt, besonders die der Sophie und der Gertrud. Gertruds Großmutter Hedwig von Wittelsbach († 1178) war eine Tante der Sophie. Es gibt auch frühere Verbindungen zwischen den Bayern und den Ungarn, auch über die Grafen von Loos, die wohl für die Thüringer nicht so wichtig waren. In das geopolitische Konzept passte eher die Verbindung zu den Staufern. Hermanns Großvater Friedrich II. von Schwaben (1090–1147) war der Urgroßvater Kaiser Friedrichs II. (1193–1250), der somit ein Neffe dritten Grades des Hermann

gewesen ist, allerdings ein »Halbneffe«, denn Hermann stammte aus der Ehe Friedrichs II. von Schwaben mit Agnes von Saarbrücken, Kaiser Friedrich II. hingegen aus der Ehe mit Judith von Bayern. Die enge Verbindung derer von Andechs-Meranien mit den Staufern zeigt auch, dass die Ehe zwischen Heinrich VI. (1165–1197) und der Constanze von Altaville (1154–1198), den Eltern Friedrichs II., von dem Patriarchen von Aquilea geschlossen wurde.[13] Dieser war Bertold († 1251), ein Bruder der Gertrud, der Mutter Elisabeths. Nicht zu vergessen ist auch der andere Bruder der Gertrud, Ekbert, Bischof von Bamberg, der nach dem Tode des Gegenkönigs Philipp 1208 zu seiner Schwester nach Ungarn floh und erst 1211 wieder als Bischof nach Bamberg zurückkehrte. Ekbert war – zu Unrecht – des Mordes an Philipp angeklagt und mit der Reichsacht belegt worden.

Bischof Ekbert und sein Bruder Bertold bewegten sich in demselben »geistlichen Netzwerk«. Bertold, der als Domprobst in Bamberg begann, wurde um 1206/07 Erzbischof in Kolocsa in Ungarn und übernahm dort auch als Wojwode von Siebenbürgen und Graf von Bacs und Bodrog »weltliche« Aufgaben. Er soll auch in Abwesenheit des Königs zusammen mit seiner Schwester Gertrud in der Regierung Ungarns mitgewirkt haben. Nach der Ermordung Gertruds blieb er in Ungarn, bis er 1218 Patriarch von Aquilea wurde.[14]

Eine weitere enge Verbindung zwischen den Thüringern und den Staufern bestand in der Person Herzog Ludwigs I. von Bayern, einem Bruder der Sophie, also einem Onkel des Landgrafen Ludwig von Thüringen. Der Bayer hatte sich 1211 dem jungen Friedrich II. gegen Kaiser Otto VI. angeschlossen.

Die am Anfang erwähnte Verwandtschaft mit König Ottokar I. von Böhmen (1155–1230) [16r] war in der Tat sehr nah: Ottokar war ein Cousin Hermanns. Die Eltern Ottokars waren Jutta von Thüringen (1135–1174), eine Tante Hermanns I., und König Wladislaw II. von Böhmen († 1174/75). Anzumerken ist, dass Ottokar I. in zweiter Ehe Konstanze von Ungarn (1180–1240) heiratete, die jüngste Schwester des Königs Andreas II. von Ungarn. Aus dieser Ehe stammt die selige Agnes (1211–1282), die »Schreibfreundin« der hl. Klara von Assisi.[15]

Die »Achse« Pressburg-Prag-Eisenach (Gertrud-Konstanze-Sophie) ist in der Literatur wenig beachtet,[16] obwohl bekanntlich gerade die Damen sich mit Heiratsplänen beschäftigten. Jedenfalls sind die kurzen Angaben des Kaplans Berthold zur politischen Lage und zur Verwandtschaft der Thüringer korrekt.

Eine Notiz zu einem Kreuzzug beleuchtet die Familienbande, in des Wortes doppelter Bedeutung. An der Fahrt über See im Jahr 1217 nahmen teil:

»Leopold VI., Herzog von Österreich, sein Cousin Andreas II., König von Ungarn [Andreas' Vater Geza II. und die Mutter Helena des Leopold waren Geschwister], […] dessen Schwager Ekbert, Bischof von Bamberg, und Otto I. (VII.), Herzog von Meranien, Graf Poppo von Henneberg [noch nicht Schwager der Thüringer] und viele andere.«[17]

Der erwähnte Graf Poppo VII. von Henneberg (* vor 1202, † 1245) war der zweite Mann der Jutta von Thüringen (1183–1253), der Halbschwester Ludwigs, die in erster Ehe mit dem Markgrafen von Meißen verheiratet war. Als dieser verstarb, wurde Ludwig Juttas Vormund. Sie heiratete dann im Jahr 1223 den Henneberger Grafen, ohne Ludwig um Erlaubnis zu fragen, worauf ein heftiger Zwist zwischen dem Henneberger und Ludwig folgte [B 32 f]. Poppo von Henneberg gehörte zu den Sängern auf der Wartburg. In erster Ehe war er mit Elisabeth von Anhalt verheiratet.[18]

Auf der anderen Seite haben wir den Erzbischof von Mainz und Salzburg, Konrad von Wittelsbach (ca. 1130–1200), ein Onkel der Sophie, der Schwiegermutter von Elisabeth. Unter der Ägide Konrads wurde Marburg 1195 niedergebrannt.[19] Es ist zu vermuten, dass die Hochzeit Hermanns I. mit Sophie im Jahr 1196 ein Teil der Friedensgeschäfte zwischen Thüringern und den Wittelsbachern war. Erzbischof Konrad nahm am Kreuzzug 1197 teil und stand als Kanzler des Kaisers Friedrich Barbarossa auf Seiten der Staufer. Sein Nachfolger in Mainz wurde Sigfrid II. von Eppstein (um 1165–1230), zu dessen *fründen* der Bischof Konrad von Hildesheim gehörte, dessen Konsekration er 1221 in Erfurt vollzog.[20] Ein weiterer Protegé des Mainzer Bischofs war Konrad von Marburg, den Elisabeth später als Beichtvater wählen sollte.

… und die Vorhersage ihrer Geburt durch einen Sternseher

Mit den Schilderungen der Geburt der Elisabeth begibt sich Dietrich von Apolda in das Reich der Legende. In seinem Text fehlt die Begründung für die Anwesenheit Klingsors in Eisenach. Es entsteht der Eindruck, Klingsor wäre wegen des Streits zwischen den Welfen und den Staufern eingeladen worden: [16v] »… noch der begerung des fürsten von sach wegen«. Bis dahin war eben nur der Streit zwischen Philipp und Otto erwähnt. Bei Berthold ist hingegen klar beschrieben, es ginge um den Streit der Sänger, wer denn nun der beste sei. Genannt werden

> »sechs ersame wol geborne di da sprechins un dichtins uff meisterschaft wol ervarn warn [...] Heinrich, der tugentliche schrieber, der ander Walther von der Vogelweide, der dritte Reinhart von Zwetzin, der virde Wolfram von Eschinbach, der fümfte hiz Bitterolf, der sechste unde der wegiste hiz Heinrich Afterding.« [B 9f.]

Nun, dieser Heinrich bangte um sein Leben, floh unter den Mantel der Sophie und bat um Hilfe, nämlich durch den Meister Klingsor. Dessen Besuch hatte mit der »hohen« Politik also nichts zu tun. Eine vernünftige Erklärung für Klingsors Vorhersage [B 10–11] der Geburt der Elisabeth wäre, dass er schon von dieser Geburt wusste und seinen Hokuspokus veranstaltete, um den Landgrafen auf die Hochzeitspläne der Ungarn (Gertrud?) richtig einzustimmen. Es lohnt sich bei Moses 4: 22–24 über Bileam, den Sohn Beors, »den heidnischen prophetin Balaam«, nachzulesen. Warum vergleicht Berthold Klingsor mit dem doch ein wenig zwielichtigen Bileam? War es nur wegen 4. Moses 24,17: »Es wird ein Stern aus Jakob aufgehen, und ein Zepter aus Israel aufkommen, und wird zerschmettern die Fürsten der Moabiter, und verstören alle Kinder des Getümmels«? Bei 2. Petrus 2,15 steht: »Sie haben verlassen den richtigen Weg und gehen irre und folgen nach dem Weg Bileams, des Sohnes Beors, welcher liebte den Lohn der Ungerechtigkeit.« Die Aussage Klingsors, er sehe »einen stärnen der lüchtet von ungern

biss zue marckburg und von marckburg in alle dise wëlt«, kommt in ähnlicher Form in der Klara-Legende des Thomas von Celano vor, wo es heißt: »Frau [Ortulana, die Mutter der hl. Klara], zage nicht, du wirst ohne Gefahr ein Licht zur Welt bringen, das die Erde selbst heller leuchten lassen wird.‹ Dies sprach eine Stimme zu Ortulana, als sie in einer Kirche vor dem Kreuz für eine gesunde Geburt betete.«[21]

Klingsors Existenz ist außerhalb der Elisabeth-Legende nicht verbürgt. Da Bertholds Bericht nicht im Original erhalten ist, könnte dieser Klingsor eine später eingefügte Legende sein. Allerdings wird Klingsor bzw. »Clingeshor« mit fast der gleichen Geschichte in der *Cronica Reinhardsbrunnensis* aufgeführt.[22] Später erscheint Klingsor in der Manesse-Handschrift [fol. 219v] zusammen mit dem Landgrafen-Ehepaar und den Sängern Walter von der Vogelweide, Wolfram von Eschenbach, Reimann dem Alten, dem tugendhaften Schreiber und Heinrich von Ofterdingen.[23] Nicht abgebildet sind auf dieser Miniatur Biterolf und Reinmar von Zweten. Aus des Kaplan Bertholds Geschichte wuchs die Saga vom Sängerkrieg auf der Wartburg.

Vom Reichtum und der Macht des Königs von Ungarn und wie seine Tochter reich ausgestattet nach Thüringen kam

Im Weiteren [18v] folgt Dietrich wieder dem Bericht Bertholds. Merkwürdig ist, dass Berthold de facto Ludwig als erstgeborenen Sohn des Landgrafen Hermann nennt. Einige Quellen nennen als Erstgeborenen einen Hermann (* vor 1200(?), † 31. 12. 1216).[24] Dessen Existenz und früher Tod könnten wohl die Schwierigkeiten erklären, die vor der Hochzeit Elisabeths mit Ludwig auftraten. Es wurde, wenn es so stimmt, diskutiert, Elisabeth nach Ungarn zurückzuschicken oder in ein Kloster zu stecken, während für Ludwig andere Verbindungen geplant wurden [32v–36v]. Die Zeilen, die nicht von Berthold stammen, das Beten der Eltern und die Geschichte mit dem Barfüßer, sind fromme Legenden. Der Barfüßer gehört allerdings in die Reihe der Minoriten und Franziskaner, deren Zahl mit dem Fortschreiben der Elisabeth-Legenden zunimmt. Keiner davon wird etwa im *libellus* erwähnt. Heiligenlegenden sind keine Biografien im heutigen Sinn, auch Urkundenfälschungen waren im Mittelalter häufig. Es ist aber offensichtlich, dass die Legendenschreiber, Angehörige verschiedener Orden, ihre Brüder mit in das Legendenbild »hineinschrieben«. Besonders die Franziskaner versuchten zunehmend, Elisabeth als »ihre« Heilige darzustellen. So soll etwa ein Franziskaner namens Rodeger schon die jugendliche Elisabeth für die franziskanischen Ideen gewonnen haben. So schrieb es der berühmte Franziskaner Jordanus von Giano 30 Jahre nach dem Tod der Elisabeth in seinen Memoiren.[25] Weder der *libellus* noch Berthold noch Dietrich von Apolda kennen diesen Rodeger, womit dieser als sagenhaft einzustufen ist; vor allem aber ist sein Einfluss auf Elisabeth schlicht erfunden. Es gab einen Franziskaner Rodeger, der Vorsteher des Franziskanerkonvents in Halberstadt war.[26] Eine andere Tendenz scheint hier auf, nämlich die, dass sich sehr viele Autoren bis heute nicht vorstellen können, dass eine Frau von sich aus ähnliche Ideen wie etwa Franz von Assisi entwickeln konnte, ja, dass eine Frau überhaupt eigene Ideen hatte.

Ein wichtiges Detail des Berthold'schen Berichtes über die Ereignisse in Ungarn ist Walter von Varillas[27] Verpflichtung gegenüber Elisabeth. Gertrud sagte: »Mein Trost sei deiner Treue und ritterlichen Ehre an befohlen«, und Walter versprach es. Er hat sein Versprechen gehalten, in den Krisen vor der Eheschließung und nach dem Tode Ludwigs, als es um die finanzielle Ausstattung der Witwe Elisabeth ging. Elisabeths bräutliche Aussteuer muss wirklich außerordentlich gewesen sein und mag erklären, dass sie »vielleicht« Probleme hatte, diese nach dem Tod Ludwigs zu behalten. »Vielleicht«, weil schon damals galt, dass Witwen einen unanfechtbaren Anspruch auf ihre Aussteuer hatten.[28]

Die Ermordung der Gertrud von Ungarn aus dem Hause Andechs-Meranien im Jahr 1213 durch ungarische Adelige entspricht den Tatsachen [22v]. Gertrud wird als Frau mit einem männlichen Herzen in einem fraulichen Körper bezeichnet: »corps feminin, coeur d'homme …« [20v], wie Jahrhunderte später auch Clément Marot (1496–1544) Margarete von Navarra (1492–1549) beschrieb.[29]

Kindheit und Jugend [22v]–[35r]

Hier setzt nun der Bericht der Frauen ein, die nach Elisabeths Tod von einer Kommission befragt wurden, um einen Vorschlag für die Heiligsprechung zu erarbeiten. Das Ergebnis ist der sogenannte *libellus*. Wie Huyskens überzeugend dargelegt hat, sind die acht erhaltenen Abschriften des Dokuments authentisch. Auch scheinen die redaktionellen Eingriffe der Kommission, bestehend aus Bischof Konrad II. von Hildesheim, Abt Hermann von Georgenthal und Abt Ludwig von Hersfeld, gering gewesen zu sein. Über Kindheit und Jugend Elisabeths wurde die Spielgefährtin Guda befragt. Sehr glaubwürdig und eben von Frauen berichtet sind die Details der Spiele, die Beschreibung der Kleider (Ärmel mit Brisen) sowie die schon eher kläglichen Versuche Elisabeths, eine Kuh zu melken, zu kochen oder zu nähen. Was sie an »weiblichen« Tätigkeiten beherrschte, war wohl nur Wollezupfen und Spinnen. Selbst zum Flachsspinnen waren ihre Hände zu zart. Andererseits geht schon aus dem Bericht über die Spiele auf dem Hof der Kreuzburg hervor, dass Elisabeth die Anführerin war und ihre Mitspielerinnen überlistete, indem sie behauptete, ihre Größe messen zu wollen: »Mensuremus nos que nostrum sit longior«, heißt es in direkter Rede im *libellus*. Ihre Absicht war jedoch, die anderen Kinder zum Beten im Liegen (»venien«) zu bringen [25r]. Über derartige kleine, sehr menschliche (oder weibliche?) Listen wird noch einige Male berichtet. Elisabeth zeigte auch Härte, sie »zwang si ze beten« [25r], d. h. die ärmeren Kinder bekamen Geld von ihren Spielgewinnen, aber nur, wenn sie zuvor beteten.

Ebenso im Libellus sehr schön aufgeführt ist auch das kindliche Betragen; Elisabeth tat so, als ob sie den Psalter lesen könne: »cum enim esset quinquennis et literas omnino ignoraret, prolovit se frequenter ante altare, expandens coram se psalterium tamquam orans.«[30] [L 260] Der erwähnte Psalter könnte bis heute erhalten sein.[31] Solche Details hat bereits Dietrich von Apolda nicht weiter beschrieben, übrig bleibt das demütige Beten. Auch das Spielen wird nur noch verkürzt dargestellt, etwa »… ludo in unum pedem saliens …« (Hüpfen auf einem Bein) oder »… ludo annulorum …« (Ringspiel).

Die Begegnung mit Christus hingegen ist wieder eine spätere Einfügung, sie ist nicht im *libellus* zu finden. Elisabeths Wahl ihres persönlichen Heiligen, des Evangelisten Johannes, ist auch verkürzt dargestellt. Diese war seiner-

zeit, zumindest für Adelige, eine Art Lotterie, dreimal wurden Kärtchen oder Kerzen mit den Namen der Heiligen gezogen. Zu Dietrich von Apoldas Zeit war das Verfahren wohl noch gebräuchlich und im Egerland ist die Sitte sogar im vorigen Jahrhundert noch bekannt gewesen,[32] doch heutige Katholiken kennen den Brauch nicht mehr. Für sie gibt es nur noch den Namenstag am Tag der Geburt des Heiligen.

In den lateinischen Fassungen der von Dietrich von Apolda überlieferten Legenden kommt das Rosenwunder nicht vor. Es findet sich in einem Heidelberger Codex[33] und in einer Basler Handschrift.[34] Im Heidelberger Text wird es zusammen mit den kindlichen Gebeten an den ungarischen Hof zurückverlegt. Dasselbe Wunder wird auch für die hl. Klara berichtet.[35] Die Handschrift Thennenbach 4,[36] die auf Thomas von Celano zurückgeht, kennt dieses Wunder nicht. Das Büchlein enthält aber eine Miniatur der Sibilla von Bondorf, die Sankt Klara mit den Rosen im Schoß zeigt. Die Jahresangabe (ca. 1212) zum Tod des Landgrafen Herrmann ist falsch. Landgraf Herrmann starb 1217, der älteste Sohn Herrmann 1216 (?). Die Probleme [33r f.], die in der Zeit vor der Heirat mit Ludwig auftraten und die im *libellus* auch, allerdings kürzer, geschildert werden, könnten ihre Ursache im Tod des eigentlichen Erben haben. Die Geschichte wird sinngemäß durch Berthold bestätigt (35v–37r). Das Eingreifen Walters von Varilla führt zu einem guten Ende [36v–40r]. Dort tauchen zwei Märchenmotive auf: der Berg aus Gold und der wundersame Spiegel. Die Erzählung, wie Elisabeth mit den Mägden verkehrt [35r], erinnert an das Aschenputtel. Die Hochzeit fand im Jahr 1221 statt, Elisabeth war 14 und Ludwig 21 Jahre alt.

Die Landgräfin Elisabeth

Hier schöpft Dietrich von Apolda aus der Chronik des Kaplans Berthold und aus dem *libellus*: Nun ist die Hofdame Ysentrud vom Hörselgau (Landschaft und Ort östlich von Eisenach) die Berichterstatterin. Die Ehe war wohl ungewöhnlich glücklich. Schon am 28. März 1222 wurde der Sohn Herrmann geboren, es folgten Sophie (20. März 1224) und Gertrud (29. September 1227). Gertrud wurde nach dem Tode Ludwigs (11. September 1227) geboren, aber offensichtlich gezeugt, nachdem Ludwig auf dem Hoftag in Frankfurt 1224 das Kreuz genommen hatte.[37] Eigentlich war in dieser Zeit Enthaltsamkeit gefordert. Elisabeth pflegte in der Ehe weiter intensiv zu beten und sich auch zu kasteien, wobei ihre Aussage [42v] »kann ich nicht unentwegt beten, so will ich doch meinem Körper zwingen, einige Zeit auf das weiche Bett zu verzichten« nicht der Formulierung der Frau Ysentrud entspricht [L 596–599]: »Es ist nicht möglich, dass ich immer bete. Aber ich möchte doch mein Fleisch kasteien und mich von meinem heißgeliebten Gatten trennen.«[38] Nun wurden ja Handschriften wie die Freiburger Elisabeth-Handschrift auch zur Lesung im Kloster genutzt, da war ein wenig Zensur schon angebracht. So auch in der Geschichte mit dem Zeh des Landgrafen, wo fehlt [L 584–587]: »Es geschah, als besagte Ysentrud sie [Elisabeth] wecken wollte, sie den Herren [Ludwig] am Fuß zog, weil er seinen Unterschenkel in Richtung seiner Frau gestreckt hatte.«[39] *Honi soit qui mal y pense.*

Schwierig wird es mit dem Auftreten Konrads von Marburg. Durch Dokumente gesichert ist, dass er zum Verwalter der geistlichen Güter Ludwigs, *ecclesiastica beneficia*, ernannt wurde. Ein Brief Gregors IX. vom 12. Juni 1227 bestätigt dies. Mit gleicher Post erhielt Konrad von Marburg den Auftrag, die Ketzerverfolgung in Deutschland, *Theutonie pravitatis heretice sectatores*, zu verschärfen.[40] Zugleich, also vor dem Juni 1227, gelobte Elisabeth mit Einverständnis Ludwigs Keuschheit nach dessen Tode und Gehorsam in die Hand Konrads. So erscheint es vernünftig. Im Text Dietrichs jedoch ist es nicht so einfach: Es gibt diese erste Begegnung mit Konrad, in der er ihr die 12 Regeln auferlegt [44v f]. Im Zusammenhang mit ihren Verhalten bei Tisch (46v f.) heißt es dann, sie habe Meister Konrad mit Zustimmung ihres Gemahls Gehorsam versprochen. Später findet sich [91v] das Gelöbnis im Katharinenkloster in Eisenach und, anlässlich des Besuchs der Markgräfin von Meißen, die Bemerkung: »Und die underténikeit hilt si dem meister zwey ior bi irs herren leben und vil me noch sinem tod.« [92v] Damit fiele das Gelöbnis in das Jahr 1225, vier Jahre nach der Eheschließung. Allerdings fehlt diese Zeitangabe im *libellus*, wie wenige Zeilen zuvor in Dietrichs Text zu lesen ist [L 737]. Nach dem *libellus*, so meint Huyskens, wäre Konrad 1226 Elisabeths Beichtvater geworden, als Nachfolger des »Rodeger«, dessen Qualifikation hierfür aber in Zweifel gezogen wird.[41] Möglich ist, dass Meister Konrad 1225 nach Eisenach kam, aber es erscheint geradezu unglaublich, dass der »Ketzermeister« Elisabeth die Evangelien lehren sollte. Einer der Frevel der Katharer und Waldenser, die Konrad verfolgte, war schließlich der eigene Gebrauch der Bibel; erstere bevorzugten besonders das Johannes-Evangelium. Dieses erste Auftreten des Konrads samt seinen 12 Regeln hat also den Geruch einer späteren Erfindung.

In neueren Publikationen wird das »erste Gelöbnis« in das Jahr 1226 gelegt, entweder vor[42] oder nach[43] dem Zug Ludwigs nach Cremona. Das Frühjahr 1226 scheidet auch deshalb aus, weil Ludwig am 22. April 1226 in Ravenna eintrifft[44], die Reisezeit für ca. 1.000 km dazugerechnet. Bei etwa 30 km pro Tag sind das über 30 Tage. Plausibel erscheint eigentlich nur das Datum 1227, weil es durch das Keuschheitsgelöbnis auch die Nachfolge des Sohnes Hermanns sicherte. Wichtig ist auch Elisabeths Aussage: »sed cogitabam melius facere magistro Cunrado …« [L 1873], auf Deutsch: Ich aber wählte Konrad, weil er arm lebte.

Berichtet Berthold korrekt [B 28, 26 f] in der Sache der rechtlichen Herkunft der Speisen an des Landgrafen Tafel, so hatte das mit Konrad nichts zu tun. Da Berthold dann später von der Fahrt Ludwigs und Elisabeths nach Ungarn berichtet [B 30, 29 f], die sicherlich 1222 stattfand, scheidet Konrad von Marburg als Initiator dieser Angelegenheit aus. Im *libellus* berichtet Ysentrud jedoch, es sei Konrad gewesen, der diese Askese anordnete. Ysentrud hatte gute Gründe, Konrad eher zu hassen, also schob sie diese Geschichte ihm in die Schuhe. Oder aber die Kommission hat hier korrigierend zu Gunsten Konrads eingegriffen, schließlich war der Abt Konrad II. von Hildesheim einer der ehemaligen Förderer des Konrad von Marburg. Wie dem auch sei, verloren geht oft, dass Elisabeth Honigtörtchen und kleines Geflügel schätzte und auch den Wein aus den Gärten des Landgrafen genoss.

Hier erscheint auch eine weitere Eigenschaft der Elisabeth, ihre Heiterkeit, ihr Lachen, das im Bericht der »Mägde« immer wieder auftaucht, sowie ihre Führungsstärke und ihre Lust an kleinen Listen. In dieser Zeit beginnt auch die karitative Tätigkeit der Elisabeth. Sie nimmt einen Kranken in ihren Garten auf und pflegt ihn. Die herbeieilenden Dienerinnen lachte sie aus [72v], so findet es sich auch im *libellus* und in den lateinischen Fassungen. Allerdings wird die Geschichte in der Freiburger Fassung um die Umwandlung von Haaren in Seide erweitert. Das zweite Ereignis folgt in den lateinischen Fassungen direkt danach und stammt offensichtlich von Berthold: Elisabeth nimmt einen Kranken auf und führt ihn bis in das Ehebett. In der Freiburger Fassung ist es verschoben [72v–75v] und Ludwig sieht einen realen Kruzifixus im Bett liegen, während Ludwig es bei Berthold und in den lateinischen Fassungen mit seinem inneren Auge sieht. Die Ortsangabe des Berthold, die Neuenburg, entfällt in allen Fällen. In den lateinischen Fassungen petzt die »hartherzige« Schwiegermutter, in der Freiburger Fassung petzen die Diener. Es sind Nuancen, aber sie zeigen das Wachsen der Ranken um den historischen Kern. In der Freiburger Fassung wird das »Kreuzwunder« noch verstärkt durch den Bericht, ein Benediktiner habe das zugehörige Leintuch noch 1478 in Marburg gesehen. Dieses Datum ist wichtig für die Freiburger Handschrift; das andere ist das Datum der Fertigstellung, 14. März 1481. Innerhalb dieser drei Jahre ist die Handschrift wohl geschrieben worden. Infolge dieses Wunders stellt Sibilla von Bondorf Elisabeth mit einem Kruzifixus in der Linken dar.

In der karitativen Tätigkeit erkannte Elisabeth wohl sehr früh ihre Aufgaben. Sie tat es allerdings nicht »blindlings«, sondern geplant und nachhaltig. Die zwei wichtigen Beispiele sind ihre Bewältigung der Hungersnot in Thüringen (80v f) und die Verteilung von 500 Mark in Marburg [254v f]. Dieses Verhalten unterscheidet sie deutlich von dem hl. Franz, der sein Vermögen verschenken wollte, es letztendlich aber doch dem neu gegründeten Orden überließ. Es ist andererseits auch so, dass Elisabeth verschiedentlich androhte, alles zu verschenken und betteln gehen zu wollen; das geschah aber zunehmend nach Ludwigs Tod.

Während der Hungersnot in Thüringen war Ludwig auf einer »Dienstreise« zum Hoftag in Verona. Elisabeth verteilte das Korn aus den Zehntspeichern, richtete ein Hospital für die Kranken ein, brachte den Kindern Spielzeug, kümmerte sich um Taufe, Beichte, Kommunion und Beerdigung. Es wird allerdings auch berichtet, dass sie eine schläfrige Frau mit der Rute schlug, um sie zur Beichte zu zwingen [154v–155] – dieses Detail verschwand im Lauf der Zeit. So gesehen war Elisabeth auch ein Kind ihrer Zeit, sie schlug und ließ sich schlagen. Von Meister Konrad nahm sie Schläge hin; sie pflegte zu sagen, auch Christus habe schließlich Schläge erdulden müssen. Interessant als rechtliches Detail [91r–92v] ist Folgendes: Als Elisabeth beim Besuch der Markgräfin Jutta von Meißen den Befehl Konrads, zu seiner Predigt in die Kirche zu kommen, ignorierte, ließ er zwei ihrer Mägde schlagen. (Er musste das Recht des Staates anerkennen, sein Recht bezog sich nur auf den geistlichen Bereich des Beichtvaters. Nur an dieser Stelle steht übrigens, dass sich die Mägde bis auf das Hemd ausziehen mussten, nie findet sich so etwas für Elisabeth. Alles dazu sind spätere erotisierende Erfindungen.) Es ist natürlich auch so, dass Elisabeth ihn durch ihr demütiges Verhalten zwang, sie weiter als Beichtkind zu behalten. Insofern hatte sie ihn gewissermaßen in der Hand und das wusste er. In seinem Brief an den Papst nennt Konrad sie »mulier indubitanter prudentissima«[45].

Im Folgenden wechseln sich Abschnitte über Ludwig aus Bertholds Biographie mit klar erkennbaren Legenden und weiteren Abschnitten aus dem *libellus* ab, die nicht viele neue Erkenntnisse über Elisabeth bringen. Zu erwähnen ist die Sitte, am Karfreitag Kerzen und Flachslöckli (auch *reysten* = Bündel von feinem Flachs in der Bamberger Hs.) in die Kirche zu bringen [70v–71r], ein Brauch, der heute verschwunden ist. Zu den Kindern der Elisabeth [55r] ist anzumerken, dass die *Cronica Reinhardsbrunnensis* für 1225 die Geburt einer zweiten Tochter Sophie meldet, die Nonne in Kitzingen geworden sei[46]. Die neuere Forschung hält das für falsch,[47] also ist auch die berühmte Chronik kritisch zu betrachten.

Die Landgrafenwitwe

Das Jahr 1227 brachte den großen Wandel im Leben der Elisabeth. Am 24. Juni 1227 begann Ludwig den Zug nach Italien, um am Kreuzzug Kaiser Friedrichs II. teilzunehmen. Dietrich von Apolda folgt in seinem Text sehr genau dem Bericht des Kaplans Berthold. Die historischen Details stimmen weitgehend. Auch die Aussagen anlässlich der Ankunft der Gebeine Ludwigs in Marburg stimmen in allen Quellen und späteren Schriften überein. Die von Elisabeth überlieferte »Totenklage« wird kaum verändert, sodass zu hoffen ist, dass auch andere Zitate der Elisabeth im Kern wirklich ihre Worte sind.

Widersprüchlich sind die Abläufe bis zur Auszahlung ihrer Mitgift und ihres Wittums. Die Rechtslage war eindeutig, und schließlich bekam sie, was sie wollte, nämlich Bargeld. Darin lag sicherlich ein Teil des Problems, weil die thüringischen Landgrafen in Gemeinschaft vom Familiengut lebten. Elisabeths Schwäger erwarteten also, dass Elisabeth weiter am Hofe leben würde[48] und höchstens ein wenig über ihr »eigenes« Geld verfügen würde, wie es ihr Ludwig schon sehr früh zum Kauf von Lebensmitteln erlaubt hatte [46v]. Sie bekam wohl auch die Nutzung eines Areals an der Lahn, wo sie ihr Hospital baute.

Nach meiner Meinung wurde Elisabeth nicht
vertrieben, sie übte Druck auf ihre Schwäger
aus. So schreibt auch Heinemeyer, allerdings
schließt dieser den Satz an: »Die Vermögens-
streitigkeiten mit ihren Schwägern dürften
die seelische Krise der jungen Witwe noch ge-
steigert haben.«[49] Das kann jedoch niemand
wissen. Sie ging dann nach Kitzingen zu ihrer
Tante, gehorchte ihrem Onkel Ekbert und zog
auf die Pottenstein, immer mit einigen ihrer
Damen und vermutlich ihrer kleinen Tochter
Gertrud. Es gelang ihr, Ekbert zum Verzicht
auf seine Pläne zu bewegen, sie zu verheira-
ten, und er sagte ihr seine Hilfe dabei zu, an
ihren Besitz zu kommen. Nach Berthold hatte
Bischof Ekbert die heimziehenden Ritter be-
auftragt, sich der Elisabeth anzunehmen, was
sie, allen voran Schenk Rudolf von Varilla,
auch erfolgreich taten. Die »Trumpfkarte«
war schließlich der seelsorgerische Brief Papst
Gregors IX., dem sie wohl ihre Lage geschil-
dert hatte, an die Witwe[50]. Damit hatte sie ihre
Schwäger endgültig ausgespielt.

Konrad war in dieser Zeit nicht in Eisenach,
möglicherweise weil sein Auftrag hinsichtlich
der geistlichen Pfründe mit dem Tod Ludwigs
erloschen war. Er taucht erst am Karfreitag
1228 wieder auf, wenn es so stimmt, wie es
in der *summa vitae* steht und von Dietrich
von Apolda übernommen wurde. »Am Kar-
freitag, als man die Altäre entblößt hatte zum
Gedächtnis an die Blöße und die Leiden unse-
res Erlösers und Retters, ging Elisabeth, die
Dienerin Gottes, in die Klosterkirche. In An-
wesenheit des Meisters Konrad und etlicher
anderer Brüder ging sie nach vorne und legte
die Hände auf den bloßen Altar und entsagte
ihrem eigenen Willen, ihren [128v] eigenen
Kindern, Verwandten und Freunden, und al-
lem Hochmut dieser Welt. Sie legte ihr Kleid
ab als Zeichen, dass sie dem entblößten Chris-

tus in liebi und Armut folgen wollte.« Gegen
die Authentizität dieser Begebenheit spricht
unter anderem die Übereinstimmung mit der
Legende der hl. Klara. Als ihre Verwandten
sie mit Gewalt vom hl. Franz fernhalten wol-
len, »ergreift Klara [in der Kirche S. Paolo] das
Altartuch, entblößt ihr geschorenes Haupt, fest
entschlossen, sich ferner unter keinen Um-
ständen vom Dienste Christi wegreißen zu
lassen.«[51] In diesem Zusammenhang taucht
auch die Szene des hl. Franz auf: Als sein Va-
ter ihn zur Umkehr auffordert, wirft Franz
seine Kleider ab:

>»Won zu hant leit er hin alles sin gewant und
gab di sim vatter. Do vant man, daz der diener
gottes hatt ein herin hemd an der hutt un-
der den gutten kleidern. Er waz truncken von
grosser hitz des des geistes; do warf er och daz
nidergewant hin und entplozte sich gentzlich
vor in allen.«[52]

Aus dieser Legendentradition stammt wohl
auch die in manchen Berichten beschriebene
Selbstentblößung der Elisabeth, die jedoch
schwer vorstellbar ist. Es ist vielmehr wahr-
scheinlich, dass Konrad diesen Akt Elisabeths
Selbstentblößung in Eisenach am Karfreitag
1228 erfunden hat. Es gibt diesen Akt auch
nicht im *libellus*, und wenn es ihn gegeben
hätte, so hätten die Herren Äbte wohl die Da-
men danach gefragt und es auch niederge-
schrieben. Umgekehrt könnte die Erfindung
der Szene durch Konrad für die Herren Äbte
und den Papst neben formalen Verfahrensfra-
gen ein Grund gewesen sein, Konrads Antrag
auf Heiligsprechung versanden zu lassen.

Hinzu kommt das »logistische« Problem.
Der Karfreitag des Jahres 1228 fiel auf den
24. März (Julianischer Kalender). Ende April
wurden die Gebeine Ludwigs in Reinhards-
brunn (bei Friedrichsroda östlich von Eise-

nach) beigesetzt.[53] Dazwischen liegen also 30 Tage. Davon müssen die Reisetage mit den Gebeinen, von Bamberg bis Reinhardsbrunn, abgezogen werden, das sind ca. 200 km oder sieben Tage, was wiederum bedeutet, dass die Truppe spätestens etwa am 23. April aufgebrochen ist. Wie lange brauchte Elisabeth, mit ihrer kleinen Gertrud und ihren Damen, von Eisenach bis Bamberg? Von Eisenach nach Kitzingen sind es ca. 200 km, also etwa sieben bis acht Reisetage. Von Bamberg nach Kitzingen brauchte der Bote, der sie auf die Pottenstein bestellte, mindestens zwei Tage (60 km). Von Kitzingen zur Pottenstein sind es rund 100 km, also vier Reisetage. Dann kam der Bote von Bamberg zur Pottenstein, 50 km, ein bis zwei Tage. Elisabeth brauchte sicherlich für dieselbe Strecke zwei Tage. Das sind zusammen etwa 18 Tage. Sollte Elisabeth am Ostermontag in Eisenach aufgebrochen sein, wäre sie, mit jeweils nur einer Übernachtung in Kitzingen und auf der Pottenstein, frühestens am 14. April in Bamberg gewesen – das ist sehr knapp. Das bedeutet, dass Elisabeth vor dem Karfreitag 1228 in Eisenach aufgebrochen sein muss.

Konrad war auch während des Hospitalbaus nicht in Marburg. Nach seiner Aussage war Elisabeth gegen seinen Willen dorthin gezogen, Ysentrud behauptet das Gegenteil – ein nicht auflösbarer Widerspruch. Richtig erscheint wiederum, dass Elisabeth und ihre Damen in Marburg aus der Hand Konrads ein graues Gewand empfingen und Keuschheit und Gehorsam gelobten – wobei sich ihre Damen über die Qualität der Elisabeth'schen Gewänder doch sehr spöttisch äußern.

Elisabeth hat in Marburg weitgehend frei über ihre Mittel verfügt. Der Höhepunkt war sicher die Verteilung der 500 Mark.[54] Ein »specswin« kostete 5/8 Mark.[55] In der »Schweinewährung« wären 500 Mark eine Herde von 800 Schweinen. Wenn etwa 400 Familien von Elisabeth Geld bekamen, waren es zwei Schweine pro Familie. Das war im Mittelalter die zugelassene Zahl von »Trogschweinen« für den Eigenbedarf kleiner Bauern und Ackerbürger, die von der Schweinemastabgabe, der Dehmen (*decima porcorum*) befreit waren.[56]

Zusammenfassung: Wer war diese Elisabeth?

Die Freiburger Elisabeth-Handschrift ist weitgehend eine Abschrift früherer Fassungen »des Lebens und der Legende der hl. Elisabeth«. Die Zutaten sind leicht erkennbar, wie etwa die Zitate aus dem Werk des Albertus Magnus. Die wichtigste Quelle für das Leben der Elisabeth ist der sog. *libellus*, das ist der Bericht einer päpstlichen Kommission, die von Papst Gregor IX. eingesetzt war. Sie sollte die Heiligsprechung der Elisabeth vorbereiten. Dazu wurden vier Damen oder Mägde der Elisabeth befragt: Guda, die Jugendgefährtin, Ysentrud vom Hörselgau, wohl seit der Heirat ihre Hofdame, und die Mägde Irmengard und Elysabet. Alle vier wurden vereidigt. Änderungen der Aussagen durch die Kommission sind wahrscheinlich, aber schwer zu erkennen, außer etwaigen Zitaten aus der Bibel. Dietrich lässt allerdings einige interessante Aussagen der Elisabeth aus, die zum Verständnis ihrer Person wichtig sind.

Die Quelle für Ludwigs Leben ist der Bericht des Kaplans Berthold. Das Original ist verloren, da aber Dietrich sein Werk schon 1289 verfasste, stellt es eine Bestätigung der späteren Fassung der Berthold'schen Ludwig-Biographie dar, in dem Sinne: Wenn Dietrich und Berthold übereinstimmen, ist Dietrich wohl glaubwürdig. Eine dritte Quelle ist die

Reinhardsbrunner Chronik, die in einigen Fällen die Berthold'schen Berichte bestätigt – falls es wirklich zwei unabhängige Quellen sind.[57] Damit entsteht eine Art Netzwerk, in dem es einige Knoten gibt, die einen Zugang zum Leben und Wesen der Elisabeth eröffnen.

So lässt sich, obwohl Elisabeths Leben nur 24 Jahre währte, doch einiges darüber sagen. Als Kind war sie selbstverständlich ein Kind ihrer Familie, ihres Standes und – wie alle Menschen – dem seinerzeit gültigen Rechtssystems unterworfen. Im Rahmen der üblichen Möglichkeiten wurde sie sehr früh, mit vier Jahren, an den thüringischen Hof gebracht, um mit ihrer späteren Ehe die dynastischen und politischen Absichten der Beteiligten zu erfüllen. Es gibt keine Anzeichen, dass Elisabeth diese Pläne nicht erfüllen wollte.

Ihre spätere Schwiegermutter, Sophie, hat sie offensichtlich sorgfältig erzogen. Sie konnte lesen, schreiben und reiten, aber nicht kochen oder nähen, geschweige denn Kühe melken. Sie war gut auf ihre Rolle als Landgräfin vorbereitet, wie ihre Bewältigung der Hungersnot 1226 zeigt, bei der sie sich auch gegen die Hofkamarilla durchsetzte. Wäre dies alles gewesen, hätte sie sicherlich nach dem Tode Ludwigs einen anderen Fürsten geehelicht, wie etwa ihre Tante Konstanze von Aragon (1179–1222) als Witwe des Königs Emmerich von Ungarn (1174–1204, Bruder des Andreas II) den späteren Kaiser Friedrich II (1194–1250) heiratete. Oder sie wäre, wie ihre Schwiegermutter, in ein Kloster gegangen und wäre eine wenig bekannte Frau des 13. Jahrhunderts geblieben.

Also stellt sich die Frage, wie und wann sie von dem vorgegebenen Verhaltensmuster abgewichen ist. Schon vor ihrer Ehe fing sie an zu bestimmen, was beim Spiel mit den anderen Kindern auf dem Hof der Creuzburg abzulau-

fen hatte. Sie kommandierte, wenn auch mit List, spendete schon Geld (aus Spielgewinnen!) im Tausch gegen das Beten von Ave Maria und Pater Noster. Sie fängt auch früh an, die modische Kleidung zu diskutieren. Sie legt in der Kirche ihren Schmuck ab, zu einem Zeitpunkt, als weder ein Rodeger, der wohl nie in Eisenach war, noch ein Konrad von Marburg in Sicht war. Das waren also keine »franziskanischen« Ideen, sondern ihre genuine Meinung zum Verhältnis »arm und reich«, zwischen dem Gekreuzigten und der *beschleckten* Prinzessin.

Die Jahre nach dem Tod ihrer Mutter (1213), der Politikerin mit dem Herz eines Mannes, und vor allem nach dem Tod des ältesten Thüringer-Sohnes Hermann (1216) bis zur Ehe mit Ludwig (1221) waren sicherlich eine schwierige Zeit. Es gibt nun drei Kommunikationsstränge, die nicht im Sinne der historischen Wissenschaft auswertbar sind: Die Minnesänger, die bis zum Tod des Landgrafen Hermann (1217) »um den Weg« waren, das Hofpersonal, möglicherweise waldensisch »verseucht«, und die Hofdamen, einschließlich der Damen, die zu Besuch kamen. Diese waren politisch aktiv, gebildet und wussten, was in der Welt vorging. In diese Zeit, die prägenden Jahre der Elisabeth, fielen der Kreuzzug gegen und die Vernichtung der Katharer (Albigenser)[58] sowie die Ausbreitung der Katharer und Waldenser[59] in Deutschland (Ketzerverbrennung in Straßburg 1212). Doch das war nur der Anfang. Die These lautet: Katharisches und waldensisches Gedankengut, das alle kannten und das den Reiz des Verbotenen hatte, kam auch zu Elisabeth.

Es ist wohl anzunehmen, dass sie ihren Beichtvater fragte, warum er die Leute auf den Scheiterhaufen schickte. Elisabeth war klug genug, sich von offener Diskussion dieser

Ideen fern zu halten, aber sie beschloss für sich, im Rahmen ihrer Möglichkeiten frei zu leben. Dazu gehörte dann ihre konsequente karitative Tätigkeit, das Hinterfragen der Herkunft der Speisen auf dem landgräflichen Tisch und so fort. Im persönlichen Bereich ist zu erwähnen, dass sie ihre Kinder selbst stillte; zudem trug sie, wenn immer möglich, »ärmliche« Kleidung und versuchte später in Marburg mit ihren Damen und Mägden in einer die Standesschranken missachtenden Gemeinschaft zu leben. In der karitativen Tätigkeit ging sie weit über das Übliche hinaus, sie fasste auch bei niederen Arbeiten mit an und rauschte nicht nur durch ihre Hospitäler wie ein moderner Chefarzt auf Kurzvisite. Sie kümmerte sich intensiv um die kranken Kinder, von denen sie »Mutter« genannt wurde. Sie brachte ihnen Spielzeug und kümmerte sich um ihr Seelenheil.

Mit dem Schein der Scheiterhaufen im Hintergrund ist Elisabeths starkes Bemühen, ihre Patienten zu Taufe, Kommunion und Beichte zu bringen, auch in einem anderen Licht zu sehen. Sie sang und lachte mit ihren Patienten. Das Lachen zieht sich durch ihr Leben – schon allein deswegen konnte sie nie und nimmer Nonne gewesen sein, wie schon sehr früh behauptet wird.[60] Lachen war nach den benediktinischen Regeln[61], die mehr oder minder für alle Orden galten, verpönt. Sie war auch nicht überspannt, mutlos oder unselbständig, sie brauchte auch keine Führung.[62] Sie schrieb keine frömmelnden Briefe wie die hl. Klara. Bekannt ist, dass sie, wenn sie es für nötig befand, an den Papst selbst schrieb und auch Antwort erhielt. Auch nach Marburg schrieb Gregor IX. an die Landgräfin. Das war der Brief, der das St.-Franciscus-Patronat ihres Hospitals bestätigte, womit ein Ablass (40 Tage) verbunden war, für Menschen,

die am Tag des hl. Franz (4. Oktober) in der Marburger Kapelle beteten. Das kostete natürlich und kam dem Hospital zu Gute. Das würde man heutzutage »Nachhaltigkeit« nennen – Elisabeth konnte durchaus das politische Klavier spielen.

Es ist wohl auch sicher, dass sie nach dem Tod Ludwigs an den Papst schrieb, um ihn als Vormund (*defensor*) zu gewinnen. Der Papst akzeptierte die Bitte und delegierte die Aufgabe an ihren Beichtvater, Konrad von Marburg. Die rechtliche Situation war klar: Ihre älteren Kinder, Hermann und Sophie, kamen als Landgrafenkinder unter die Vormundschaft der Brüder Heinrich Raspe und Konrad. Gertrud war dem klösterlichen Leben versprochen. Für Elisabeth als Königstochter war es schwierig, wie gesetzlich erforderlich[63] einen ebenbürtigen Vormund zu finden. Sie umging das Problem. Mit Konrad wusste sie umzugehen. »Ich aber wählte« (ihn), heißt es – dies geschah jedoch sicherlich mit der Zustimmung Ludwigs. Ihre Wahl hatte mehrere Aspekte: Zum ersten konnte er schlechterdings sein eigenes Beichtkind (oder ihre Verwandten) wegen ihrer ketzerischen Gedanken auf den Scheiterhaufen bringen. Zum zweiten war er der geeignete Verwalter der geistlichen Pfründe Ludwigs, weil er sicher uneigennützig war, weil er zum Anhang des Mainzer Bischofs gehörte und weil er direkt vom Papst das Mandat der Verwaltung bestätigt bekam. Die Thüringer standen mit Mainz oft in Fehde, und mit Konrad war Mainz neutralisiert. Zum dritten sicherte das Keuschheitsgelübde für den Todesfall die Nachfolge des Sohnes Hermann und vermied Erbschaftshändel wegen Kindern aus zweiter Ehe. Das Gelübde entsprach aber wohl dem Empfinden Elisabeths und Ludwigs. Es war eine Liebesehe – ebenfalls sehr ungewöhnlich beim Hochadel zu jener Zeit.

Ein Blick auf Elisabeths eigene Aussagen spricht für sie. Guda berichtet die Worte: »*Modo in optimo successo pro deo resistam*« [L 358–359], wenn Elisabeth dabei war, Spiele zu gewinnen, und: »*Sufficit michi unus circuitus pro mundo, alios pro deo demittam*« [L 342–345], als Elisabeth mit Tanzen nach einer Runde aufhörte. Auch die Berichte Ysentruds über die erste Ehezeit rücken Elisabeth in ein günstiges Licht. Nach dem ersten Pflegefall im Garten (Lachen!) und dem Verhalten bei Tisch folgt die schöne Beschreibung der nächtlichen Ereignisse, Beten, Geißeln durch die Mägde, Einschlafen vor dem Bett, gemeinsames Beten mit Ludwig und die Aussage: »*Licet non possim orare, tamen hanc vim faciam carne mei, quod avellor a predelicto marito meo*« [L 596–599].

Das ist sicherlich eine Liebeserklärung, und vielleicht spiegelt es das Problem wider, dass die Kirche schon damals den Beischlaf grundsätzlich als Sünde ansah. Die folgende Aussage: »*Non pro carnis superbia …*« [53v] stammt aus einer späteren Einfügung in den *libellus*[64].

Die nächste interessante Aussage der Elisabeth findet sich im *libellus* in Zeile 861–864: »*Nolo, ut utamini ad voluntatem, sed vendatis ad vestram necessitatem et fortiter laboretis.*« Das sagte sie zu den Frauen, denen sie statt Geld seidene Tücher oder Schmuck gab (86v). Auch hier schenkt sie mit einer Bedingung – wie bei dem Zehntel an die Kinder. In der längeren Fassung sind zwei Bibelzitate eingefügt: Erstens Psalm 27,2: *Labores manum tuarem manducabis* und zweitens der Brief an die Thessaloniker, 3,10: *Item qui non laborat, non manducet.* Das hat Dietrich in seinen Text eingearbeitet. In Bezug auf die Armut sagte Elisabeth zu ihren Mägden, als sie noch als Landgräfin lebte: »*Sic incedam, quando mendicabo et miseriam pro deo sustinebo*« ([60v]

und *libellus*, Zeilen 884–886). Dazu zog sie ärmliche Kleidung an.

Dieses Thema klingt wieder in ihrer Totenklage an, als sie den Gebeinen Ludwigs in Bamberg begegnet. Im Nachhinein klingt diese Aussage ernster, als sie vielleicht zunächst gemeint war: Jeder von uns könne aus seinem Leben herausfallen und in Armut als Bettler enden. Die boshafte Deutung: Elisabeth führte eine geschmacklose Komödie vor und kokettierte mit der Armut. Im Hintergrund sah sie natürlich täglich Bettler und Angehörige von Bettelorden und wusste womöglich, dass auch Adelige wie Franz von Assisi zu Bettlern geworden waren. Sie selbst wurde es aber nicht. Als sie nach Verlassen der Wartburg kümmerlich in Eisenach untergekommen war und aus einer dieser »Herbergen« vertrieben wurde, sagte sie: »*Hominibus libenter regratiarer, sed nescio unde*« (*libellus*, Zeilen 986–988). Das ist nicht die demütige Dulderin oder die religiöse Schwärmerin, sondern sie beklagt sich ganz realistisch über schlechte Behandlung und über den Mangel an Dank oder Segen [L 105r].

Im Zusammenhang mit der »Vertreibung von der Wartburg« gibt es Diskussionsbedarf. Elisabeth hatte sicherlich nicht nur Freunde am Hof. Sie hatte die Hofbeamten verärgert und sich einige Hofdamen zu Feindinnen gemacht. Sie hatte den Frauen Kleidervorschriften gemacht, sie verpflichten wollen, als Witwen nicht wieder zu heiraten, und sie mit frommen Worten »belästigt«. Sicher gab es auch die Sorge, sie würde als Mutter des Erben Hermann die Regentschaft anstreben. Sie hatte ja gezeigt, dass sie herrschen konnte. Hinzu kam, dass sie auf Auszahlung ihrer Mitgift und ihres Wittums drängte, und zwar in Geld [123v]: »Burgen, Städte und Ländereien begehre ich nicht …« [B 68 f]. Damit gab es sicher zusätzlichen Ärger, dem sie sich entzog und damit Druck auf die Verwandtschaft auf der Burg ausübte. In dieser Zeit erlebte Elisabeth ihre Christusvision. Über die »Wahrheit« dieser Erscheinung können wir heute nichts sagen[65]; anzumerken ist jedoch, dass dieser Teil der *vita* sehr getreu in allen Fassungen des Dietrich'schen Werkes zu finden ist.

Bald kam ihr auch ihre Tante Mechthild, die Äbtissin in Kitzingen, zu Hilfe und nahm sie auf. Das Eingreifen ihres Onkels Ekbert, des Bischofs in Bamberg, war sicher nicht so willkommen: Er wollte sie wieder verheiraten. Sie drohte, sich die Nase abzuschneiden (in manchen Texten auch noch die Ohren). Es ist wert, die lange Rede wiederzugeben:

> »Gott, der Herr, der Herzen und Geheimnisse kennt, der weiß wohl, dass ich mein zu Lebzeiten meines Gemahls abgelegtes Gelübde der Keuschheit [113r] mit lauterem und einfältigem Herzen gemacht habe, weder mit falschem Glauben noch Vorbehalt, sondern freiwillig und ehrlich. Es besagt, dass ich nach dem Tod meines lieben Herren keusch leben will zur Ehre Gottes, meines Schöpfers. Ich vertraue auf das Erbarmen Gottes, dass es möglich sei, dass Gott mir meine Keuschheit wider alle Reden und Taten bewahre. Wenn man mich verheiraten will, werde ich widerstehen [113v] mit Worten und Willen, und wenn ich nicht anders könnte, wollte ich mir heimlich die eigene Nase abschneiden, damit die Leute mein Ungestalt fliehen.«[66]

Hier spricht keine demütige Frau, die ihrem hochgestellten Onkel und der Familienpolitik Folge leisten will. Sie hatte ihren eigenen Plan, den sie schließlich auch durchsetzte. Wann ihr Vormundschaftsproblem gelöst wurde, ist nicht bekannt. Offensichtlich hatte sie aber deswegen an den Papst selbst geschrieben. Kurz darauf wird sie durch die Ankunft der

Gebeine Ludwigs aus der Beugehaft auf der Burg Pottenstein befreit und Bischof Ekbert lenkt ein. Er veranstaltet einen großen Festzug in Bamberg, der von Berthold im Detail beschrieben wird. An der Bahre spricht nun Elisabeth ihre ergreifende Totenklage, die im *libellus* und bei Berthold in geradezu wörtlicher Übereinstimmung zu finden ist. Auch Dietrich übernimmt diesen Text etwas gekürzt:

> »Ich danke dir, Herr Jesus Christus, dass du deiner Dienerin den heißen Wunsch erfüllt hast, die Gebeine meines Bruders zu sehen, und du hast meine gepeinigte Seele barmherzig getröstet. Es ist mir [118r] nicht leid, dass er sich selbst für die Hilfe deines Heiligen Landes geopfert hat. Ich empfehle mich und ihn deinem göttlichen Willen. Auch wollte ich nicht, selbst wenn es möglich wäre, ihn wider deinen Willen ins Leben zurückrufen.«[67]

Es fehlt: »Du weißt, wie sehr ich ihn liebte«. Berthold berichtet: »daz ich on von ganzim herzin obir alle erdische ding habe lieb gehat«[68]; in der Bamberger Handschrift[69] des Dietrich von Apolda steht: »Wie doch daz ich in lip hab von gantzem minem hertzen«, und in den lateinischen Texten: »licet eum dilexerim ex toto corde meum«[70].

Sicherlich hat Konrad von Marburg als Beichtvater versucht, auf Elisabeth Einfluss zu nehmen. Ihr Hospitalbau, den sie nach Konrads Aussage gegen seinen Befehl und ohne seine Mitwirkung in Marburg vollzog, spricht dagegen, dass sie je an Betteln als Lebensplan dachte. Sie versank auch dort nicht vollkommen in der Pflege und im Wollespinnen. In gewissem Maße »regierte« sie in Marburg. Sie setzte für die 500 Mark-Verteilung eine eigene Gerichtsbarkeit ein und vollzog auch die Strafe an der unglücklichem Jungfrau (148v): Sie befahl, ihr die Haare abzuschneiden. Als die Frau, die sie aufgenommen hatte, ohne Kind weg lief (156r), befahl Elisabeth dem Richter, die Mutter des Kindes zu suchen. Dieses Ausüben von herrschaftlichen Rechten ist im *libellus* eher randständig erwähnt, könnte aber zur Klärung der lang diskutierten Frage beitragen, ob Marburg Teil von Elisabeths Wittum war.[71] Elisabeth hat sich zumindest *de facto* als Herrin von Marburg gesehen.

Es sind einige Reisen für die drei Marburger Jahre verbürgt, zweimal nach Wetter zur befreundeten Äbtissin Lukardis, ein oder zwei Mal nach Eisenach, wahrscheinlich noch einmal zur Tante Mechthild in Kitzingen und sicherlich mehrfach zum Kloster Altenberg nach Wetzlar.[72] Elisabeth war auch nicht bedingungslos asketisch; Irmengard berichtet, dass sie einen Arzt wegen der richtigen Diät befragte [L 1952–1962]. Der Kartäuser, in seinem Gebet, schreibt recht drastisch: »Doch hast du in allen diesen Dingen große Vernunft gebraucht, und dir von den Ärzten hast raten lassen, wie du dir und deinem Volk Abstinenz und Essen, Schlafen und Wachen verordnen solltest, *umb daz daz fleisch nit zu vil swach noch zu vil geil wurde*«[73]. Sehr realpolitisch, wie gesagt, war ihr erfolgreiches Schreiben an den Papst, kurz nach der Heiligsprechung des Franz von Assisi, um für ihr dem hl. Franz gewidmeten Hospital einen Ablass zu gewähren. Natürlich war so ein 40-tägiger Ablass mit Gebühren für das Hospital verbunden.[74]

Aus der Marburger Zeit der Elisabeth sind noch einige Geschichten und Aussagen zu finden, von denen Dietrich nicht alle übernommen hat. Da sind ihre kleinen »Tricks« und Täuschungsmanöver, wie die *veniae* mit ihren Gespielinnen, das Austeilen von Brotstücken, als Konrad das Verteilen ganzer Brote verbietet, oder das Wegschicken ihrer Mägde auf »fingierte« Botengänge, um das Geschirr

waschen zu können. Auf dem Sterbebett »korrigiert« sie die Anwesenden, die meinen, sie singen gehört zu haben: »es war ein *vögeli* …«. Als ihre Tante in Kitzingen ihr ein Bad anbietet, plätschert sie mit dem Fuß darin und sagt: »*Hic balneatum est*« ([L 1847–1858]). Dies fehlt in den bekannten Fassungen der Legende des Dietrich von Apolda. Um Elisabeth zu verstehen, scheinen ihre Aussagen gegenüber ihren Mägden, zu Konrad und ihren Kindern über ihre Stellung in der Welt, auch zu ihrem Stand und zu ihrem Glauben wichtiger. Wie Irmengard berichtet, sagte Elisabeth:

> »Das Leben einer weltlichen Schwester ist sehr verachtet; gäbe es eines, das noch verächtlicher ist, hätte ich es gewählt. Ich hätte einem reichen Bischof oder Abte Gehorsam loben können, aber ich dachte [*sed cogitabam*], es ist besser Konrad zu wählen, der arm ist…«. »Wenn ich schon einen sterblichen Menschen [Konrad] so sehr fürchte, um wie viel mehr ist der Allmächtige zu fürchten, der Herr und Richter aller.« [L 1874–1886 und 1890–1893].

Sie lässt sich schlagen – um Christi willen. Beim Baden eines Kranken sagt sie: »Welch ein Glück, unseren Herren baden und betten zu können«, und Irmgard antwortet: »Fühlt ihr euch wohl dabei? Ich weiß nicht, ob es anderen auch so geht.« Elisabeth duldet Widerspruch; auch als sie den Mägden das »Du« befiehlt, widerspricht Irmgard. »Ihr erwerbt Verdienst auf unsere Kosten, aber ihr bedenkt nicht, dass wir hochmütig werden können, wenn wir mit euch essen und neben euch sitzen.« [L 1963–1981]. Sie lehnt schlechte Worte ab, sie bringt Zornige zum Lachen. Sie benützt in der Krankenpflege ihren Schleier, *velum capitis*, ein wichtiges Kleidungsstück für eine Frau und Dame im 13. Jahrhundert. Sie stillt ihre Kinder selbst und trägt sie im wollenen Gewand barfüßig zur Kirche. Ihre jüngste Tochter nimmt sie mit nach Marburg und gibt sie mit etwa eineinhalb Jahren in das Kloster Altenburg bei Wetzlar, das sie oft besucht. Bei Prozessionen in Eisenach geht Elisabeth in wollenem Gewand mit den »armen« Frauen. Über ihre Kinder sagt sie im Nachsatz zu ihrer Verachtung weltlichen Besitzes:

> »Gott hat mein Gebet erhört, weltlichen Besitz, den ich einst schätzte, erachte ich als Schmutz [*bocht*]. Auch meine Kinder, Gott ist mein Zeuge, liebe ich nicht mehr als meinen Nächsten, gebe ich in Gottes Hände, möge er mit ihnen tun, wie es ihm gefalle. Über üble Nachrede, Schimpf und Schande freue ich mich. Ich liebe nur Gott allein.« [L 1261–1273]

Gegen alle Regeln ist Elisabeths Empfehlung, »fröhlich« zu beten, wenn jemand tränenreich mit verzerrtem Gesicht betete: »Es scheint, sie wollen Gott erschrecken, statt ihm heiter und fröhlich ihre Gaben darzubringen.« [L 2066–2071]

Schließlich noch zwei »Weisheiten« der Elisabeth, *mulier indubitanter prudentissima*: Einmal, als sie von Konrad auf dem Weg zu einem Einsiedler zurück gerufen wurde, sagt sie zu dem Boten: »Wir gleichen einer Schildkröte, die, wenn es regnet, ihren Kopf unter ihr Dach einzieht. So gehorchen wir und kehren um von dem Weg, den wir schon begonnen hatten.« ([L 2040–2048], nicht bei Dietrich).[75]

Ähnlich eindrucksvoll äußert sie sich ein andermal, als Konrad sie und Irmengard von Bruder Gerhard (er wurde später mit Konrad zusammen erschlagen) mit einer schweren Rute lang und sattsam (*verberaret eas cum quadam virga grossa satis et longa*) schlagen lässt, während er daneben steht und »*misere meum deus*« singt. Der Anlass ist nicht ganz verständlich: Konrad habe sie nach Altenburg kommen lassen, so die Aussage Irmengards, um zu beraten, ob sie dort Reklusin werden wolle. Die Klosterfrauen baten Konrad, Elisabeth eintreten zu lassen, um sie zu sehen. Er sagte: »*Intret, si vult*« [L 1907]. Sie geht hinein, er ruft sie heraus, droht ihr mit Exkommunikation und lässt sie schlagen. Nach mehr als drei Wochen waren die Wunden noch zu sehen, worauf Elisabeth ihre Irmengard tröstete: »Wir sollten das fröhlich hinnehmen. Wir sind wie Schilf in einem Fluss. Wenn das Wasser steigt, neigt und legt sich das Schilf. Das Wasser fließt darüber, ohne es zu brechen. Nach der Flur richtet es sich wieder auf und wächst lieblich und schön voller Kraft. So müssen auch wir uns zu Zeiten beugen, um hernach uns lieblich und schön wieder aufrichten.«

Dietrich von Apolda charakterisiert Elisabeth von Thüringen als eine Frau törichter Weisheit und weiser Torheit, »diese fröw ist gewesen törlich wise und wiszklich töricht«[76]. Ich nenne sie ein absolutes soziales Genie.

Anhang I
Elisabeths Ahnen

Ahnenliste Gertrud von Meranien, † 1213 (G), Mutter der Elisabeth

Eltern:
2 Berthold III., Herzog von Meranien, *1152, †1204
3 Agnes von Groitzsch, †1195

Großeltern:
4 Berthold II., Markgraf von Istrien, †1188
5 Hedwig von Wittelsbach, †1178
6 Dedo, Markgraf von der Niederlausitz, *1142, †1190
7 Mathilde von Heinsberg, *1159, †1189

Ur-Großeltern:
8 Berthold I, Graf von Dissen und Andechs, †1151
9 Sophie v. Istrien, †1132, V.: 18 Poppo II. v. Krain, G.-M.: 19=S 35 Sophia von Ungarn
10 = S 4 Otto IV., II., von Wittelsbach, Pfalzgraf von Baiern, †1156
11 = S 5 Heilika von Lengenfeld, †1170
12 Conrad I., Markgraf von Meissen, *1075/86, †1157
13 Luitgard von Ravensburg, *1110, †1145
14 Goswin II. von Heinsberg, *1110, †1145
15 Adelheid von Sommereschenbach, † vor 1180

Ahnenliste Andreas II. König von Ungarn, *1176, †1235 (A), Vater der Elisabeth

Eltern:
2 Bela III., König von Ungarn,
3 Agnes von Poitou (Chatillon), †1184

Großeltern:
4 Geza II. von Ungarn, *1130, †1161
5 Efrosina von Kiev, † vor 1186
6 Rouaud de Chatillon, †1187
7 Constanze von Antiochien, *1127, †1163

Ur-Großeltern:
8 Bela II. von Ungarn, †1141, V.: 16 Almos v. Ungarn, M.: 17 Sophie von Looz, T. von S 24
9 Jelena von Raska
10 Mitislav I. von Kiev, *1075, †1132
11 Ljobova Dimitreva Savidip, †1167/8
12 Henri I. de Chatillon, † nach 1130
13 Ermengarde de Montjoy
14 Boemund II. de Hauteville, *1108, †1130
15 Alix von Jerusalem, † nach 1137

Ahnenliste Sophie von Wittelsbach, *1171, † 1238 (S), Mutter des Ludwig

Eltern:

2 Otto I. Herzog von Baiern, *1117, †1183
3 Agnes von Looz, *1150, †1191

Großeltern:

4 = G 10 Otto IV., II., Graf von Wittelsbach, Pfalzgraf von Baiern, †1156,
5 = G 11 Heilika von Lengenfeld, †170
6 Ludwig I., Graf von Looz, *1110, †1171
7 Agnes, N.N., † nach 1179

Ur-Großeltern:

8 Otto I., Graf von Wittelsbach, V.: 16 Eckehard von Scheyern, †1087/91, M.: 17 Richkard von Krain und Istrien, T. von 34 Ulrich von Krain und 35 = G 19 Sophia von Ungarn
9 Mathilde von Ratzenhofen
10 Friedrich III. von Lengenfeld, † 1119
11 Heilika von Staufen (?), † nach 1110
12 Arnulf I. v. Looz, *1060, †1141, V.: 24=A 34 Summo II v. Looz, M.: 25=A 35 Schwanhild
13 Adelheid von Rieneck
14/15 N.N.

Ahnenliste Hermann I. von Thüringen, *um 1152, † 1217 (H), Vater des Ludwig

Eltern:

2 Ludwig II. von Thüringen, *1128, †1172
3 Jutta von Schwaben, †1191

Großeltern:

4 Ludwig I., Graf von Thüringen, *1090, †1140
5 Hedwig von Gudensberg, †1141
6 Friedrich II., Herzog von Schwaben, *1090, †1147 (aus der 1. Ehe mit Judith von Bayern stammt Kaiser Barbarossa, dessen Söhne, Kaiser Heinrich IV. und König Philipp, und der Enkel Kaiser Friedrich II. der so ein Halbvetter 3. Grades des Ludwig IV. von Thüringen ist. Die erste Frau Friedrich II., Constanze von Aragon, war die Witwe König Imres von Ungarn, des Bruders Andreas II. von Ungarn. Sie hatte aus der ersten Ehe keine Kinder.
7 Agnes von Saarbrücken

Ur-Großeltern:

8 Ludwig I., Graf von Thüringen, †1123
9 Adelheid von Stade, *1060, †1110
10 Giso von Gudensberg
11 Cunigunde von Bilstein
12 Friedrich I., Herzog von Schwaben, *1050, †1105
13 Hildegard von Schwaben
14 Friedrich I., Graf von Saarbrücken, †1135
15 Gisela von Lothringen, † nach 1152

Anhang 2
Einordnung der Freiburger Elisabeth-Handschrift

Der Text Dietrichs von Apolda liegt in mindestens sieben lateinischen Fassungen[77] und 25 deutschen Fassungen vor[78]. Im Grunde gleichen sich alle und folgen dem Schema der im frühen Mittelalter üblichen Heiligenlegenden[79]. Entsprechend oft wird die Bibel zitiert, oder es werden Anspielungen auf biblische Texte gemacht. Im lateinischen Text sind es über 300. Dietrichs Text ist aus dem *libellus* und der Biographie Ludwigs von seinem Kaplan Berthold zusammengesetzt. Im *prologus* des *libellus* finden sich 35 Bibelzitate[80]. Diese Einschübe stammen wohl schon zum Teil von der päpstlichen Kommission, die 1234 den Report für den Papst schrieb, oder von dem Kaplan Berthold[81], der die Biographie Ludwigs IV., Elisabeths Ehemann, schrieb, oder schließlich von den jeweiligen späteren Schreibern oder Schreiberinnen. Wie die Kennzeichnung der Einfügungen im Text »D« zeigt, sind es nur wenige zusätzliche Legenden und die auf Albertus Magnus bezogenen Aussagen, die in der Freiburger Fassung[82] der Dietrich'schen Legende hinzukommen. Eine Ausnahme bildet die Geschichte der *vögeli* auf dem Kirchendach am Ende des Textes [174r–174v].

Dieses Detail kommt im *libellus* [L 2199–2209] und in der *Legenda Aurea*[83] vor, fehlt aber in den lateinischen Fassungen. Die *vögeli* finden sich außer in der Freiburger Handschrift noch in der Heidelberger Handschrift cpg 105[84], die aus dem Elsass und aus dem

1. Viertel des 15. Jh. stammt. Da in dieser Handschrift die 12 Regeln des Konrad von Marburg fehlen [44v f], scheidet cpg 105 zumindest als einzige Vorlage aus. Auf Grund dieses Kriteriums kommen dann noch die Basler Handschrift[85] und die Bamberger Handschrift[86] in Frage, die seinerzeit für das Nürnberger Klarissenkloster geschrieben wurden. In msc. hist. 148 fehlen aber wieder die *vögeli*. Das gilt auch für die der Bamberger sehr ähnlichen Münchner Hs. cgm 5926[87]. Das ist in gewisser Weise schade, weil die Bamberger Handschrift als die dem ursprünglichen Text des Dietrichs am nächsten gilt[88]. In der Bamberger, der Münchner und in der Basler Handschrift sind zwei der Aussagen des Albertus zu finden. Da die Bamberger Schrift wie die Freiburger für ein Klarissenkloster angefertigt wurde, liegt eine Verbindung auf der Hand. In dem Freiburger Büchlein ist auch eine Schrift, ein Gebet an die hl. Elisabeth, eingebunden, deren lateinischer Ursprung vermutlich in Basel liegt[89]. Allerdings hat die Basler Legende keinerlei Kapitelüberschriften, während im Freiburger Text immer zwei der deutschen Bamberger Überschriften zusammengefasst sind. Also kann Basel von Freiburg – oder Bamberg – abgeschrieben sein, aber nicht umgekehrt. Für Bamberg sprechen weitere Hinweise, wie etwa die Tatsache, dass die Parallelhandschrift Thennenbach 4, die St. Klara-Legende[90], anscheinend eine Handschrift aus dem Nürn-

berger Klarissenkloster als Quelle hatte[91]. Die Gnadentaler Klarissen hatten Zugriff auf eine Handschrift[92], nach heutiger Signatur Handschrift B VII 32 (diese Schrift enthält die *legenda maior* S. Francisci von Bonaventura), möglicherweise auch auf B X 36 oder B XI 9 aus der Kartause in Basel[93]. Die *vögeli* kommen letztendlich über die Schrift des Heinricus Arnoldi von Alefeld, B X 36 und B XI 9, aus der *Legenda Aurea* des Iacopo de Verazze, die in Basel in B IX 10 zu finden ist und wohl von Arnoldi genutzt wurde[94]. B VII 32 enthält auch die *legenda Clarae Assisiensis* nach Thomas von Celano. Demnach könnten Thennenbach 4 (S. Clara) und Add. 15710 in London (S. Franciscus)[95] diese Büchlein aus Basel als Vorlage haben. Das wäre noch im Detail zu prüfen. Eine Verbindung Nürnberg-Basel existierte seinerzeit mit dem Beichtvater Stephan Fridolin, der im Nürnberger Klarissenkloster und im Klarissenkloster Gnadental bei Basel tätig war[96]. Also ist sehr wahrscheinlich die ehemalige Nürnberger Fassung der Legende der hl. Elisabeth nach Dietrich von Apolda, heute Bamberg msc. hist. 148, die Quelle der Freiburger Fassung. Die fehlenden *vögeli* sind möglicherweise den Freiburger Klarissen aus dem Gebet des anonymen Kartäusers[97] zugeflogen. Letztendlich schöpfte der ungenannte Kartäuser womöglich aus einer Fassung des *libellus*, die sich in der Handschrift B VII 11 in Basel findet[98] und die Huyskens[99] offensichtlich nicht bekannt war. Die Verbindung Basel-Freiburg muss als eng angesehen werden. Beide Klöster rekrutierten ihre Nonnen aus dem badisch-elsässischen Adel. Es gab verwandtschaftliche Beziehungen: In Gnadental ist für 1495 eine Nonne Anna von Blumeneck nachgewiesen[100]. Deren Vater war Junker Bernhard von Blumeneck. Ein derer von Blumeneck war zu der Zeit mit einer Anna von

Falkenstein verheiratet[101]. Zur Zeit der Sibilla von Bondorf war eine Susanna von Falkenstein Äbtissin in Freiburg (1486–1503)[102]. Im Klarissenkloster Kleinbasel lebten die Nonnen Anna von Bondorf (1524) und Anna von Falkenstein (1522)[103]. Nach der Auflösung des Klosters Gnadental zogen 1529 wohl einige Nonnen mit ihren Büchern nach Freiburg, wo diese Handschriften noch zu finden sind[104]. Die Familien Bondorf und Vogt (die Schreiberin der Freiburger Elisabeth-Handschrift hieß Elisabeth Vögtin) werden 1476 und 1494 als Stifter einiger Glasfenster des Freiburger Münsters genannt[105]. Eine Verwandtschaft der Nonnen Sibilla und Elisabeth mit diesen Familien ist wahrscheinlich. Auf den Abschnitt »Elisabeth ipsissima« haben diese Details keinen Einfluss. Das gilt auch für das Problem, wie viel des *libellus* denn nun auf den Aussagen der Dienerinnen beruht, worüber früher heftig diskutiert wurde[106].

Das Gebet des ungenannten Kartäusers, das bereits ediert wurde[107], erstreckt sich von 209r bis 259r. Darin wird Elisabeth angesprochen: »Din seliges stärben…« und taucht in der Legende auf als: »Ir säliges stärben…«. Die alemannische Fassung des Gebetes geht möglicherweise auf einen lateinischen Text von Arnoldi (Heinricus Arnoldi de Alleveldia, geb. um 1407, gest. 1487, 1450–1480 Prior der Kartause zu Basel[108]) zurück[109]. Im *libellus* beginnt diese Textstelle mit [L 2199]: »*Cum autem vigilie dicerentur, abbatissa (Lukardis) de Wethere* (Wetter bei Marburg) *que tunc presens erat, audivit aviculas iocundissime decantare et admirans, ubi hoc esset, exivit ecclesiam et vidit aviculas in cacumine ecclesie plurimas congregatas, quasi mortis exequias agentes et variis modes audivit eas cantare.*«

In den Fassungen des *libellus*, die Huyskens bearbeitet hat, fehlt das *Regnum Mundi*. Die

Quelle für das *Regnum Mundi* in B IX 9 ist offensichtlich die »italienische« Fassung der *Legenda Aurea*[110], die von Basler Kartäusern genutzt wurde. Diese wie auch B IX 9 waren Huyskens offensichtlich nicht bekannt.[111] Das Regnum Mundi wurde traditionell bei Prozessionen mit Reliquien der Hl. Jungfrau bei einem der Umgänge gesungen.[112]

Iacopo de Varazze, ca.1272. In »Legenda Aurea«, hrsg von Giovanni Paola Maggiore, Florenz 1998	Tunc autem vise sunt multe avicule super cacumen ecclesie congregate, quas numquem aliquis prius vidit. Que tam suavi modulatione cantabant et tanta varietate modos cantandi formabant ut cunctos in admirationem adducerent eo quod eius exequias quodammodo agere viderentur. Tunc etiam in aere audita est suavissima melodia ac sic responsorium ›Regnum mundi‹ quod in laudibus virginum canitur audiretur.
Jacobus de Voragine, 2. Hälfte 14. Jh., »Legenda Aurea«, UB-Basel, BIX 10, aus dem Kartäuser-Kloster Basel.	Tunc autem vise sunt multe avicule super cacumen ecclesie congregate, quas numquem aliquis prius vidit. Que tam suavi modulatione cantabant et tanta varietate modos cantandi formabant ut cunctos in admirationem adducerent eo quod eius exequias quodammodo agere viderentur. Tunc etiam in aere audita est suavissima melodia ac si responsorium Regnum mundi quod laudibus virginum canitur audiretur.
Heinricus Arnoldi, »de sanctis mulieribus et virginibus« vor 1478, UB-Basel, BX 36 und BXI 9, aus dem Kartäuser-Kloster Basel	Nam venerabile corpore tuo ad ecclesiam pro peragendis exequiis allato innumerabilis pulcherissimas avicularum multitude ecclesiam ipsa super tecta replenit tam varias dulces et in auditas voces cantandi formans. Ut cunctos audientes in sui spectaculum et admirationem maximam duceret conclamantibus universis qui hec audiebant et videbant has aviculas pro certo fore sanctos angelos in occursum non solum tue sancte anime o felicissima Elysabeth sed etiam ad honorandum sanctum tuum corpus a domino deo missis. De quo minime dubitandum est. Tunc etiam in aere auditum est cum dulcissima melodia Regnum mundi et omnem ornatum seculi contempsi et pro ut cantari solet de virginibus responsorium.
Freiburger Elisabeth-Handschrift von 1481. Geschrieben von Elisabeth Vögtin, Nonne im Klarissen-Kloster Freiburg. Übersetzt von einem »seligen wöl gelerten vatter kartuser ordens«, fol. 174r f	Won als din erwirdiger lycham zů der Kilchen getragen waz, do hat ein unzalliche mënige der aller hübschesten vögilin daz tach der kilchen bedecket, die so mangerley süss und ungehört stimmen des gesanges usser liessent, daz si alle, die si hortend zů einer beschöwung und einer vast grossen verwunderung bewagten, daz si alle mit einander schruwend und sprachent: Di vögeli wërent on zwifel die heiligen Engel nit allein diner heiligen sele, du aller seligste Elysabeth, sunder dinem aller heiligsten lychamen ze eren von gott dem heren entgegen geschicket, doran öch gantz kein zwifel ze haben ist. Und ze mol ist öch in den lüfften mit einer aller süssesten melodyen oder getön gehört worden das respons gesang Regnum Mundi. Ich hab verschmähet das rich der welt und alle gezird der welt, als man pflegt ze singen von den jüngfröwen.

Tabelle:[113] Die avicule – *vögeli* – in den Manuskripten des Mittelalters

Anhang 3
Die Albertus-Zitate in der Freiburger Handschrift von 1481 und in der Bamberger Handschrift von 1388

Die Zitate des Meisters Albertus stammen, wie im Anhang 2 diskutiert, möglicherweise aus der Bamberger Handschrift msc. hist. 148 oder aus der Münchner Handschrift cgm 5926. Eine andere mögliche Quelle ist das dominikanische Legendar »Der Heiligen Leben«, das um 1400 in Nürnberg entstanden ist[114]. Es scheint daher wahrscheinlich, dass die folgende Reihenfolge besteht: Legendar –> msc. Hist. 148 (oder cgm 5926) –> Freiburger Elisabeth-Handschrift.

Der große Meister Albertus [Magnus, ca. 1200–1280] spricht: »Als Christus noch im Mutterleib eingeschlossen war, gab es doch sogleich Frieden in jenem Land und die Erde wurde fruchtbar von seiner Heiligkeit, und seine Geburt brachte viel Seligkeit.« (Zu Elisabeths Geburt) [17v–18r]. *In der Bamberger Handschrift fehlen die Seiten mit Elisabeths Geburt.* In der Münchner Handschrift sind die Seiten erhalten, es findet sich das Albertus-Zitat nicht.

Dazu spricht Meister Albertus: »Ich meine, dass sie jedesmal dort mindestens eine Seele mit ihrem Gebet erlöste.« (Zu Elisabeths Gebeten auf dem Friedhof) [26v]. *Bamberger Handschrift, fol. 2v: »Es spricht der maister albertus ich wen daz si nie darein kom si erlöst zu dem minsten ein sel mit irem seligen gepet«. Münchner Handschrift, fol. 7r: »Es spricht der maister albertus ich wane das sy nye dar ein*

kom sy erloste zu mynsten ein sele mit irem seligen gepett.«

Meister Albertus spricht: »Das war unser Herr selber und er wollte sie damit prüfen«. (Mantelwunder) [64r–66r]. *Bamberger Handschrift, fol.27r: »Meister albertus schreibt und wil, daz der arm mensch unser her wer der wolt sich mit ir raizzen«. Münchner Handschrift, fol. 21v: »Mayster albertus schreibt und wil das das der arm mensch unser herr Jesus Christus sey gewesen der wolt sich mit ir raitzen.«*

Meister Albertus spricht: »Ich glaube, dass die heilige Dreifaltigkeit in ihrem Herzen war, weil Gott so viele Wunder mit seiner frommen Dienerin und andächtigen Beterin vollbrachte.« (Zu Elisabeths Christus-Vision). [111v–112r]. *Bamberger Handschrift, fol. 64v ohne Albertus-Zitat. Münchner Handschrift, fol. 44r ohne Albertus-Zitat.*

Meister Albertus spricht: »Er führte ein enthaltsames Leben, er war ein freundlicher Lehrer und ein großer Märtyrer.« (über Konrad von Marburg) [165v]. *Bamberger Handschrift, fol. 110v ohne Albertus-Zitat. Münchner Handschrift, fol. 73v ohne Albertus-Zitat.*

In der lateinischen »Standardhandschrift« gibt es keine Albertus-Zitate. Vgl. Monika Rener: »Die Vita der heiligen Elisabeth des Dietrich von Apolda«, Marburg 1993.

Anhang 4
Konrad von Marburg und die hochadeligen Ketzer Henneberg, Loos, Sayn und Solms

Konrad von Marburg, Beichtvater Elisabeths und Ketzerverfolger

Die erste bekannte, große Ketzerverbrennung fand in Deutschland 1212 in Straßburg statt:

> »Häretiker, die durch verderbte Lehre die Getreuen der Kirche verführen, wurden in der Stadt Straßburg ergriffen. Sie wurden, da sie die Häresie leugneten, zu glühendem Eisen verurteilt und bis zum gesetzmäßigen Termin festgehalten; ihre Zahl war 80. Einige wenige von ihnen schienen unschuldig, die übrigen wurden alle vor der Kirche überführt, sie wurden zur Verbrennung der Hand verurteilt und gingen durch Feuer zu Grunde«.[115]

Es ist nicht dokumentiert, dass Konrad von Marburg da schon mitwirkte. Es gibt jedoch Hinweise, dass er 1214 und 1216 Ketzerverbrennungen veranlasste.[116] Im Juni 1215 wird er erstmals urkundlich erwähnt, und zwar in einem Privileg, das Erzbischof Siegfried II von Mainz für die Zisterzienserabtei Haina ausstellte: »cum magistro cunrado tunc temporis sancte crucis legato«.[117] Er war also zu der Zeit des Heiligen Kreuzes Sendbote, d.h. Kreuzzugsprediger und Ketzerverfolger. Er zog mit einer »Meute« durch das Land, für Hörer seiner Kreuzzugspredigten gab es 20 Tage Ablass. Die Teilnehmer dieser »Wanderungen« bekamen drei Jahre Ablass, wer starb, erhielt vollständige Absolution.[118] In den Orten, die er heimsuchte, wurden der Ketzerei Verdächtigte, Waldenser oder Katharer, vor sein Gericht geführt, gegebenenfalls gefoltert und verbrannt. In Marburg ließ Konrad 80 Menschen verbrennen, deren Asche in das Bächlein gestreut wurde, das heute die Ketzerbach heißt. Darunter waren etliche Ritter, Priester und andere treffliche Leute. Auch die Schencken zu Schweinsberg verloren ein ihnen zugehöriges Weib auf diesem Scheiterhaufen.[119] »Unter andern wurden auch zu Erfurt im Jahre 1232, den 5. May, vier so genannte Ketzer in seiner [Konrads] Gegenwart verbrannt«.[120]

In seiner Tätigkeit als Ketzerverfolger wurde Konrad mit Schreiben vom 12. Juni 1227 von Papst Gregor IX. bestärkt:

> »Deinen besorgten Eifer, den du sorgfältig darauf richtest, in den Gebieten Theutoniens die Anhänger ketzerischer Verderbtheit aufzuspüren, begrüßen wir im Namen Gottes, zumal diese Seuche, die so sehr im Verborgenen einherschleicht, umso schlimmer den göttlichen Weinberg bei dem ungebildeten Volk zerstört. Da du aber wirksamer vorgehen können wirst bei der Vertreibung des Irrglaubens aus jenen Gegenden, wenn einige [Helfer] von dir zur Teilnahme an dieser Verfolgung berufen worden sind, tragen wir dir nachdrücklich durch dieses päpstliche Schreiben auf, ebenso wie den Mitstreitern, von denen du weißt, dass sie von demselben Eifer erfüllt sind, dass du sorgfältig und wachsam die von ketzerischer Verderbtheit Befallenen in den erwähnten Gegenden aufspürst, damit durch jene, die beru-

fen sind, das Unkraut vom Acker Gottes mit Stumpf und Stiel ausgerottet werden kann.«[121] Konrad hatte also als Ketzerverfolger Rückendeckung aus Rom. Mit gleichem Datum fertigte Gregor IX. noch einen weiteren Brief an den *magistro Conrado de Marburc predicatori verbi Dei*:

>»Da also, wie wir durch die Mitteilung des edlen Landgrafen von Thüringen erfahren haben, er selbst die Vollmacht, die Kirchenlehen zu verwalten, über die er das Patronatsrecht ausübt, soweit es ihn betraf, mit Zustimmung seiner Gemahlin, seiner Söhne und Brüder, um die Gefahr zu vermeiden, die sich aus Schwäche oder Nachlässigkeit ergeben könnte, dir übertragen hat, stimmen wir den persönlichen Bitten des Edlen zu, und weil diese Regelung obendrein fromm von ihm getroffen worden ist, bestätigen wir sie, so wie sie aus seinem eigenhändigen Schreiben hervorgeht, mit päpstlicher Autorität und stellen sie unter den Schutz des gegenwärtigen Schreibens.«[122].

Warum wählten Ludwig und Elisabeth Konrad von Marburg als Verwalter der kirchlichen Pfründe und als Beichtvater?

Es war dies ein Schritt Ludwigs, seine Sachen vor dem Kreuzzug im Jahr 1227 zu regeln. Er bestellte Konrad von Marburg für seine kommende Abwesenheit als Verwalter der kirchlichen Güter in Thüringen. Dies war in dreifacher Hinsicht eine kluge Regelung: Konrad galt als uneigennützig und unbestechlich, die kirchlichen Güter wurden dem Zugriff der landgräflichen Brüder, Heinrich Raspe und Konrad, entzogen. Der Mainzer Erzbischof, der schon immer nach thüringischem Besitz gierte,[123] wurde gehindert, die Abwesenheit Ludwigs für seine Ziele zu nutzen. Die kirchlichen Pfründen waren durch das päpstliche, apostolische Mandat vor dem

Mainzer geschützt.[124] Zuvor (Mai 1223) hatte sich Ludwig von Papst Honorius die Zusage Kaiser Friedrichs II. absichern lassen, dass dieser die Vorbereitungen des Kreuzzuges durch Ludwig mit viertausend Mark unterstütze werde.[125] In einem weiteren, ebenfalls früheren Schreiben bestätigte Gregor IX. Ludwig als Kreuzfahrer (16. April 1227).[126]

Konrad wurde möglicherweise auch deshalb als Verwalter der kirchlichen Pfründe gewählt, um ihm mit diesem Amt ein wenig von der Ketzerverfolgung in Thüringen abzuhalten.

Als Beichtvater wählte ihn Elisabeth nach eigenen Worten anstelle eines reichen Bischofs oder Abtes aus folgenden Gründen: »Ich hätte irgendeinem Bischof oder Abt, die reiche Eltern haben, Gehorsam geloben können. Ich dachte aber, es wäre besser, Meister Conrad Gehorsam zu geloben, der keinen Besitz hat, sondern sogar vom Betteln lebt, damit ich mich auf diesen [weltlichen] Besitz niemals würde stützen können.«[127]

Es kann vermutet werden, dass Konrad durch sein Verwalteramt, das nach dem Tod Ludwigs erlosch, und durch sein Amt als Beichtvater der Elisabeth, das mit deren Tod endete, die Thüringer bis dahin geschont hatte. Jedoch kurz nach dem Tod Elisabeths (1231), nämlich 1233, beschuldigte Konrad von Marburg einige ihrer *magen* und *fründe* der Ketzerei.

Diese Ketzerklage gegen hochadelige Personen aus der Verwandtschaft und Gefolgschaft der Landgrafen von Thüringen sollten Konrads Ende bedeuten.[128] Nachdem er den Grafen Poppo VII. von Henneberg, die Gräfin Adelheid von Loos, den Grafen Heinrich III. von Sayn und den Grafen Heinrich von Solms vor das Ketzergericht gebracht hatte, musste sich Graf Heinrich von Sayn – nach einem reuigen Geständnis – die Haare scheren lassen.[129] Der aber gab nicht klein bei und brachte seine Sache am 25. Juli 1233 vor die Reichsversammlung in Mainz. Die versammelten Reichsfürsten und König Heinrich VII., der Sohn Kaiser Friedrich II., gaben dem Grafen recht und wiesen die Ketzerklage Konrads ab. Damit war Konrad zum Tod bestimmt: Hessische Ritter, darunter ein Dernbach und ein Schweinsberg, erschlugen ihn und seine Begleiter am 30. Juli 1233 in der Nähe Marburgs.[130] Die Mörder kamen nie vor ein Gericht.

Die beschuldigten Ketzer und ihre Verbindung zu Elisabeth

Ein Blick auf die Stammtafeln zeigt, dass zahlreiche verwandtschaftliche Beziehungen diese der Ketzerei bezichtigten Adligen mit der Familie Elisabeths sowie der Familie ihres Gatten verbanden (Stammtafeln I und II)[131]. Heinrich von Sayn war Stief-Schwiegersohn des Poppo von Henneberg: Seine Ehefrau war Mechthild, eine Tochter aus der Ehe des Markgrafen Dietrich von Meißen mit Jutta von Thüringen, der Halbschwester Ludwigs IV. Jutta verband sich in zweiter Ehe mit Poppo von Henneberg. Nach dem Tod (1221) des Markgrafen Dietrich von Meißen, dem ersten Gatten der Jutta, war Ludwig der Vormund seiner Halbschwester und deren unmündigem Sohn Heinrich geworden. Diese Vormundschaft verdross Jutta sehr, doch Ludwig »kehrte sich wenig um ihren Zorn«.[132] 1223 kam es zu einem ernsthaften Streit zwischen Ludwig und Jutta. Jutta hatte sich, ohne Ludwig, ihren rechtmäßigen Vormund, zu fragen, mit Poppo von Henneberg verlobt und sich in Leipzig festgesetzt. Ludwig sah darin wohl Gefahr für seine Vormundschaft über die Grafschaft Meißen. Es gab einige Gefechte, Burgen wurden berannt,

bis man sich 1224, vermittelt von dem Herzog von »Merern« [Mähren], aussöhnte.[133] Eine Verletzung des Vormundschaftsrechts ist keine Ketzerei. Zumindest wussten Poppo und Jutta aber, was sie wollten.

Ludwig III. von Loos-Rieneck wiederum wurde Schwiegersohn des Poppo von Henneberg, als er die Tochter Adelheid aus der ersten Ehe des Poppo mit Elisabeth von Anhalt ehelichte. Eine entfernte Verwandtschaft bestand auch mit den Grafen von Loos und dem Königshaus von Ungarn und damit mit der hl. Elisabeth.[134]

Es gibt in dem interessanten Zeitraum um 1230–1233 noch eine andere Gräfin von Loos, Mathilde, geb. von Vianden, die aber zum westrheinischen Zweig der Familie gehörte. Poppo von Henneberg und Jutta von Thüringen waren wohl das Zentrum der von Konrad attackierten Ketzer. Jutta war eine Halbschwester und Poppo ein Vetter zweiten Grades des Ludwig von Thüringen; genauso war Poppo auch ein Vetter zweiten Grades der hl. Elisabeth. Ihre gemeinsame Großmutter war die Hedwig von Wittelsbach. Die Grafen von Solms kommen in dem Geflecht der Verwandtschaften, der *magen*, nicht vor, aber sie gehörten offensichtlich zu den engeren *fründen*.

Der schmale Grat zur Ketzerei

Ungeklärt bleibt die naheliegende Frage: Wusste Elisabeth von den ketzerischen Neigungen ihrer *fründe* und *magen*? Es gibt keinerlei Dokumente, die auf eine »Schuld« der Beklagten hinweisen, nur Vermutungen; umso weniger gibt es direkte Hinweise auf »ketzerische Gedanken« der Elisabeth selbst. Es verwundert jedoch, was Luther zu dieser *causa* einst gepredigt hat:

»Ich will hie sagen ein Exempel von der heili-
gen Frauen S. Elyzabeth: Die kam einmal in
ein Kloster und sah, dass unsers Herren Lei-
den war hübsch gemalt an den Wänden, und
sprach: Die Kosten sollt ihr gespart haben
zur Nahrung des Leibes. Denn Solches sollt
in euren Herzen gemalt sein. Siehe da, wie
einfältig, göttlich und kräftig Urteil ist über
die Dinge, die doch jedermann köstlich achtet;
wenn sie es itzt redete, sollten sie die Papisten
gewisslich verbrennen, als die da Christi Lei-
den lästerte und gute Werk versprochen hätte;
sie müsste eine Ketzerin sein, wenn sie zehn
Heilige wert wäre.«[135]

So predigte Martin Luther am zweiten Weih-
nachtsfeiertag 1525. Luther zitiert hier aus dem
Bericht der päpstlichen Kommission – Bischof
Konrad II. von Hildesheim, Abt Hermann von
Georgenthal und Abt Ludwig von Hersfeld –,
deren Aufgabe es war, die Heiligsprechung
Elisabeths vorzubereiten. Der Bericht beruhte
auf Aussagen der Hofdamen oder Mägde der
Elisabeth. Um 1900 existierten acht lateinische
Kopien als Handschriften; die frühesten, die
von Albert Huyskens sorgfältig ediert wurden,
entstanden um 1300.[136] Eine dieser Schriften
muss Luther also gekannt haben, denn in sei-
ner Predigt bezieht er sich auf folgende darin
beschriebene Begebenheit:

»Als sie einmal ein Kloster besuchte, dessen
fromme Bewohner arm waren und nur von
täglichen Almosen lebten, zeigten sie ihr üp-
pig vergoldete Skulpturen in ihrer Kirche. Da
sagte sie zu den etwa 24 anwesenden From-
men: ›Seht, ihr hättet besser Kleider und Es-
sen für euch kaufen sollen als Bilder, denn
ihr solltet die Bedeutung dieser Skulpturen
in euren Herzen bewahren.‹ Als nun Jemand
sagte, dass ein solch schönes Bild doch ange-
messen sei, antwortete sie: ›Ich habe solche

Werke nicht, ich trage das wahre Bild in mei-
nem Herzen‹.«[137]
Diese Schilderung, die Elisabeths Heiligspre-
chung vorbereiten sollte und vom Papst so ak-
zeptiert wurde, konnte zwei Jahrhunderte spä-
ter – so meint Luther – als Indiz für Elisabeths
Ketzerei gelesen werden. Der Grat zwischen
echter Frömmigkeit und Ketzerei war offen-
bar sehr schmal.
  Welche Ketzerei konnte Konrad Graf Poppo
von Henneberg, Gräfin Adelheid von Loos-
Rieneck, Graf Heinrich von Sayn und Graf
Heinrich von Solms vorgeworfen haben?
  Es ist davon auszugehen, dass die Gedan-
ken der Katharer im deutschen Adel ebenso
verbreitet waren wie im Adel aus dem Süden
Frankreichs. Ein Zitat aus dem Tristan des
Gottfrieds von Straßburg mag dies unter-
malen.[138] Die beschriebene Szene wird nach
Carleon in Wales verlegt, nimmt aber mögli-
cherweise Bezug auf die Ketzerverbrennung in
Straßburg 1212, der etwa 80 Menschen zum
Opfer fielen.[139] Wenn die Schlusszeilen, »dass
der sehr tugendhafte Christ / windschlüpfrig
wie ein Ärmel ist«, nicht Ketzerei sind?

Da was vil barune,
pfaffen unde riterschaft,
gemeines volkes michel kraft;
bischove und prelaten.
Die daz ambaht taten
Unde segenten daz gerichte,
die waren auch in rihte,
mit ir dinge bereit:
daz isen, daz was in geleit.

———

»Nu nemet daz isen uf die handt;
und als ir uns habet vor benant,
als helf' in got ze dirre not!«
Amen« sprach diu schone Isot,
in gotes namen greif siz an,

un trüg ez, daz si nit verbran.
Da wart wol geoffenbäret,
und al der werlt bewäret,
Daz der vil tugendhafte Krist
wintschaffen als ein ermel ist.

Die Wirkung von »Tristan und Isolde« (Isot) in der Zeit der Elisabeth war groß; die Schrecken der Ketzerverfolgung, die Probe mit dem glühenden Eisen, Folter und Verbrennung der Opfer waren ebenso bekannt. Sicher erreichten Thüringen auch die Nachrichten des Albigenser Krieges, etwa die Brandlegung von Béziers im Jahr 1209 mit 20.000 Opfern. Von 1225 bis 1235 brannten in Deutschland die Scheiterhaufen.

Möglicherweise handelte Konrad mit seiner Ketzerklage gegen die hochadeligen von Henneberg, von Loos, von Sayn und von Solms auch im Sinne des Mainzer Erzbischofs. Ein Blick auf die Landkarte lässt diese Vermutung zu: Das Gebiet der Sayns lag am Unterlauf der Lahn und am Rhein, östlich lahnaufwärts bis etwa Gießen folgen die Solms und die Schencken von Schweinsberg. Rieneck, der Sitz des Grafen von Loos-Rieneck, liegt am Zusammenfluss von Mainz Saale und Sinn. Die Grafschaft Henneberg erstreckt sich etwa von Schleusingen bis Bamberg. Nach dem Tod des Landgrafen Hermann II., des Sohnes von Ludwig und Elisabeth, im Jahr 1241 entbrannte bekanntlich ein Krieg zwischen den Mainzern und den Thüringern. Erst 1263 schloss Sophie, Tochter der Elisabeth und Herzogin von Brabant, Frieden mit den Mainzern, womit die Landgrafschaft Hessen begründet wurde.

Neben diesem »geopolitischen« Aspekt könnten außerdem noch andere Begebenheiten den Zorn Konrads auf die Sayns und Solms gelenkt haben: Als Elisabeth im Jahr 1227 schwanger war, versprachen sich die Ehegat-

ten, das Kind in ein geistliches Leben zu geben: »worde es ein knechtchin, so solde manz in tun zu Rumarsdorf, wordez abir ein meidichin, so solde manz in tun zu Altinborg, des ordens der da heizt premonstratenses unde haldin di regeln sente Augustins. Nun, ein Knabe sollte also in das Kloster Rommersdorf bei Neuwied, im Gebiet der Sayns, und ein Mädchen in das Kloster Altenburg bei Wetzlar, im Gebiet der Solms, kommen. Das war Ehre und Verpflichtung zugleich. In der Tat brachte Elisabeth ihre ein-einhalbjährige Tochter 1229 von Marburg nach Altenberg[140] und übergab sie damit in den Einflussbereich Heinrich von Solms. Übrigens könnte auch dieser – und nicht der Sayn – derjenige gewesen sein, der Reue zeigte und die Haare geschoren bekam.[141]

Jutta von Meißen kam einst zu Besuch nach Eisenach. Konrad von Marburg hatte Elisabeth befohlen zu seiner Predigt zu kommen. Elisabeth blieb aber am Hof. Danach musste sie Konrad auf Knien bitten, ihr Beichtvater zu bleiben. Da er sie nicht wegen einer »weltlichen« Ursache strafen durfte, ließ er stattdessen zwei ihrer Mägde mit Ruten schlagen.[142]

Das Ende Konrads von Marburg

Das Ende Konrads von Marburg kam am 30. Juli 1233 nördlich von Beltershausen an der Straße von Amöneburg nach Marburg.[143] Zuvor war Konrad mit zweien seiner »Projekte« gescheitert. Sein Antrag auf Heiligsprechung der Elisabeth wurde offensichtlich zu den Akten gelegt. Nach seinem Tod wurde vom Papst eine Kommission einberufen, die schließlich die Heiligsprechung vorbereitete. Das andere Projekt war die Ausrottung der Ketzerei im deutschen Adel am Beispiel der hier genannten Personen. Dieses Vorhaben scheiterte spätestens bei einer Reichsversammlung am 25. Juli 1233 in Mainz, wo den von ihm beschuldigten adligen »Ketzern« recht gegeben wurde. Nach etwa 20 Jahren Ketzerverbrennungen in Deutschland ging damit die Zeit Konrads von Marburg zu Ende, der sich über die Jahre immerhin zum Beichtvater Elisabeths, zum Verwalter des Landgrafen von Thüringen und zum Großinquisitor in Deutschland gemacht hatte.

Können die beiden Vorgänge, Scheitern seines Antrages auf Heiligsprechung der Elisabeth und das Scheitern seiner Anklagen gegen hochadelige Personen, als getrennte Ereignisse gesehen werde? War Konrads Niederlage bei der Mainzer Reichsversammlung gerechtfertigt? Hatte Konrad von Marburg vielleicht doch einen Grund für einen »Anfangsverdacht«? Viele Fragen bleiben offen. Poppo von Henneberg war jedenfalls auch Minnesänger gewesen und er hatte an einem Kreuzzug teilgenommen[144]. Die Kreuzfahrer brachten durchaus ketzerische Ideen aus dem Osten mit, von dort, wo das manichäische Gedankengut zu Hause war. Vor allem die manichäische Weltsicht des Dualismus war auch eine Grundlage der katharischen Lehre im Languedoc. Wolfram von Eschenbach schreibt dies sehr deutlich im Parzival[145]:

der knappe sprach zer muotr san.
»owe muotr, waz ist got?«
»sun, ich sage dirz ane spot.
Er ist noch liehtr denn der tac,
der antlützes sich bewac
nach mennischem antlütze.
Sun, merke eine witze
Und flehe in umb dine not.
sin triwe der werlde hilfe bot,
So heizet einer der helle wirt.
der ist swarz, untriwe in niht verbirt.
von dem kere dine gedanke
Und ouch von zwifels wanke!«
Sin muotr underschiet im gar
Daz vinstr unt daz lieht gevar.

Das ist der katharische Dualimus *in a nutshell.* »Für die Katharer besteht kein Zweifel: Die alltägliche Existenz des Bösen ist darin begründet, dass es nicht nur einen Gott gibt, sondern zwei, einen Guten und den anderen, den Schlechten. Das ist es, was Dualismus genannt wird.«[146] Wolfram von Eschenbach war auf der Wartburg und hat bestimmt auch den Poppo von Henneberg getroffen. Sicherlich kannten alle auf der Wartburg Anwesenden auch den Parzival. Aber waren sie deswegen auch schon »Ketzer«?

Stammtafel I: Henneberg – Thüringen – Bayern

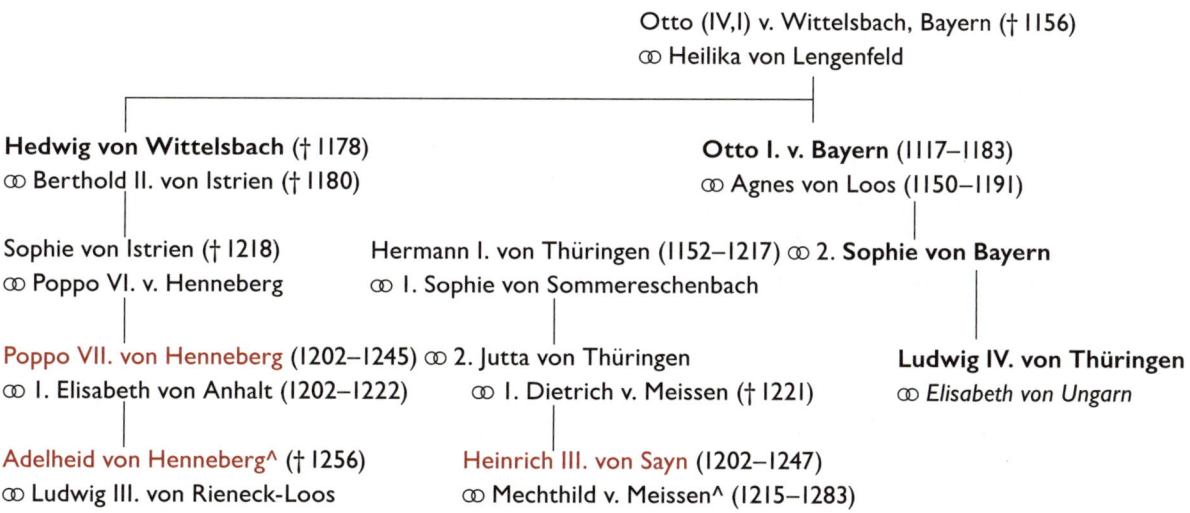

Otto (IV,I) v. Wittelsbach, Bayern († 1156)
∞ Heilika von Lengenfeld

Hedwig von Wittelsbach († 1178)
∞ Berthold II. von Istrien († 1180)

Otto I. v. Bayern (1117–1183)
∞ Agnes von Loos (1150–1191)

Sophie von Istrien († 1218)
∞ Poppo VI. v. Henneberg

Hermann I. von Thüringen (1152–1217) ∞ 2. **Sophie von Bayern**
∞ 1. Sophie von Sommereschenbach

Poppo VII. von Henneberg (1202–1245) ∞ 2. Jutta von Thüringen
∞ 1. Elisabeth von Anhalt (1202–1222)   ∞ 1. Dietrich v. Meissen († 1221)

Ludwig IV. von Thüringen
∞ *Elisabeth von Ungarn*

Adelheid von Henneberg^ († 1256)
∞ Ludwig III. von Rieneck-Loos

Heinrich III. von Sayn (1202–1247)
∞ Mechthild v. Meissen^ (1215–1283)

Stammtafel II: Loos – Rieneck – Ungarn

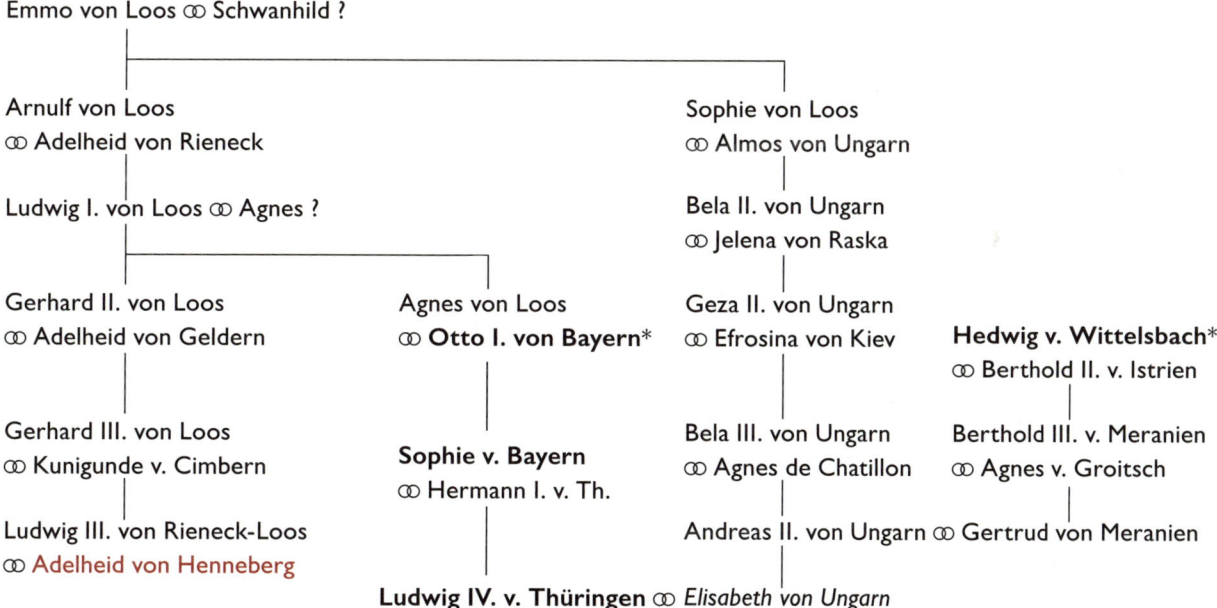

Emmo von Loos ∞ Schwanhild ?

Arnulf von Loos
∞ Adelheid von Rieneck

Sophie von Loos
∞ Almos von Ungarn

Ludwig I. von Loos ∞ Agnes ?

Bela II. von Ungarn
∞ Jelena von Raska

Gerhard II. von Loos
∞ Adelheid von Geldern

Agnes von Loos
∞ **Otto I. von Bayern***

Geza II. von Ungarn
∞ Efrosina von Kiev

Hedwig v. Wittelsbach*
∞ Berthold II. v. Istrien

Gerhard III. von Loos
∞ Kunigunde v. Cimbern

Sophie v. Bayern
∞ Hermann I. v. Th.

Bela III. von Ungarn
∞ Agnes de Chatillon

Berthold III. v. Meranien
∞ Agnes v. Groitsch

Ludwig III. von Rieneck-Loos
∞ Adelheid von Henneberg

Andreas II. von Ungarn ∞ Gertrud von Meranien

Ludwig IV. v. Thüringen ∞ *Elisabeth von Ungarn*

Legende: * Geschwister, ^ Halbschwestern; Rot: als Ketzer angeklagt; **Fett**: Haus Wittelsbach

Quellen

Cronica Reinhardsbrunnensis, hg. von Oswald Holder-Egger, Monumenta Germanica Historica, Scriptores Saeculi, XXX, 1, Hannover 1869.

Die Freiburger Elisabeth-Handschrift aus dem Klarissenkloster 1481. Heute: Deutsche Nationalbibliothek Leipzig, Klemm-Sammlung I 104.

Dietrich von Apolda, *Der lieben frowen Sant Elisabethen der Landgräfin leben.* Heidelberg cpg 105, fol. 002v.

Dietrich von Apolda, *Dis ist das leben [...] der lantgrefin sant Elisabeth [...].* Universität Basel, A VIII 36, 1r–59r. (15. Jahrhundert).

Uwe Geese: ›Summa vitae‹ des Konrad von Marburg, in: *Reliquienverehrung und Herrschaftsvermittlung*, Marburg 1984, S. 229–233.

Albert Huyskens (Hg.): *Der sogenannte Libellus de dictis quator ancillarum sanctae Elisabeth confectus*, München 1911.

Monika Rener (Hg.): *Die Vita der heiligen Elisabeth des Dietrich von Apolda*, Marburg 1993.

Heinrich Rückert (Hg.): *Das Leben des heiligen Ludwig von Thüringen, Gemahls der heiligen Elisabeth*, Leipzig 1851.

Literatur

HEINRICH APPELT, Bertold, Patriarch von Aquileja, in: *Neue Deutsche Biographie 2* (1955).

HEINRICH ARNOLDI VON ALEFELD, De sanctis mulieribus et virginibus, Bibliothek der Universität Basel, Cod. B X 36.

ULRIKE BODEMANN: Vom Lächeln zum Leiden, in: *Elisabeth und die neue Frömmigkeit in Europa*, Hg. CHRISTA BERTELSMEIER-KIERST, Marburg 2008.

HEINRICH BOEHMER (Hg.): *Chronica fratris Jordani*, Paris 1908 (Collection d'études et de documents, Bd. 6).

ALBERT BRACKMANN: *Urkundliche Geschichte des Halberstädter Domkapitels im Mittelalter*, Dissertation Göttingen 1898.

DAVID BRETT-EVANS: Legenda Maior S. Francisci, Texte des späten Mittelalters, Heft 12 (1960).

Codex Manesse, Große Heidelberger Liederhandschrift, Universität Heidelberg cpg 848 (1305–1340).

BRIGITTE DEGLER-SPENGLER: Das Klarissenkloster Gnadental in Basel von 1289–1529, Basel 1969.

Abt FRANZISKUS HEEREMANN OSB, P. GOTTFRIED MEIER OSB, fr. GEORG M. ROSS OSB: *Die Regel des St. Benedikt* (www.benediktiner.de/regula/index.htm) (2009).

JAMES HOGG in: *Biographisches Kirchenlexikon*, (1999), Bd. XVI.

HANS FROMM: Eine mitteldeutsche Übersetzung von Dietrich von Apoldas lateinischer Vita der Elisabeth von Thüringen, in: *Zeitschrift für deutsche Philologie 86* (1967), Sonderheft: *Spätes Mittelalter*.

FRITZ GEIGES: *Der mittelalterliche Fensterschmuck des Freiburger Münsters*, Freiburg 1932.

VERONIKA GERZ-VON BÜREN: *Geschichte des Klarissenklosters St. Clara in Kleinbasel 1266–1529*, Basel 1969.

GOTTFRIED VON STRASSBURG: *Tristan*, hg. von GOTTFRIED WEBER, Darmstadt 1967.

P. ENGELBERT GRAU: *Leben und Schriften der heiligen Klara von Assisi*, Werl 1976.

ENGELBERT GRAU / MARIANNE SCHLOSSER (Hg.): *Leben und Schriften der heiligen Klara von Assisi*, Werl 1952.

CLAUDE LEBEDEL: *La tragedie des Cathares*, Rennes 1998.

WINFRIED HAGENMAIER: *Die Handschriften der Universitätsbibliothek Freiburg*, Freiburg 1974.

Handschrift B VII 32, Universitätsbibliothek Basel, S. Franciscus: 1r–65v; S. Clara: 66r–82v.

Handschrift B VII 11, Universtätsbibliothek Basel: »Heiligenlegenden«, 191r–196v.

Handschrift B IX, Universitätsbibliothek Basel: Jacobus de Voragine, »Legenda Aurea«.

Handschrift B X 36 und B XI 9, Universtätsbibliothek Basel: Heinricus de Arnoldi, »De sanctis mulieribus et virginibus«.

ADOLF HAUSRATH: *Der Ketzermeister Konrad von Marburg.* Diss. Heidelberg 1861.

WERNER HEILAND-JUSTI: *Elisabeth. Königstochter von Ungarn, Landgräfin von Thüringen und Heilige,* Lindenberg 2007.

WERNER HEILAND-JUSTI: *Die Heilige Elisabeth in Freiburg im Breisgau,* Lindenberg 2011.

WERNER HEILAND-JUSTI: Die Freiburger Klarissen und die Basler Kartäuser: De sanctis mulieribus et virginibus, in: *Analectica Cartusiana,* Bd. 276, II (2012).

WALTER HEINEMEYER: Die Heilige Elisabeth in ihrer Zeit (= Band 4), in: MORITZ WERNER (Hg.), *700 Jahre Elisabethkirche in Marburg 1283–1983. 7 Bände,* Marburg 1983.

KARL WILHELM JUSTI: *Elisabeth die Heilige,* Zürich 1797.

JULIUS KINDLER VON KNOBLOCH: *Oberbadisches Geschlechterbuch,* Heidelberg 1898.

HARTMUT KÜHNE: *Ostensio reliquiarum,* Berlin 2000.

HELMUT LOMNITZER: Die Heilige Elisabeth in deutschen Prosalegendaren des ausgehenden Mittelalters, in: *Quellen und Studien zur Geschichte des Deutschen Ordens,* Bd. 18 (1983).

D. Martin Luthers Werke, Kritische Gesamtausgabe, Weimar 1910.

CHRISTOPH MACKERT / FALK EISERMANN: Hagiographische Sammelhandschrift mit Texten zur heiligen Elisabeth von Thüringen, in: *Handschriftenkatalog zum DFG-Projekt »Erschließung von Kleinsammlungen mittelalterlicher Handschriften in Sachsen und dem Leipziger Umland«* (erscheint voraussichtlich 2016).

GEORGINA MASSON: *Das Staunen der Welt,* Tübingen 1958.

WILHELM MAURER: Zum Verständnis der heiligen Elisabeth von Thüringen, in: *Zeitschrift für Kirchengeschichte 65* (1953/54).

WALTHER MÖLLER: *Westdeutsche Adelsgeschlechter,* Darmstadt 1933.

WALTHER MÖLLER: *Stamm-Tafeln westdeutscher Adelsgeschlechter im Mittelalter* (1933), Tafeln IX, XI, LVIII, LX und XLVII.

Monumenta Germaniae Historica (MGH), Epistolae Seculo XIII, Berlin 1883, Hg. CAROLUS RODENBERG, Berlin 1883, Bd. I.

Monumenta Historica Germanica (MGH), Scriptores, Hannover 1879, Bd. XXIV.

SIGLINDE OEHRING: KONRAD I. VON WITTELSBACH, in: *Neue Deutsche Biographie 12* (1979), S. 510–511; [Onlinefassung] URL: http://www.deutsche-biographie.de/pnd118713949.html.

GIOVANNI PAOLA MAGGIORE: *Iacopo die Verazze – Legenda Aurea,* Florenz 1998.

ALEXANDER PATSCHOVSKY: Zur Ketzerverfolgung Konrads von Marburg, in: *Deutsches Archiv für die Erforschung des Mittelaters 37* (1981).

R. JOHANNA REGNATH: *Das Schwein im Wald. Vormoderne Schweinehaltung zwischen Herrschaftsstrukturen, ständischer Ordnung und Subsistenzökonomie,* Stuttgart 2009.

MONIKA RENER: The making of a Saint, in: *Elisabeth von Thüringen und die neue Frömmigkeit in Europa,* Hg. Christa Bertelsmeier-Kierst, Marburg 2008.

EIKE VON REPGOW: *Der Sachsenspiegel,* hg. von CLAUSDIETER SCHOTT, Zürich 1984.

FRIEDRICH SCHIRRMACHER: Sigfrid II. von Eppstein, in: *Allgemeine Deutsche Biographie 34* (1892), S. 259–260; [Onlinefassung] URL: http://www.deutsche-biographie.de/pnd13686337X.html?anchor=adb.

FRANZ-JOSEF SCHMALE (Hg.): *Die Chronik*

Ottos von St. Blasien und die Marbacher Annalen, Darmstadt 1998.

FRANZ ANSELM SCHMITT und FRITZ MÜHLENWEG: *Clara und Franciscus von Assisi*, Konstanz 1995.

WOLF SINGER / MATTHIEU RICARD: *Hirnforschung und Meditation: ein Dialog*, Frankfurt 2009.

MAGDALENA STEIMERIN: *Clara und Franciscus von Assisi: Eine spätmittelalterliche alemannische Legende*. Übertr. von FRANZ ANSELM SCHMITT, bearb. von FRITZ MÜHLENWEG, Konstanz 1959.

HERBERT STOYAN: *Die Nachkommen Karls des Großen*, wwperson.informatik.uni-erlangen.de (2013).

STEFAN TERBRUCK: Militia Christi – Imitatio Christi. Kreuzzugsidee und Armutsideal am thüringischen Landgrafenhof zur Zeit der heiligen Elisabeth, in: *Elisabeth von Thüringen. Eine europäische Heilige*, 2 Bde. (Katalog und Aufsatzband), hg. von DIETER BLUME und MATTHIAS WERNER, Petersberg 2007.

GIORGIO TOURN: *Geschichte der Waldenser-Kirche*, Erlangen 1980.

LEO UEDING: Klarissenkloster Freiburg i. Br., Alemannia Franciscana Antiqua, 7, 1961.

FRIEDRICH UHLHORN: *Geschichte der Grafen von Solms im Mittelalter*, Marburg 1931.

WOLFHARD VAHL: Konrad von Marburg, Marburg 2007.

JACOBUS DE VORAGINE: *Legenda Aurea*, ausgewählt und übersetzt von Jacques Laager, Manesse, 1982.

MATTHIAS WERNER: Elisabeth von Thüringen, Franziskus von Assisi und Konrad von Marburg, in: *Elisabeth von Thüringen. Eine europäische Heilige*, 2 Bde. (Katalog und Aufsatzband), hg. von DIETER BLUME und MATTHIAS WERNER, Petersberg 2007.

MORITZ WERNER (Hg.): *700 Jahre Elisabethkirche in Marburg 1283–1983*. 7 Bände, Marburg 1983.

WOLFRAM VON ESCHENBACH: *Parzival*, hg. von JOACHIM BUMKE, 2008.

HARALD WOLTER VON DEM KNESEBECK: *Der Elisabethpsalter in Cividale del Friuli: Buchmalerei für den Thüringer Landgrafenhof zu Beginn des 13. Jahrhunderts*, Berlin 2001.

MARGARETE ZIMMERMANN / ROSWITHA BÖHM (Hg.): *Bedeutende Frauen: französische Dichterinnen, Malerinnen, Mäzeninnen des 16. und 17. Jahrhunderts*, München/Zürich 2008.

Danksagung

Der Herausgeber dankt Ulrike Bodemann, Anna Bündgens,
Hagen Keller, Christoph Mackert, Dieter Mertens*,
David Palmer, Friedel Scheer-Nahor und Irmgard Trinius.

* Gest. 2014. Siehe Thomas Zotz: »Nachruf: Prof. Dr. Dieter Mertens (1940–2014)«,
in: Schau-ins-Land Bd. 133 (2014), S. 191–192.

Anmerkungen

1 UWE GEESE: ›Summa vitae‹ des Konrad von Marburg, in: *Reliquienverehrung und Herrschaftsvermittlung*, Marburg 1984, S. 229–233, hier S. 231: »me licet invitum secuta est Marpurc«.

2 WERNER HEILAND-JUSTI: *Elisabeth. Königstochter von Ungarn, Landgräfin von Thüringen und Heilige*, Lindenberg 2007.

3 ALBERT HUYSKENS (Hrsg.), *Der sogenannte Libellus de dictis quator ancillarum sanctae Elisabeth confectus*, München 1911.

4 HEINRICH RÜCKERT (Hrsg.), *Das Leben des heiligen Ludwig von Thüringen, Gemahls der heiligen Elisabeth*, Leipzig 1851.

5 Die Freiburger Elisabeth-Handschrift aus dem Klarissenkloster 1481. Heute: Deutsche Nationalbibliothek Leipzig, Klemm-Sammlung I 104.

6 CHRISTOPH MACKERT / FALK EISERMANN, Hagiographische Sammelhandschrift mit Texten zur heiligen Elisabeth von Thüringen, in: *Handschriftenkatalog zum DFG-Projekt »Erschließung von Kleinsammlungen mittelalterlicher Handschriften in Sachsen und dem Leipziger Umland«* (erscheint voraussichtlich 2016).

7 MONIKA RENER (Hrsg.), *Die Vita der heiligen Elisabeth des Dietrich von Apolda*, Marburg 1993.

8 *Cronica Reinhardsbrunnensis*, hrsg. von OSWALD HOLDER-EGGER, Monumenta Germanica Historica, Scriptores Saeculi, XXX, 1, S. 530–1388, Hannover 1869.

9 HANS FROMM, Eine mitteldeutsche Übersetzung von Dietrich von Apoldas lateinischer Vita der Elisabeth von Thüringen, in: *Zeitschrift für deutsche Philologie* 86 (1967), Sonderheft: *Spätes Mittelalter*.

10 Nachtrag am rechten Rand, vermutlich von gleicher Hand.

11 Am rechten Rand befindet sich eine Korrektur von späterer Hand, die – in der Sache unrichtig – *alters* durch *wittwenstands* ersetzt.

12 De facto übernahm er die Vormundschaft bzw. machte sie zu seinem Mündel.

13 GEORGINA MASSON, *Das Staunen der Welt*, Tübingen 1958, S. 14.

14 HEINRICH APPELT, Bertold, Patriarch von Aquileja, in: *Neue Deutsche Biographie* 2 (1955), S. 151.

15 P. ENGELBERT GRAU, *Leben und Schriften der heiligen Klara von Assisi*, Werl 1976, S. 116 f.

16 WALTER HEINEMEYER, Die heilige Elisabeth in ihrer Zeit (= Band 4), in: MORITZ WERNER (Hg.), *700 Jahre Elisabethkirche in Marburg 1283–1983. 7 Bände*, Marburg 1983, S. 29 f.

17 FRANZ-JOSEF SCHMALE (Hrsg.), *Die Chronik Ottos von St. Blasien und die Marbacher Annalen*, Darmstadt 1998, S. 229.

18 WALTHER MÖLLER, *Westdeutsche Adelsgeschlechter*, Darmstadt 1933.

19 SIGLINDE OEHRING, KONRAD I. VON WITTELSBACH, in: *Neue Deutsche Biographie* 12 (1979), S. 510–511; [Onlinefassung] URL: http://www.deutsche-biographie.de/pnd118713949.html.

20 FRIEDRICH SCHIRRMACHER, Sigfrid II. von Eppstein, in: *Allgemeine Deutsche Biographie* 34 (1892), S. 259–260; [Onlinefassung] URL: http://www.deutsche-biographie.de/pnd13686337X.html?anchor=adb.

21 ENGELBERT GRAU / MARIANNE SCHLOSSER (Hrsg.), *Leben und Schriften der heiligen Klara von Assisi*, Werl 1952, S. 36, Zeilen 17–19.

22 *Cronica Reinhardsbrunnensis*, S. 527, Zeile 10 f.

23 *Codex Manesse, Große Heidelberger Liederhandschrift*, Universität Heidelberg cpg 848 (1305–1340), fol. 219v.

24 MORITZ WERNER (Hg.), *700 Jahre Elisabethkirche in Marburg 1283–1983. 7 Bände*, Marburg 1983, Abb. 3, S. 170.

25 HEINRICH BOEHMER (Hrsg.), *Chronica fratris Jordani*, Paris 1908 (Collection d'études et de documents, Bd. 6), S. 29. Für das Jahr 1221 heißt es dort: »Similiter et recepit quendam laycum nomine Rodegerum qui postmodem in Halberstat factus est gardianus et magister discipline spiritualis beate Elysabeth, docens eam servare castitatem, humilitatem et pacienciam et orationibus invigilare et misericordie insudare.« Das ist doch sehr vage und übernimmt eigent-

lich die »Lehren« Konrads von Marburg, den Jordanus nicht erwähnt. Umgekehrt kommt dieser Rüdiger in keiner der Elisabeth-Quellen vor (Libellus, Cronica Reinhardsbrunnensis, Berthold).

26 HEINEMEYER, S. 33.

27 Vargula, Varila in verschiedenen Quellen, wohl aus dem Ort Vargula, heute Groß- und Kleinvargula an der Unstrut östlich von Bad Langensalza.

28 EIKE VON REPGOW, S. 57 f.

29 MARGARETE ZIMMERMANN / ROSWITHA BÖHM (Hrsg.), *Bedeutende Frauen: französische Dichterinnen, Malerinnen, Mäzeninnen des 16. und 17. Jahrhunderts*, München / Zürich 2008, S. 34.

30 Auf Deutsch: »Als sie kaum fünf Jahre alt war und nicht lesen konnte, lag sie oft vor dem Altar, vor sich den Psalter ausgebreitet, als ob sie daraus betete.«

31 HARALD WOLTER VON DEM KNESEBECK, *Der Elisabethpsalter in Cividale del Friuli: Buchmalerei für den Thüringer Landgrafenhof zu Beginn des 13. Jahrhunderts*, Berlin 2001.

32 HUBERT PELLETER, persönliche Mitteilung 2009.

33 DIETRICH VON APOLDA, *Der lieben frowen Sant Elisabethen der Landgräfin leben*. Heidelberg cpg 105, fol. 002v.

34 DIETRICH VON APOLDA, *Dis ist das leben [...] der lantgrefin sant Elisabeth [...]*. Universität Basel, A VIII 36, 1r–59r. (15. Jahrhundert).

35 GRAU / SCHLOSSER, *Klara von Assisi* (wie Anm. 21), S. 38.

36 *Clara und Franciscus von Assisi*. Karlsruhe, Landesbibliothek, Thennenbach 4; MAGDALENA STEIMERIN, *Clara und Franciscus von Assisi: Eine spätmittelalterliche alemannische Legende*. Übertr. von FRANZ ANSELM SCHMITT, bearb. von FRITZ MÜHLENWEG, Konstanz 1959. Die Handschrift gehörte einst auch den Freiburger Klarissen. Sie verkauften sie an das Kloster Thennenbach (bei Emmendingen). Nach 1806 fiel die Handschrift an den Badischen Staat.

37 HEINEMEYER, S. 35.

38 Im Original: »Licet non possim semper orare, tamen hanc vim faciam carni mei, quod avellor predilecto marito meo.«

39 Im Original: »Unde contigit, ut dicta Ysentrudis eam volens excitare traxit dominum per pedicam, qui crus suum in partem domine direxerat.«

40 *Monumenta Germaniae Historica*, Epistolae Seculo XIII, Berlin 1883, Bd. I, S. 276 und 277.

41 ALBERT HUYSKENS, S. 18, Fußnote.

42 STEFAN TERBRUCK, *Militia Christi – Imitatio Christi. Kreuzzugsidee und Armutsideal am thürin-gischen Landgrafenhof zur Zeit der heiligen Elisabeth*, in: *Elisabeth von Thüringen. Eine europäische Heilige*, 2 Bde. (Katalog und Aufsatzband), hrsg. von DIETER BLUME und MATTHIAS WERNER, Petersberg 2007, Aufsatzband, S. 137–152, hier S. 146.

43 MATTHIAS WERNER, Elisabeth von Thüringen, Franziskus von Assisi und Konrad von Marburg, in: *Elisabeth von Thüringen* (wie Anm. 42), S. 109–136, hier S. 120.

44 WILHELM MAURER, Zum Verständnis der heiligen Elisabeth von Thüringen, in: *Zeitschrift für Kirchengeschichte* 65 (1953/54), S. 26.

45 UWE GEESE, S. 231.

46 *Cronica Reinhardsbrunnensis*, S. 608.

47 MATTHIAS WERNER, persönliche Mitteilung 2008.

48 HEINEMEYER, S. 44.

49 Ebd. S. 45.

50 MORITZ WERNER, S. 85, 109, Nr. 46 und Abb. 16.

51 GRAU / SCHLOSSER, S. 24 f.

52 DAVID BRETT-EVANS, Legenda Maior S. Francisci, Texte des späten Mittelalters, Heft 12 (1960), S. 40, Zeile 7 f. (das ist eine Abschrift der Handschrift Add. Ms. 15710, die wie die Freiburger Elisabeth-Handschrift und die Handschrift Thennenbach 4 aus dem Freiburger Klarissenkloster stammt und Miniaturen der Sibilla von Bondorf enthält).

53 HEINEMEYER, S. 27.

54 Das war eine Menge Geld: Es gibt Halberstädter Urkunden, die für einen Domherrn um 1240 ein Jahresgehalt von 18 Mark angeben.

55 ALBERT BRACKMANN, *Urkundliche Geschichte des Halberstädter Domkapitels im Mittelalter*, Dissertation Göttingen 1898.

56 R. JOHANNA REGNATH, *Das Schwein im Wald. Vormoderne Schweinehaltung zwischen Herrschaftsstrukturen, ständischer Ordnung und Subsistenzökonomie*, Stuttgart 2009, S. 245 ff.

57 *Cronica Reinhardsbrunnensis*, S. 490 f.

58 CLAUDE LEBEDEL, *La tragedie des Cathares*, Rennes 1998.

59 GIORGIO TOURN, *Geschichte der Waldenser-Kirche*, Erlangen 1980.

60 DIETRICH VON APOLDA, *Der lieben frowen...*, fol. 022r.

61 Abt FRANZISKUS HEEREMANN OSB, P. GOTTFRIED MEIER OSB, fr. GEORG M. ROSS OSB: Die Regel des St. Benedikt (www.benediktiner.de/regula/index.htm) (2009). Kap. 4, Nr. 53: »Leere oder zum Gelächter reizende Worte meiden«. Kap. 4, Nr. 54: »Häufiges oder ungezügeltes Gelächter nicht lieben«.

Kap. 7, Nr. 59: »Der Tor bricht in schallendes Gelächter aus«. Kap. 20, Nr. 4 und Kap. 52, Nr. 4: »… unter Tränen beten …«.

62 MAURER, S. 62.

63 REPGOW, S. 57.

64 HUYSKENS, S. 22.

65 Vielleicht verhilft irgendwann die Neurobiologie zu einem Verständnis dieser Phänomene. Vgl. WOLF SINGER / MATTHIEU RICARD, Hirnforschung und Meditation: ein Dialog, Frankfurt 2009.

66 Libellus [L 1103–1127]: »Tam firma est fiducia mea in domino, qui novit votum meum de servanda continentia, etiam diebus mariti mei emissum, ex puro corde et integro processisse, quod de ipsius misericordia confidens scio esse impossibile, quin observet meam castitatem contra omne humanum consilium ac violentiam, quia non conditionaliter, si amicis meis placeret vel nisi deus aliter relevaret, sed absolute vovi integerrimam continentiam post mortem maritim ei. Immo si avunculus meus me invitam alicui dissentiam et, si aliam viam evadendi non haberem, secrete proprium nasum meum truncarum, et sic nullus curaret me, tam deformiter mutilatam.«

67 Libellus [L 1144–1161]: »Domine, gratias ago tibi, quia in ossibus mei mariti multum desideratis misericorditer me es consolatus. Tu scis quod quantumlibet eum delixerem, tamen ipsum dilectissimum tibi a se ipso et a me in subsidium terre sancte oblatum non invideo, pro toto mundo eum acciperem, semper secum mendicatura. Sed contra voluntatem tuam te teste nollem sum uno crine redimere nunc ipsum et me tue gratie commende, de nobis fiat tua voluntas.«

68 RÜCKERT, S. 64, Zeilen 18–19.

69 »Leben der Hl. Elisabeth« von DIETRICH VON APOLDA, Staatliche Bibliothek Bamberg, msc. hist. 148, fol. 69r.

70 RENER, S. 78.

71 HEINEMEYER, S. 45.

72 Ebd. S. 51.

73 HEILAND-JUSTI, S. 76.

74 MORITZ WERNER, S. 109: Ablassurkunde Papst Gregors IX. vom 19. April 1229.

75 Zu diesem Schildkrötenvergleich habe ich keine Parallele gefunden. Es gibt aber eine in Europa heimische Sumpfschildkröte, so dass es immerhin möglich ist, dass Elisabeth diese Tiere kannte. Diese Schildkröten gehörten zu den Fastenspeisen.

76 Die Freiburger Elisabeth-Handschrift aus dem Klarissenkloster 1481. Heute: Deutsche Nationalbibliothek Leipzig, Klemm-Sammlung I 104, fol. 186.

77 MONIKA RENER: Die Vita der heiligen Elisabeth des Dietrich von Apolda, Marburg 1993.

78 HANS FROMM: Eine Mitteldeutsche Übersetzung von Dietrichs von Apolda lateinischer Vita der Elisabeth von Thüringen, in: Zeitschrift für deutsche Philologie 86 (1967), Sonderheft: Spätes Mittelalter.

79 MONIKA RENER: The making of a Saint, in: Elisabeth von Thüringen und die neue Frömmigkeit in Europa, Hrsg. Christa Bertelsmeier-Kierst, Marburg 2008, S. 195.

80 ALBERT HUYSKENS: Der sogenannte Libellus de dictis quator ancillarum s. Elisabeth confectus, München 1911.

81 HEINRICH RÜCKERT, Hrsg.: Das Leben des heiligen Ludwig von Thüringen, Gemahls der heiligen Elisabeth, Leipzig, 1851.

82 Die Freiburger Elisabeth-Handschrift aus dem Klarissenkloster 1481. Heute: Deutsche Nationalbibliothek Leipzig Klemm-Sammlung, I 104.

83 JACOBUS DE VORAGINE: Legenda Aurea, ausgewählt und übersetzt von Jacques Laager, Manesse, 1982, S. 403.

84 DIETRICH VON APOLDA: Der lieben frowen Sant Elisabethen der Landgräfin leben. Heidelberg cpg 105.

85 DIETRICH VON APOLDA: Dis ist das leben [....] der lantgrefin sant Elisabeth [....]. Universität Basel, A VIII 36, 1r–59r. (15. Jahrhundert).

86 Leben der Hl. Elisabeth von Dietrich von Apolda, Staatliche Bibliothek Bamberg, msc. hist. 148. (Ende 14. Jh.)

87 DIETRICH VON APOLDA: daz puech von dem leben der der heiligen Elizabeth. Universitätsbibliothek München, Handschrift cgm 5926, 1r–96r.

88 FROMM, S. 25 f.

89 WERNER HEILAND-JUSTI: Elisabeth, Königstochter von Ungarn, Landgräfin von Thüringen und Heilige, Lindenberg, 2007.

90 Clara und Franciscus von Assisi. Karlsruhe, Thennenbach 4; FRANZ ANSELM SCHMITT und FRITZ MÜHLENWEG: Clara und Franciscus von Assisi, Konstanz 1995. Die Handschrift gehörte einst auch den Freiburger Klarissen. Sie verkauften sie an das Kloster Thennenbach (bei Emmendingen). Nach 1806 fiel die Handschrift an den Badischen Staat.

91 ULRIKE BODEMANN: Vom Lächeln zum Leiden, in: Elisabeth und die neue Frömmigkeit in Europa, Hrsg. CHRISTA BERTELSMEIER-KIERST, Marburg 2008, S. 295 f.

92 Handschrift B VII 32, Universitätsbibliothek Basel, S. Franciscus: 1r–65v; S. Clara: 66r–82v.

93 BRIGITTE DEGLER-SPENGLER: Das Klarissenkloster Gnadental in Basel von 1289–1529, Basel 1969, S. 64, 67 und 102.

94 HEILAND-JUSTI, S. 42–43.

95 BRETT-EVANS, S. 40, Zeile 7 f.

96 DEGLER-SPENGLER, S. 64,65 und 102.

97 HEILAND-JUSTI (wie Anm. 89).

98 Handschrift B VII 11, Universtätsbibliothek Basel: »Heiligenlegenden«, 191r –196v.

99 HUYSKENS (wie Anm. 80).

100 DEGLER-SPENGLER, S. 99.

101 JULIUS KINDLER VON KNOBLOCH: *Oberbadisches Geschlechterbuch*, Heidelberg 1898, Bd. 1, S. 326.

102 LEO UEDING: Klarissenkloster Freiburg i. Br., Alemannia Franciscana Antiqua, 7, 1961, 17–192. S. 185.

103 VERONIKA GERZ-VON BÜREN: *Geschichte des Klarissenklosters St. Clara in Kleinbasel 1266–1529*, Basel 1969.

104 WINFRIED HAGENMAIER: *Die Handschriften der Universitätsbibliothek Freiburg*, Freiburg 1974.

105 FRITZ GEIGES: *Der mittelalterliche Fensterschmuck des Freiburger Münsters*, Freiburg 1932, S. 307–310.

106 HUYSKENS (wie Anm. 80).

107 HEILAND-JUSTI (wie Anm. 89).

108 JAMES HOGG in: *Biographisches Kirchenlexikon*, (1999), Bd. XVI, Spalten 55 f.,

109 HEINRICH ARNOLDI VON ALEFELD, De sanctis mulieribus et virginibus, Bibliothek der Universität Basel, Cod. B X 36, f. 2 r–53 v, dto. Cod. B XI 9, f. 150 r–179 r; DEGLER-SPENGLER, S. 67.

110 GIOVANNI PAOLA MAGGIORE: *Iacopo die Verazze – Legenda Aurea*, Florenz 1998.

111 HUYSKENS (wie Anm. 80).

112 HARTMUT KÜHNE: *Ostensio reliquiarum*, Berlin 2000, S. 760.

113 WERNER HEILAND-JUSTI: Die Freiburger Klarissen und die Basler Kartäuser: De sanctis mulieribus et virginibus, in: *Analectica Cartusiana*, Bd. 276, II (2012), S. 141–150.

114 HELMUT LOMNITZER, Die heilige Elisabeth in deutschen Prosalegendaren des ausgehenden Mittelalters, in: *Quellen und Studien zur Geschichte des Deutschen Ordens*, Bd. 18 (1983), S. 52–77.

115 SCHMALE, S. 229.

116 ALEXANDER PATSCHOVSKY: Zur Ketzerverfolgung Konrads von Marburg, in: *Deutsches Archiv für die Erforschung des Mittelaters 37* (1981) S. 641–651, hier S. 643.

117 WOLFHARD VAHL, Konrad von Marburg, Marburg 2007, S. 9.

118 ADOLF HAUSRATH: *Der Ketzermeister Konrad von Marburg*. Diss. Heidelberg 1861, S. 39–40.

119 KARL WILHELM JUSTI: *Elisabeth die Heilige*, Zürich 1797, S. 96 und 106.

120 *Monumenta Historica Germanica (MGH)*, Scriptores, Hannover 1879, Bd. XXIV, S. 400 f.

121 »Sollicitudinem tuam, quam diligenter intendis ad investigandum in partibus Theutonie pravitatis heretice sectatores, in Domino comendamus, dum pestis huiusmodi, quanto serpit occultius, tanto gravius vineam Dominicam in simplicibus demolitur. Quia vero efficacius procedere poteris ad heresim de illis partibus abolendam, si aliqui a te fuerint in partem huius sollicitudinis evocati, districte tibi per apostolica scripta mandamus, quatinus assumptis ad eandam sollicitudinem quos noveris expedire, diligenter et vigilanter inquiras heretica pravitate infectos in partibus memoratis, ut per illos ad quos pertinet zizania valeat de agro Domini extirpari.« *Monumenta Historica Germanica (MGH)* Epistolae Saeculo XIII, Hrsg. CAROLUS RODENBERG, Berlin 1883, Bd. I. S. 277.

122 »Solet annuere etc. usque: impertiri. Cum itaque, sicut insinuante nobili viro langravio Turingie didicimus, ipse ordinandi, prout spectabat ad eum, ecclesiastica beneficia, in quibus ius obtinet patronatus, de coniugis ac filiorum et fratrum suorum assensu ad evitandum periculum, quod ex defectu posset vel negligentia provenire, tibi contulerit potestatem, nos ipsius nobilis supplicationibus annuentes, quod super hoc ab eodem pie factum est, sicut in eius autentico continetur, auctoritate apostolica confirmamus et presentis scripti patrocinio comunimus. Nulli ergo etc. nostre confirmationis infringere. Si quis autem etc.« Ebd. S. 276.

123 FRIEDRICH UHLHORN: *Geschichte der Grafen von Solms im Mittelalter*, Marburg 1931, S. 59.

124 WILHELM MAURER: Zum Verständnis der heiligen Elisabeth von Thüringen, in: *Zeitschrift für Kirchengeschichte 65* (1953/4), S. 16–54, hier S. 27.

125 MGH, Epistolae, S. 159.

126 Ebd. S. 268/9.

127 »Fecissem quidem alicui episcoporum aut abbatum, qui possessiones habent, obedetiam, sed cogitabam melius facere magistro Cunrado, qui non habet, sed est omnio mendicans, ut penitus in hac nullam haberem consolationem«. ALBERT HUYSKENS: *Der sogenannte Libellus de dictis quator ancillarum sanctae Elisabeth*, München 1911, S. 60, Zeile 1878.

128 VAHL, S. 9.

129 Ebd. S. 96.

130 Ebd. S. 71.

131 WALTHER MÖLLER: *Stamm-Tafeln westdeutscher Adelsgeschlechter im Mittelalter* (1933), Tafeln IX, XI, LVIII, LX und XLVII.

[132] HEINRICH RÜCKERT (Hrsg.): *Das Leben des heiligen Ludwig von Thüringen*, Leipzig, 1851, S. 31/2

[133] Ebd. S. 33 f.

[134] HERBERT STOYAN: *Die Nachkommen Karls des Großen*, wwperson.informatik.uni-erlangen.de (2013).

[135] *D. Martin Luthers Werke*, Kritische Gesamtausgabe, Weimar 1910, Bd. 10. S. 257 f.

[136] ALBERT HUYSKENS, S. XI f.

[137] »Item veniens ad claustrum religiosorum, qui possessiones non habebant, sed tantum elemosinis cottidianis vescebantur et ostenderunt ei sculpturas sumptuose deauratas in ecclesia sua, et reliogisis illis circiter viginti quator circa ipsam existentibus dicebat. ›Ecce melius posuissetis hanc expensam in vestibus vestris et victualibus, quam in parietibus, quoniam hanc sculpturam imaginum in corde vestro gerere deberetis.‹ Und cum quidam dixisset ei de quadam ymagine pulchra, quod ei bene competeret, respondit: ›Non habeo opus tali imagine, quia eam in corde meo porto.‹« Ebd. S. 75, Zeile 272–292.

[138] GOTTFRIED VON STRASSBURG, *Tristan*, hg. von GOTTFRIED WEBER, Darmstadt 1967, Str. 15634–15642 und 15727–15736.

[139] HAUSRATH, S. 34.

[140] *En passant*: Die Elisabeth-Literatur ist voll mit Analysen und Spekulationen, warum Elisabeth nach Marburg zog und dort ihr Spital gründete. Die einfache Antwort: Marburg war der feste und thüringische Platz, der am nächsten an Altenburg liegt.

[141] FRIEDRICH UHLHORN, S. 61.

[142] ALBERT HUYSKENS, S. 26, Zeile 737 f.

[143] VAHL, S. 71.

[144] SCHMALE, S. 229.

[145] WOLFRAM VON ESCHENBACH: *Parzival*, hrsg. von JOACHIM BUMKE, 2008, 119,16–119,30.

[146] »Pour les cathares, aucun doute ne peut subsister: l'existence du Mal dans le monde quotidien a pour origine le fait qu'il n'existe un seul Dieu mais deux, l'un Bon, l'autre Mauvais. C'est ce que l'on qualifie de Dualisme.« LEBEDEL, S. 29.

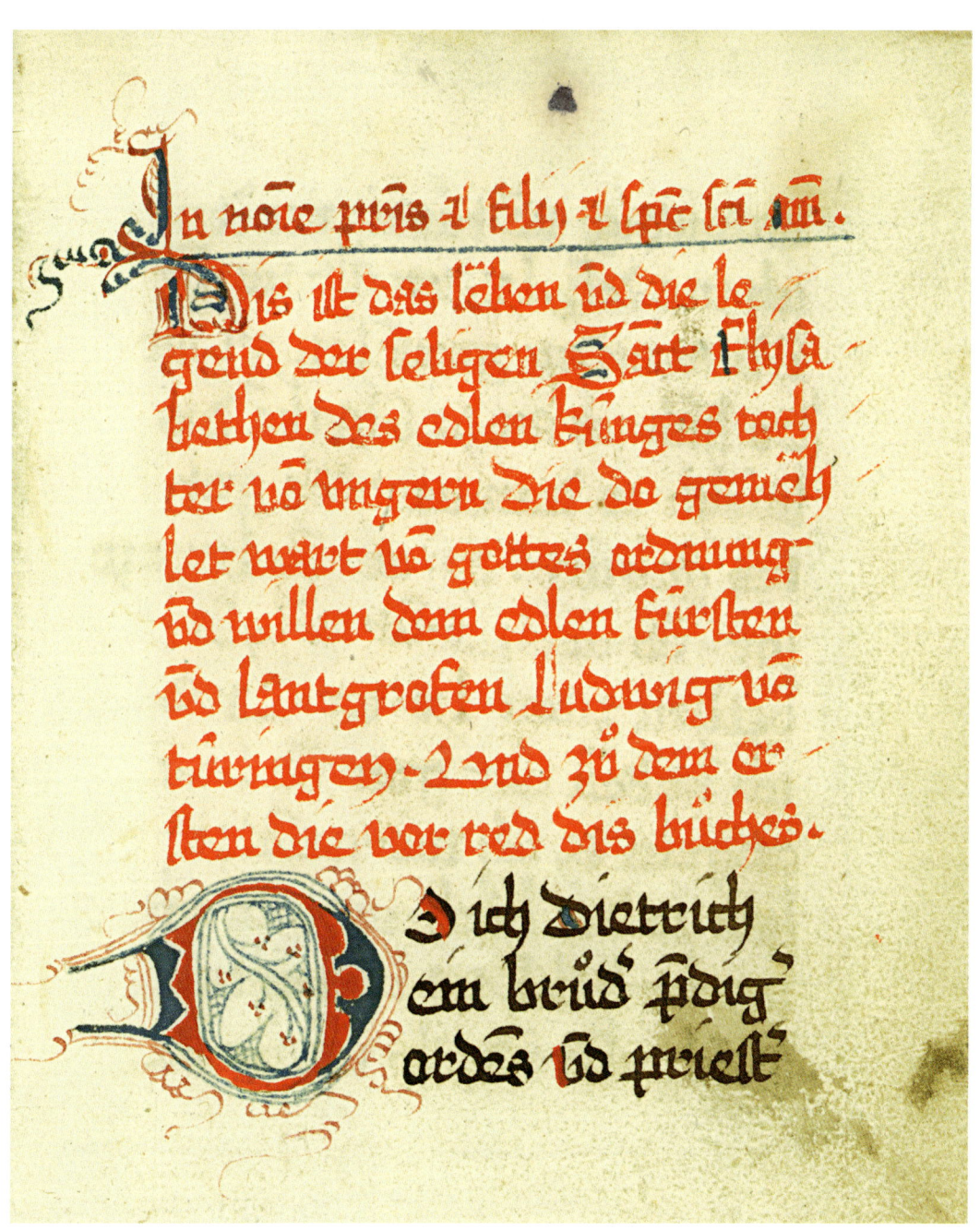

Abbildung 1:
Die Vorrede der Handschrift von Dietrich von Apolda. (fol. 145)

Abbildung 2:
Hl. Franz und hl. Klara mit ihren Attributen: Kreuz mit Seraphimen und Pyxis.
Die Frau im weltlichen Gewand könnte die Stifterin der Handschrift sein.
Die Nonne ist wahrscheinlich die Malerin Sibilla von Bondorf. Die Spruchbänder:
O sancte Francisce ora; und: *O sancta Clara regul.* (fol. 13r)

Abbildung 3:
Die hl. Elisabeth mit dem T-Kreuz, das auf das Kreuzwunder hinweist.
Der Wecken in ihrer Linken gilt als Zeichen ihrer Wohltätigkeit.
Die Spruchbänder: *memento mei o sancta saturitas die*; und: *Dilectus meus
michi et ego illi*. Unten wieder die knieende Klarissin. (fol. 13v)

Abbildung 4:
Die Geburt der hl. Elisabeth, Königstochter von Ungarn.
Links ihre Mutter ›*Gertrudis regine*‹ und rechts ihr Vater ›*Rex Andreas de un*‹.
Oben, unter dem mittleren Engel: ›*St. Elizabeth*‹. Der rechte Engel hält ein sym-
bolisches Bußgewand. Unten zwei Mägde mit einem Badezuber. (fol. 24r)

Abbildung 5:
Elisabeth betet liegend vor einem Altar mit weiß-blauer Altardecke.
Die adlige Dame dürfte ihre zukünftige Schweigermutter Sophie sein.
Darüber der Engel mit dem Bußgewand. (fol. 24r)

Abbildung 6:
Elisabeth wäscht Kranken die Füße. Der Kranke mit den Blutstropfen
hat Lepra. Der Text des Spruchbands *Christus exaltavit humiles in secula*
stammt aus dem Lukas-Evangelium (Lk. I,52). (fol. 73r)

Abbildung 7:
Das Kreuzwunder: Elisabeth hatte einen Kranken in ihre Kammer geführt
und ihn, seiner Bitte folgend, schließlich in das Ehebett gelegt.
Landgraf Ludwig, herbeigerufen, findet aber nur den Kruzifixus. (fol. 73v)

Abbildung 8:
Elisabeth, auf einem silbernen Thron sitzend, verteilt Brot und Wasser
an drei Kinder. Darüber ein Engel mit einer Harfe. (fol. 84r)

Abbildung 9:
Elisabeth verteilt Brot und Geld an einen Kranken (er leidet
am »Augustinusfeuer«), eine Frau und zwei Kinder. Darüber ein
betender Engel und der Engel mit dem Bußgewand. (fol. 84v)

Abbildung 10:
Elisabeth verlässt mit ihren Kindern, Heinrich und Sophie, die Wartburg, von
der sie ihr Schwager Landgraf Heinrich verwiesen hat. Links oben der Engel mit
dem Bußgewand. Hier sind die Drei der Wundmale Christi gut zu erkennen:
Die Male an den Händen und die Brustwunde. (fol. 109r)

Abbildung 11:
Die Christusvision der hl. Elisabeth, die sie zusammen mit ihre Hofdame
und Freundin Ysentrud vom Hörselgau erlebte. Darüber ein Engel mit Harfe
und Christus mit segnender Hand. Das Spruchband: *Si tu esse mecum,
ego ero tecum.* (fol. 109v)

Abbildung 12:
Graf Panian wird von Elisabeths Vater nach Marburg geschickt,
um sie nach Ungarn zu holen. Er findet sie am Spinnrocken sitzend
mit der Spinnwirtel in der Linken. Er sagt: »Nie sah ich spinnen
ein edle Kungin.« (fol. 134r)

Abbildung 13:
Konrad von Marburg, ihr Beichtvater,
schlägt die hl. Elisabeth. (fol. 134v)

Abbildung 14:
Auf dem Sterbebett erlebt Elisabeth eine Marienvision, die ihre Seele,
als Kleinkind dargestellt, auffangen wird. Sie ist umgeben von zwei Frauen
und einem Mönch. Über ihr ein Engel mit Harfe. (fol. 172r)

Abbildung 15:
Das Grab der hl. Elisabeth in Marburg, Ziel vieler Wallfahrten und Ort
vieler Wunder. Links ein kniender Blinder, der geheilt wird. Darüber ein Altar,
rechts ein Engel mit dem Gürtel, mit den drei Knoten für Gehorsam,
Enthaltsamkeit und Armut. (fol. 172v)

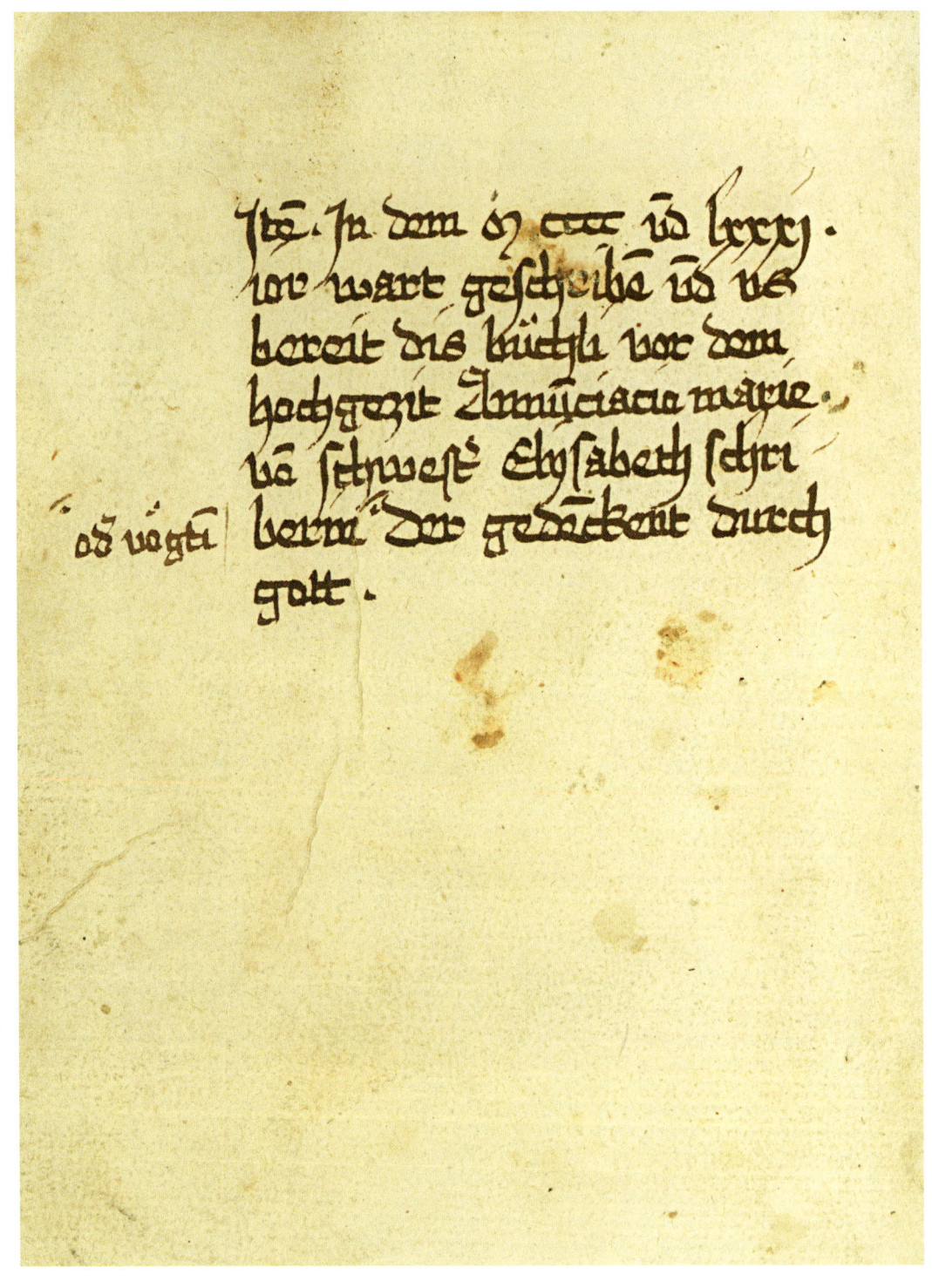

Abbildung 16:
Die Schreiberin, Elisabeth Vögtin, datiert das Ende ihrer Arbeit auf
den 24. März 1481: »*Item in dem m cccc und lxxxj ior wart geschriben und
us bereit dis büchli vor dem hochgezit annunciacie Marie von schwester
Elysabeth schriberin oder vögtin. Der gedenckent durch Gott.*« (fol. 277 v)